Cozinha Prática

Dados Internacionais de Catalogação na Publicação (CIP)
(Jeane Passos de Souza — CRB 8ª/6189)

Lobo, Rita
Cozinha prática / Rita Lobo. — São Paulo : Editora Senac
São Paulo, 2016.

Nota: Receitas apresentadas no programa "Cozinha Prática"
do canal GNT.
ISBN 978-85-396-0537-8 (capa dura)

1. Culinária 2. Culinária prática (receitas e preparo) I. Título.

CDD – 641.5
16-364s   BISAC CKB023000

Índice para catálogo sistemático:
1. Culinária prática (receitas e preparo) 641.5

Rita Lobo

Cozinha Prática

gnt

Panelinha   senac

Copyright © by Rita Lobo, 2016

Grafia atualizada segundo o Acordo Ortográfico da Língua Portuguesa de 1990, que entrou em vigor no Brasil em 2009.

EDITORA PANELINHA

PUBLISHER
Rita Lobo

DIRETOR COMERCIAL
Ilan Kow

COORDENAÇÃO
Victoria Bessell

PROJETO GRÁFICO
Raul Loureiro

FOTOS
Editora Panelinha / Gilberto Oliveira Jr. e Ricardo Toscani

TRATAMENTO DE IMAGEM
Gilberto Oliveira Jr.

EDIÇÃO DE TEXTO
Milene Chaves

COORDENAÇÃO EDITORIAL
Carlos A. Inada

REVISÃO
Isabel Jorge Cury

ÍNDICE REMISSIVO
Miguel Said Vieira

Todos os direitos reservados à
EDITORA PANELINHA
Al. Lorena, 1304 cj. 1112
CEP 01424-000
São Paulo – SP
Tel. +55 11 3062-7358
www.panelinha.com.br
editor@panelinha.com.br

gnt

DIRETOR
Daniela Mignani

GERENTE DE MARKETING
Mariana Novaes

COORDENADOR DE MARKETING
Priscila Moherdaui

ANALISTA DE MARKETING
Fernanda Barreto

ADMINISTRAÇÃO REGIONAL DO SENAC NO ESTADO DE SÃO PAULO

PRESIDENTE DO CONSELHO REGIONAL
Abram Szajman

DIRETOR DO DEPARTAMENTO REGIONAL
Luiz Francisco de A. Salgado

SUPERINTENDENTE UNIVERSITÁRIO E DE DESENVOLVIMENTO
Luiz Carlos Dourado

EDITORA SENAC SÃO PAULO

CONSELHO EDITORIAL
Luiz Francisco de A. Salgado
Luiz Carlos Dourado
Darcio Sayad Maia
Lucila Mara Sbrana Sciotti
Luís Américo Tousi Botelho

GERENTE/PUBLISHER
Luís Américo Tousi Botelho

COORDENAÇÃO EDITORIAL
Ricardo Diana

PROSPECÇÃO
Dolores Crisci Manzano

ADMINISTRATIVO
Verônica Pirani de Oliveira

COMERCIAL
Aldair Novais Pereira

IMPRESSÃO E ACABAMENTO
Maistype

Proibida a reprodução sem autorização expressa
Todos os direitos desta edição licenciados à
EDITORA SENAC SÃO PAULO
Av. Engenheiro Eusébio Stevaux, 823 – Prédio Editora
Jurubatuba – CEP 04696-000 – São Paulo – SP
Tel. (11) 2187-4450
editora@sp.senac.br
https://www.editorasenacsp.com.br

cap. 3 — p. 66
Ervas frescas
82 Batata rústica assada com ervas
86 Salada de berinjela frita com ervas frescas
90 Salada de macarrão com abobrinha grelhada & pesto de hortelã **96** Mojito

cap. 4 — p. 98
Frango
104 Peito de frango grelhado com cuscuz de couve-flor **108** Paillard de frango com espaguete de pupunha **110** Enrolado de frango servido com risoni **112** Suflê de frango

cap. 7 — p. 156
Mandioca
166 Bobó de frango — que pode ser de camarão **168** (+ Leite de coco caseiro)
170 Bolinho de mandioca **172** Vaca atolada

cap. 8 — p. 174
Tomate
184 Molho rápido de tomate
186 Almôndegas assadas **192** Salada de tomate com segurelha **194** Ketchup caseiro

cap. 11 — p. 236
Espinafre
246 Creme de espinafre **248** (+ Manjar branco cremoso) **252** Suflê de espinafre
256 Torradas à fiorentina

cap. 12 — p. 258
Peixe
264 Salmão no vapor com pimentão chamuscado **268** Salada de lentilha com salmão & abacate **270** Roseta de peixe com cuscuz marroquino **272** Robalo em acqua pazza

cap. 1 — p. 20
Feijão

32 Feijão nosso do dia a dia **36** Caldinho de feijão **38** Pasta & fagioli **40** Salada de feijão-fradinho com bacalhau & vinagrete de salsinha **42** Dip de feijão-branco

cap. 2 — p. 44
Arroz

52 Arroz branco soltinho **56** Arroz frito **58** Bolinho de arroz salteado **60** (+ Chutney de manga) **62** Arroz-doce cremoso — & sem leite condensado **64** Risoto de alho-poró com linguicinha calabresa

cap. 5 — p. 116
Chocolate

126 Bolo cremoso de chocolate **132** Musse de chocolate branco **134** (+ Farofa doce de castanha-de-caju com raspas de laranja) **136** Musse de chocolate com água

cap. 6 — p. 138
Carne-seca

144 Carne-seca acebolada na trouxinha de alface **150** Sopa de milho com carne-seca **152** Arroz de carreteiro com carne-seca & linguiça

cap. 9 — p. 196
Pão

204 Chapati **206** (+ Homus a jato) **207** (+ Pasta de abacate) **212** Broinha de fubá

cap. 10 — p. 214
Filé-mignon

222 Picadinho de filé-mignon **228** Rosbife com salada de verdes & molho de tangerina **232** Bife com molho de limão & grão-de-bico

cap. 13 — p. 276
Banana

284 Bolo perfeito de banana caramelada **290** Nhoque de banana com couve rústica & farofinha de bacon **292** Banana dourada com merengue

UI
UTENSÍLIO INDISPENSÁVEL

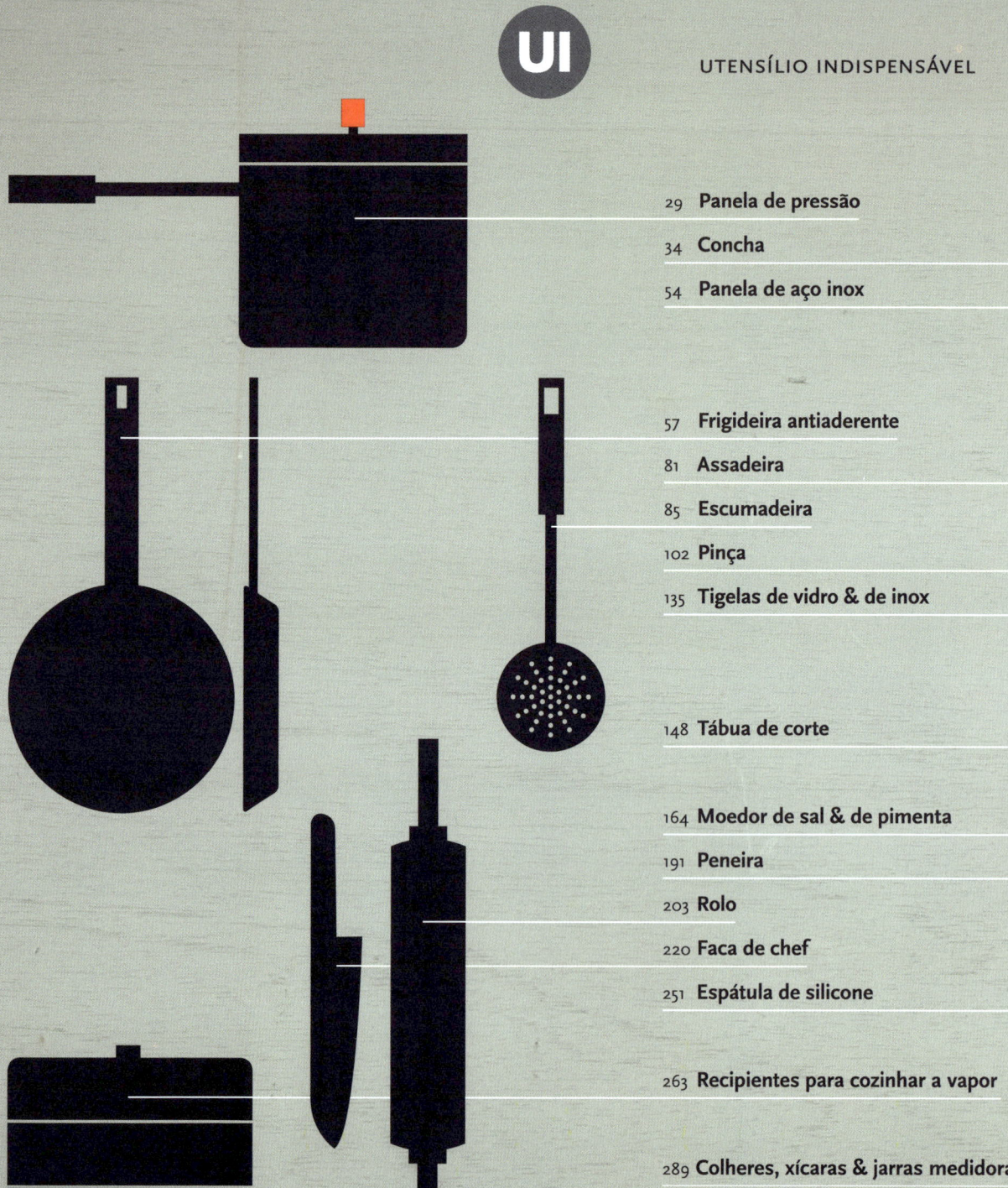

- 29 **Panela de pressão**
- 34 **Concha**
- 54 **Panela de aço inox**
- 57 **Frigideira antiaderente**
- 81 **Assadeira**
- 85 **Escumadeira**
- 102 **Pinça**
- 135 **Tigelas de vidro & de inox**
- 148 **Tábua de corte**
- 164 **Moedor de sal & de pimenta**
- 191 **Peneira**
- 203 **Rolo**
- 220 **Faca de chef**
- 251 **Espátula de silicone**
- 263 **Recipientes para cozinhar a vapor**
- 289 **Colheres, xícaras & jarras medidoras**

T TÉCNICA

28	**Remolho** MOLHO, REMOLHO, DEMOLHO	143	**Cozinhar carne-seca na pressão** POTÊNCIA MÁXIMA
29	**Cozinhar na pressão** VAMOS AO FOGÃO	149	**Desfiar carne-seca** FIA & DESFIA
30	**Refogar** REFOGADO NOTA MIL	149	**Higienizar folhas verdes** LAVA & SECA
34	**Cortar cebola & descascar dente de alho** CEBOLA & ALHO: MÓDULO AVANÇADO	162	**Descascar mandioca** NA RAIZ DA QUESTÃO
51	**Método tradicional de fazer arroz** VAMOS FAZER UM ARROZINHO?	162	**Cozinhar mandioca** BEM MACIA
54	**Arroz sem refogar** ASSIM TAMBÉM VALE	163	**Selar** SELAR PARA BRILHAR
79	**Assar legumes** A BATATA VAI ASSAR	165	**Deglaçar** FUNDO QUE VALE O INVESTIMENTO
84	**Fritar por imersão** QUEM TEM MEDO DE FRITURA?	180	**Pelar tomate — branquear ou congelar** PELADO. NU!
102	**Salmoura** SALMOURA É MÁGICA	181	**Tirar a semente do tomate** COM OU SEM SEMENTE?
103	**Grelhar (saltear)** GRELHAR OU SALTEAR?	190	**Salga seca** IGUAL, MAS DIFERENTE
106	**Paillard** BATE NELE!	202	**Sovar** AMASSA ESSA MASSA
125	**Massa aerada** SEM AR × COM AR	203	**Abrir massa com rolo** ROLANDO, ROLANDO
130	**Banho-maria** SÓ NO VAPOR	211	**Saco de confeiteiro** MODELA, BELA
131	**Clara em neve** ARRASE NA AERAÇÃO	218	**Porcionar o filé** VAMOS POR PARTES
142	**Dessalgar carne-seca** CONTROLE O SAL	220	**Singer** PASSE NA FARINHA
		221	**Guisar** DE ÁGUA PARA MOLHO

E ECONOMIZE

226	**Assar carne** ROAST BEEF!	35	**Congele o feijão**
227	**Molho de salada** T DE TRUQUE	59	**Congele o arroz**
245	**Roux** DIGA: RU!	88	**Conserve as ervas sempre frescas**
250	**Fazer suflê** ACEITA UM ASSOPRADO?	94	**Mais uma ideia: manteiga composta**
255	**Fritar ovo** BÁSICO DO BÁSICO	107	**Congele o peito de frango**
261	**Tirar a pele do peixe e reduzir a albumina** PARA COMEÇO DE CONVERSA	125	**Substitua achocolatado por chocolate em pó**
262	**Cozinhar a vapor** SUAVE...	155	**Congele a carne-seca cozida**
266	**Chamuscar** TSSSS! UI	165	**Congele a mandioca**
267	**Escaldar no court bouillon** CALDO ESPERTO	185	**Congele o molho de tomate**
274	**Escalfar** ESCALDAR, NÃO, ESCALFAR	213	**Faça hoje, asse amanhã**
282	**Caramelo — métodos seco & molhado** AÇÚCAR + FOGO	217	**Compre a peça inteira, porcione & congele**
288	**Fritar bacon no micro-ondas** BACON ESPERTO	244	**Congele o espinafre — ou compre congelado**
288	**Saltear** PULA, PULA!	266	**Cozinhe no vapor & na água ao mesmo tempo**
		289	**Refrigere — ou até congele as bananas maduras**

DESGOURMETIZA, BEM!

Este livro é um intensivão para quem quer aprender os princípios básicos da cozinha. Mas também pode ser encarado como uma recuperação para quem sabe fazer risoto, mas não acerta o preparo do arroz soltinho — nem do feijão cremoso, do frango grelhado com sabor, do molho de salada bem gostoso, de um bolo de banana caramelada, humm... Quer saber? Este livro é também um curso de férias para quem já é craque no manejo das panelas.

Quem acompanhou a temporada *#desgourmetiza* do programa *Cozinha Prática* no canal GNT sabe do que estou falando. Para cada um dos treze episódios, escolhi um ingrediente para investigar — teve arroz, feijão, carne-seca, mandioca, ervas frescas e até chocolate, entre outros. A partir de cada alimento, mostrei todos os métodos de cozimento (e de corte) que estão por trás de receitas básicas da mesa brasileira — você vai se surpreender com o tanto de técnica que tem por trás de um arroz soltinho! Mas é que, quando você entende os porquês de cada preparação, aprende a cozinhar.

Por isso, adaptei métodos profissionais para ensinar passo a passo delícias como arroz de carreteiro, caldinho de feijão, picadinho de filé-mignon, suflê de espinafre, carne-seca acebolada, molho de tomate, salmão no vapor, pimentão chamuscado, almôndegas, broinha de fubá e também doces como bolinho de mandioca e coco, manjar branco, bolo de chocolate, bolo de banana caramelada, arroz-doce (sem leite condensado!), musse de chocolate branco, para citar alguns. A lista completa de receitas você encontra no sumário. Além de todas as preparações que apresentei na televisão, no livro incluí receitas extras, como salada de macarrão com abobrinha grelhada e pesto de hortelã, vaca atolada, suflê de frango, sopa de milho e até um bom bife com molho de limão e grão-de-bico para você variar o cardápio da semana.

Para ajudar você a se organizar na cozinha, truques e dicas de economia doméstica também não ficaram de fora. Sabe qual a melhor maneira de conservar ervas frescas? E como congelar o feijão? Pois eu conto essas e muitas outras práticas que ajudam a poupar o nosso transpirado dinheirinho — porque comida no lixo é dinheiro jogado fora. No sumário, você vê tudo listado separadamente: economia doméstica, utensílios indispensáveis, técnicas culinárias e, claro, as receitas.

Este livro, porém, vai além. É um resumo de quinze anos de trabalho, produzindo conteúdo culinário no site Panelinha, na TV e no rádio, nos meus livros — e também nos livros de outros autores que editei. Mais do que isso: são quinze anos trocando experiências com milhares de pessoas que aprenderam a cozinhar ou variar o cardápio com as nossas receitas. Nesse processo, tive a oportunidade de observar bem de pertinho as dificuldades, os desejos, as questões que aproximam ou que distanciam as pessoas da cozinha. E deu para aprender muita coisa sobre os hábitos alimentares de gente espalhada por todo o país. Uma coisa posso garantir: quem sabe preparar a própria comida se alimenta melhor, em termos de sabor e, principalmente, de saúde.

QUEM COZINHA COME MELHOR

Os motivos são vários, mas talvez o mais relevante seja não depender da comida ultraprocessada. Não estou falando de comida industrializada, porque praticamente tudo o que comemos passou pela indústria — o arroz, o feijão, até a carne... E aqui já dou a dica: aprender a diferenciar comida de verdade de "produto alimentício" é essencial. Por exemplo, tempero em cubinho, sopa pronta, macarrão instantâneo, congelados como lasanha, pizza, hambúrguer e empanados, sem falar nos biscoitos recheados, refrigerantes e refrescos. Tudo isso é comida ultraprocessada, e deveríamos passar longe. Basta você ler o rótulo e vai descobrir que, na realidade, está ingerindo vários tipos de aditivos, corantes, aromatizantes, realçadores de sabor, acidulantes, conservantes, gorduras hidrogenadas, ingredientes modificados em laboratório, inclusive com base em matérias orgânicas, como petróleo e carvão.

Quem nunca colocou os pés na cozinha pode não ver muita diferença entre essas formulações industriais (que são produtos disfarçados de alimentos) e comida de verdade, in natura. Mas, assim que você aprende a distinguir manteiga de margarina, tomate enlatado de molho de tomate, sal de glutamato de sódio, consegue tirar proveito da indústria—em vez de ser refém dela. Cozinhar é libertador.

Quem sabe cozinhar pode preparar uma fritura decente, colocar o açúcar do doce na medida certa, grelhar o frango com a quantidade exata de óleo. E isso é comida saudável. Para o corpo e para o bolso. Ah, sim, quem cozinha gasta menos. É só fazer as contas de quanto se gasta por mês comendo fora. Cozinhar também ajuda a alimentar as relações familiares, as tradições, não deixa a própria cultura perder espaço para o fast-food, para o biscoito recheado.

É por isso tudo que eu digo: cozinhar é como ler e escrever, todo mundo deveria saber. E, com este livro, quem ainda não sabe nem ferver água para o café vai dar o primeiro passo e aprender os básicos da nossa cozinha. Vamos cozinhar com menos pompa, servir com menos cerimônia e comer com mais prazer. Se bem que, depois de preparar todas estas receitas e aprender as técnicas por trás delas, acho até que você vai querer *gourmetizar* um pouquinho!

CAP. 1 — FEIJÃO

Feijão

Com que ingrediente começar
um programa — e um livro —
sobre o básico da cozinha nacional?
Minha amiga, meu amigo:
se não for com feijão, não sei com
o que poderia ser

Apuração seriíssima feita pelas Frenéticas dá conta de que *dez entre dez brasileiros preferem feijão*

maravilh

Ah, o grão mais amado do Brasil tinha que vir no abre-alas! Ele é o astro de pratos quentes e frios de leste a oeste, e de norte a sul do país. Versátil, aparece na mesa ensopado, que é o jeito que a gente come com arroz. Essa combinação é saudável, é acessível e, tão importante quanto isso tudo: faz parte da nossa cultura. Mas, se a gente quiser dar uma voltinha pelo globo, também vai descobrir que dá para fazer com ele uma infinidade de saladas, sopas, patê para comer de aperitivo — e, por aqui, até pastel de feijoada já inventaram.

Feijão é tão importante que vira até assunto de mesa de bar. Vai dizer que nunca entrou naquela conversa do "melhor feijão que eu já comi"? Pois é. E "água no feijão que chegou mais um", conhece esse samba? Em tese, se nasceu no Brasil, sabe preparar um bom feijão. Minha tese: está mais fácil encontrar quem faça um bom risoto, do que quem saiba cozinhar feijão. Mas, não vou mentir para você, fiquei com um frio na barriga antes de o primeiro programa da série ir ao ar.

Depois da estreia, logo vieram os comentários nas redes sociais: "Meu feijão nunca dava certo e agora ficou maravilhoso!"; "Sei fazer, e bem, um monte de pratos; mas, quando é para fazer feijão, fico perdida"; "Este programa é para mim, pois não sei fazer feijão e minha filha ama". Ufa, o programa foi um sucesso. Quem não sabia, aprendeu a fazer. Quem já dominava as panelas aproveitou a!

para espiar se tinha uma ou outra dica que faria diferença.

A receita do feijão do dia a dia não poderia faltar, com todas as técnicas muito bem explicadinhas. Mas eu queria mostrar, em meia hora, toda a versatilidade do feijão e, principalmente, aqueles truques de economia doméstica que tornam a cozinha, de fato, prática. Exemplo: numa noite mais fresquinha, transformar o feijão do almoço em sopa, assim, num passe de mágica (mágica da vovó Júlia, de quem peguei essa receita-com-história). Já a salada de feijão-fradinho com bacalhau comprova a versatilidade do grão em vários sentidos, entre eles, que é ingrediente para uma refeição especial — essa salada é muito chique. Um dia de pressa em nível máximo? Nesse caso, pode, sim, recorrer ao feijão de caixinha, industrializado (mas não ultraprocessado). Ele é ideal para preparar o clássico italiano *pasta e fagioli*, que na minha cozinha é feito em uma panela só. Opa, e feijão com macarrão pode? Ô se pode!

Além das receitas que você viu no programa, aqui para o livro quis complementar com o dip de feijão-branco. Essa pastinha é ótima para servir com torradas como aperitivo, mas também vai muito bem acompanhando filé de peixe frito. Multiuso! Precisa de mais receitas? Você sempre pode recorrer ao site Panelinha.

Assista aos vídeos da série *Em uma panela só* na nossa página no YouTube.

DE GRÃO EM GRÃO

Feijão rende assunto mesmo, viu, comadre — e compadre! A começar pela variedade de tipos: o carioquinha é supercomum, mas o mais comum na mesa dos cariocas é o feijão-preto... Vai entender. Listei alguns tipos que aparecem com mais frequência, assim você dá uma variada de vez em quando, além de acertar na hora de comprar para fazer ensopado, ou salada.

O **feijão-preto** tem grãos pequenos, mas o sabor é forte e adocicado. Além do Rio, o Espírito Santo e a região Sul preferem esse tipo, que também é muito utilizado na culinária mexicana. É usado na feijoada, nem precisa dizer. Mas vai bem no tutu, sabia?

O **andu** ou **guandu** produz um caldo ralo, por isso, é melhor usar para saladas. Ele vai bem com temperos mais fortes, como pimentão, cebola, semente de coentro e cominho. Antes de cozinhar, você precisa ferver e desprezar a água uma vez. Isso ajuda a tirar a acidez e o amargor.

Pela cor a gente não erra: **feijão-branco** é branco mesmo, de grãos grandes. Ele é macio, produz caldo cremoso e tem sabor suave, adocicado. É superversátil: vira caldinho, sopa cremosa, purê, salada e até pastinha para passar no pão do aperitivo.

O **fradinho** é aquele clarinho de "olho" preto. É a base do acarajé. Aliás, o Nordeste é especialista em receitas que levam esse tipo de feijão. Ótimo para fazer baião de dois. É chamado de **feijão-de-corda** em algumas regiões do Brasil.

Curioso como o **verde** tem um sabor... verde! É primo do fradinho. Ele não dá caldo e, por isso, é bom para saladas.

O **manteiguinha**, miúdo e branco, tem sabor doce. É outro primo do fradinho, e mais consumido no Pará.

De grão miúdo, escuro e avermelhado, o **feijão roxinho** tem sabor intenso, ótimo para acompanhar carnes, peixes e legumes refogados. Sua textura é macia e rende um ótimo caldo. O grão mantém o formato mesmo depois de bem cozido.

Para reconhecer o **mulatinho**, é só lembrar que ele parece o carioca, mas sem listras. Tem sabor suave e faz bom caldo. Utilizado no dia a dia da Bahia.

O **rosinha** já foi bastante consumido no país, antes da década de 1970, mas perdeu espaço entre os agricultores por ser um grão bastante suscetível a pragas e doenças no campo. Tem sabor mais suave que o do carioca e, quando cozido, produz um caldo grosso.

Branco Fradinho Manteiguinha

Rosinha · Roxinho · Preto

Molho, remolho, demolho
TÉCNICA: REMOLHO

Tipo escolhido, é hora de catar grão. Que nada! Se você comprar um feijão de boa qualidade, que já vem escolhido, não precisa espalhar na mesa para jogar fora pedras ou grãos estragados. De todo jeito, se algum grão boiar na hora do remolho, está seco demais para cozinhar. Pode descartar o grão.

O processo do remolho é muito simples: lave o feijão em água corrente e escorra. Depois cubra com o dobro de quantidade de água e deixe de **molho** durante uma noite, ou 12 horas. E isso seria deixar de molho, certo? O remolho é porque você vai trocar a água uma vez durante essas 12 horas, combinado?

O **remolho** serve para hidratar os grãos e diminuir o tempo do cozimento. Mas não é só isso: ele ajuda a eliminar as toxinas que deixam o prato indigesto (e a gente, com gases).

Só no truque: existe ainda um outro método, o **demolho curto**. Coloque o feijão lavado numa panela comum; leve ao fogo alto e, quando começar a ferver, desligue e tampe. Agora os grãos precisam hidratar por 1 hora. Depois disso, é só escorrer a água. Ele vai estar na mesma etapa que o feijão remolhado, pronto para cozinhar.

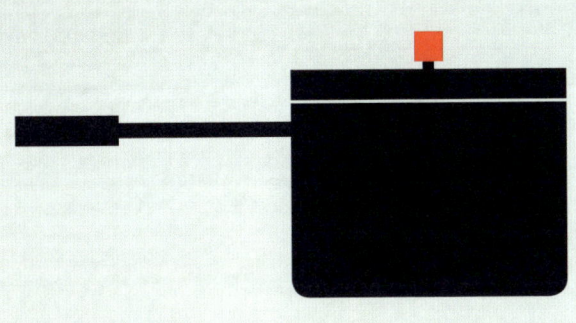

Shhhhh!
UTENSÍLIO INDISPENSÁVEL: PANELA DE PRESSÃO

Nem adianta pedir: silêncio não é o forte da panela de pressão. Mas tudo bem, porque ela cozinha os alimentos em um terço do tempo que levaria na panela convencional; pode fazer o barulho que quiser. O problema é que a panela é delicada porque, justamente, trabalha sob pressão. E quem trabalha sob pressão, você sabe, pode explodir...

Mas não tema. Ela só é perigosa se você não souber usar. Um ponto importante: precisa de um mínimo e comporta um máximo de volume. Isso vem escrito no manual. Mas, geralmente, o máximo é de dois terços, e o mínimo, de um terço.

A borracha da tampa tem que ser trocada sempre que começar a ressecar — se o vapor estiver saindo pela tampa, e não pela válvula, significa que ressecou. A válvula tem que estar desimpedida. Se parece que entupiu, não use!

Já deu o tempo de cozimento? Então você tem que tomar uma decisão: dá para acelerar o processo e colocar um garfo para tirar o vapor mais rápido. A desvantagem é que isso encurta a vida da panela. O método correto é deixar o vapor sair naturalmente. Depois que ele saiu, pode abrir a tampa sem medo.

Vamos ao fogão
TÉCNICA: COZINHAR NA PRESSÃO

NA PRESSÃO
Remolho feito, água escorrida, hora de cozinhar o feijão. Para cada xícara (chá) de feijão, use 3 xícaras (chá) de água e 1 folha de louro. Coloque na panela, tampe e leve ao fogo. A panela de pressão sempre vai ao fogo médio, e, assim que começa a apitar, a gente deve reduzir o fogo para baixo. O apito é também o sinal para começar a contar o tempo. O feijão que passou pelo remolho precisa de apenas 10 minutos para cozinhar.

SEM PRESSÃO
Ok, mas e se eu não quiser cozinhar na panela de pressão? Pode cozinhar na panela convencional, com a tampa entreaberta e, em vez de 10 minutos, o feijão, depois que começa a ferver, leva pelo menos 30 minutos, geralmente mais, para amolecer. Por isso, também precisa de mais líquido. Para cada xícara de feijão, use 4 xícaras de água.

Refogado nota mil
TÉCNICA: REFOGAR

Existem aproximadamente, de acordo com as minhas contas, 200 milhões de possibilidades de fazer um refogado. Ou mais. É que cada brasileiro tem a sua receita — ou deveria ter. Muita gente gosta de usar bacon, cominho, pimenta, tomate, cenoura... E pode tudo.

O básico do básico leva cebola e alho picados. E o processo é sempre o mesmo: panela no fogo baixo, um fio de azeite ou de óleo, e lá vai a cebola picada. E o alho, não? Não! Ele cozinha mais rápido do que a cebola e vai queimar se for junto com ela para a panela. Com uma colher de pau, de bambu ou com uma espátula de silicone, a gente mexe, mexe, mexe, até que a cebola comece a perder os líquidos e murche. Para acelerar, tempere com uma pitada de sal, que ajuda a tirar os líquidos. Agora, sim, o alho entra para os aplausos finais. Essa é a base de todos os refogados, seja para o feijão, para o arroz ou para o risoto.

No caso do feijão, dá para juntar outros temperos ao refogado básico, assim que a cebola murchar. Se for usar bacon, porém, frite antes e aproveite a gordura para refogar a cebola. Refogado feito, é hora de juntar uma concha do feijão, com pouco caldo. Com a colher ou com a própria concha, amasse o feijão: esse purezinho serve para engrossar o feijão.

Agora junte ao purezinho o restante do feijão cozido e deixe em fogo baixo, sem tampa, mexendo de vez em quando para não grudar no fundo da panela, até chegar à textura de que você mais gosta.

Feijão nosso do dia a dia

SERVE **4 pessoas** TEMPO DE PREPARO 20 **minutos** + 12 horas para o remolho

BÁSICO DO BÁSICO DA COZINHA BRASILEIRA, O FEIJÃO CASEIRO É O PAR PERFEITO DO NOSSO AMADO ARROZ BRANCO. NESTA RECEITA, VOCÊ APRENDE A COZINHAR A MAIS PARA ECONOMIZAR TEMPO DURANTE A SEMANA. O SEGREDO É TEMPERAR SOMENTE O QUE FOR SERVIR NA HORA. DÁ ATÉ PARA CONGELAR COM O CALDO (ANTES DE REFOGAR) E DESCONGELAR DIRETO NA PANELA

PARA O REMOLHO

2 xícaras (chá) de feijão rosinha
   (ou carioquinha ou rajado)
4 xícaras (chá) de água

1. Lave o feijão em água corrente e escorra numa peneira. Transfira os grãos para uma tigela e cubra com a água — se algum boiar, descarte.
2. Cubra a tigela com um prato e deixe o feijão de molho por 12 horas. Troque a água uma vez nesse período — o remolho diminui o tempo de cozimento e elimina as toxinas que deixam o feijão indigesto.

PARA COZINHAR E REFOGAR

6 xícaras (chá) de água
2 folhas de louro
1 cebola
2 dentes de alho
2 colheres (sopa) de azeite
sal e pimenta-do-reino moída
   na hora a gosto

1. Despreze a água do remolho. Transfira os grãos para a panela de pressão, cubra com a água e junte as folhas de louro.
2. Tampe, leve ao fogo médio e, quando começar a apitar, abaixe o fogo e deixe cozinhar por 10 minutos.
3. Enquanto o feijão cozinha, descasque e pique fino a cebola e o alho.
4. Após o tempo de cozimento, desligue o fogo, mas só abra a tampa depois que toda a pressão tiver saído (se preferir, você pode colocar um garfo sob a válvula para acelerar o processo, mas isso encurta o tempo de vida da panela).
5. Retire metade do feijão cozido (e o caldo) e leve ao congelador ou mesmo à geladeira (por até 3 dias). Nas páginas seguintes, você encontra mais informações sobre como congelar e descongelar o feijão. Essa é a melhor maneira de economizar seu tempo na cozinha: na próxima refeição, você só precisa temperar o feijão.
6. Leve uma panela pequena ao fogo baixo. Regue com o azeite, junte a cebola e refogue por 3 minutos, até ficar levemente dourada. Adicione o alho e misture bem por mais 1 minuto. Acrescente 1 concha do feijão cozido, com um pouco do caldo, e amasse os grãos com o fundo da concha (ou com uma espátula) — esse purê vai engrossar o caldo.
7. Transfira o feijão cozido (com caldo) da panela de pressão para a panela com o purê de feijão e misture bem. Tempere com sal e pimenta-do-reino a gosto.
8. Deixe cozinhar em fogo baixo, sem tampa, por cerca de 5 minutos ou até ficar na consistência desejada. Mexa de vez em quando para não grudar no fundo da panela. Desligue o fogo e sirva a seguir.

OBSERVAÇÃO: se quiser cozinhar apenas a quantidade que vai servir, basta dividir o feijão e a água do remolho e do cozimento pela metade.

Cebola & alho: módulo avançado
TÉCNICA: CORTAR CEBOLA & DESCASCAR DENTE DE ALHO

Quem é freguês do programa *Cozinha Prática* tem doutorado em picar cebola. A maneira profissional é assim: numa tábua, com faca grande e afiada, corte a cebola na metade, no sentido do comprimento, sem tirar aquele topo cabeludinho. Puxe a casca para cima e para trás e use-a para segurar a metade da cebola. Corte e despreze a base oposta da cebola. Faça dois cortes paralelos na horizontal: um mais para cima, outro mais perto da tábua, sem chegar até o final. Agora fatie no sentido do comprimento, espaçando a gosto. Continue segurando a casca para, agora sim, fazer os cortes no sentido da largura. Os cubos saem prontinhos!

Para tirar a casca do alho sem dar galho: com a lâmina deitada de uma faca grande, amasse o pobre dente de alho sem dó sobre uma tábua. A casca sai tão fácil! Se você cortar um tantinho do topo antes, sai mais fácil ainda.

Prazer, concha
UTENSÍLIO INDISPENSÁVEL: CONCHA

Na remota era em que toda casa era de família e havia um faqueiro completo à disposição, encontrar uma concha de feijão era de uma obviedade ululante. Já hoje, quando a vida adulta começa muitas vezes numa casa de solteiro, concha pode parecer talher da vovó. Mas, qual! Bem, o ideal é ter ao menos duas: uma para cozinhar e outra para servir. Dica: nas feiras de antiguidade você encontra conchas de prata avulsas que são um arraso.

E Congele o feijão
ECONOMIZE

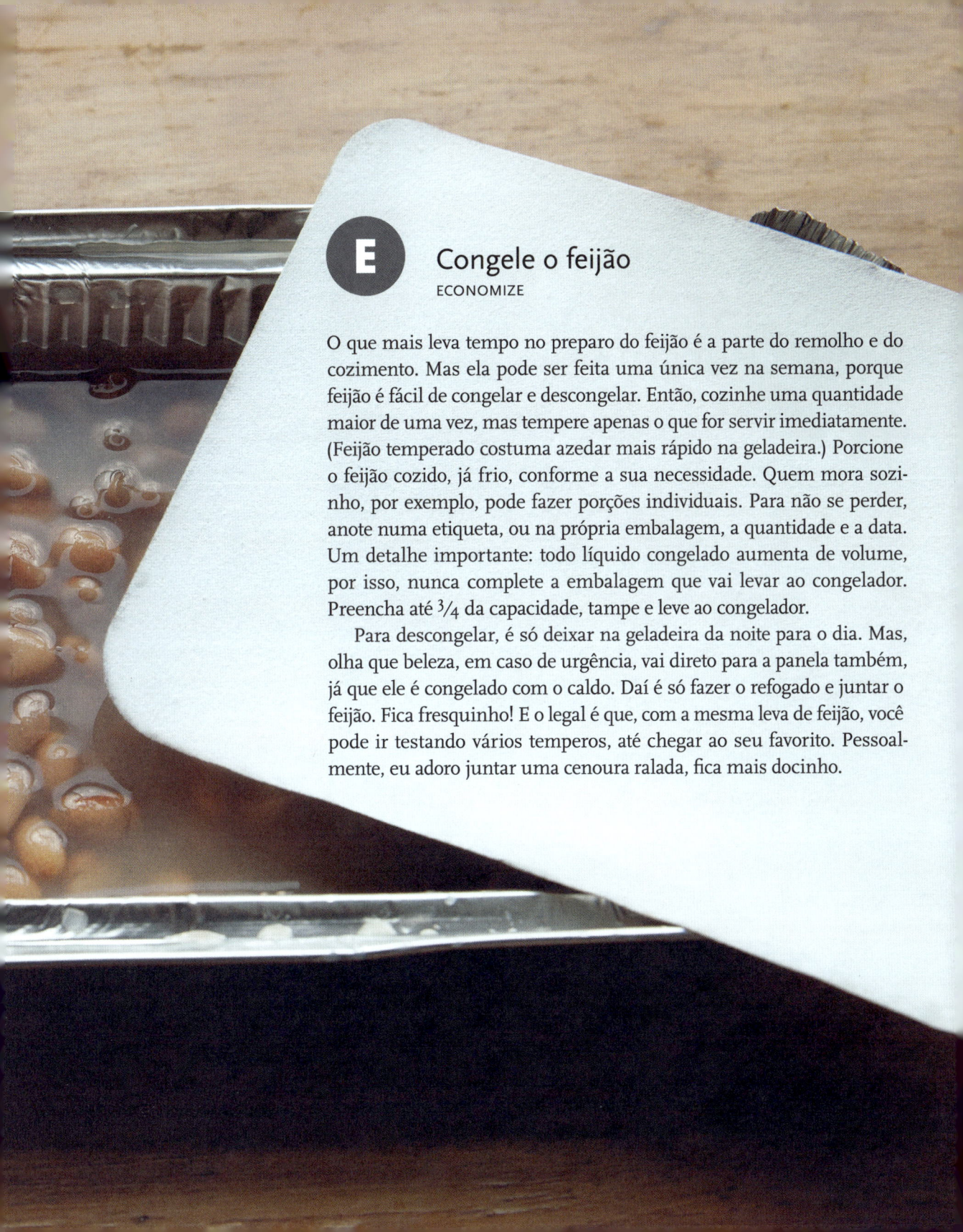

O que mais leva tempo no preparo do feijão é a parte do remolho e do cozimento. Mas ela pode ser feita uma única vez na semana, porque feijão é fácil de congelar e descongelar. Então, cozinhe uma quantidade maior de uma vez, mas tempere apenas o que for servir imediatamente. (Feijão temperado costuma azedar mais rápido na geladeira.) Porcione o feijão cozido, já frio, conforme a sua necessidade. Quem mora sozinho, por exemplo, pode fazer porções individuais. Para não se perder, anote numa etiqueta, ou na própria embalagem, a quantidade e a data. Um detalhe importante: todo líquido congelado aumenta de volume, por isso, nunca complete a embalagem que vai levar ao congelador. Preencha até ¾ da capacidade, tampe e leve ao congelador.

Para descongelar, é só deixar na geladeira da noite para o dia. Mas, olha que beleza, em caso de urgência, vai direto para a panela também, já que ele é congelado com o caldo. Daí é só fazer o refogado e juntar o feijão. Fica fresquinho! E o legal é que, com a mesma leva de feijão, você pode ir testando vários temperos, até chegar ao seu favorito. Pessoalmente, eu adoro juntar uma cenoura ralada, fica mais docinho.

SOBROU METADE DO FEIJÃO DO ALMOÇO, MAS NÃO É LEGAL CONGELAR FEIJÃO DEPOIS DE TEMPERADO. O QUE VOCÊ FAZ? APROVEITA QUE A NOITE ESTÁ FRESCA E PREPARA A JATO UMA CLÁSSICA SOPA DE FEIJÃO!

Caldinho de feijão

(inspirado na sopa da vó Júlia)

serve 2 pessoas tempo de preparo 15 minutos

1 xícara (chá) de feijão cozido com caldo
1 xícara (chá) de água
   (ou caldo de legumes caseiro)
½ cebola
1 dente de alho
1 rodela de pimentão vermelho
1 colher (sopa) de azeite
caldo de ½ limão taiti
salsinha fresca picada
sal e pimenta-do-reino moída na hora a gosto

1. Descasque e pique fino a cebola e o alho. Lave, seque e corte uma rodela de pimentão com cerca de 1 cm de largura e pique em cubos pequenos.
2. Leve uma panela pequena com azeite ao fogo baixo. Quando aquecer, acrescente a cebola e refogue até começar a dourar. Junte o pimentão e refogue por mais 2 minutos. Por último, acrescente o alho e refogue por mais 1 minuto.
3. Adicione o feijão, regue com a água e misture. Tempere a gosto com sal e pimenta-do-reino moída na hora e deixe cozinhar até ferver.
4. Desligue o fogo e bata com um mixer (ou no liquidificador) até formar uma sopa lisa.
5. Transfira para duas canecas, finalize com caldo de limão e salsinha picada. Sirva ainda quente.

Outras possibilidades

Ovo cozido picadinho vai muito bem. Bacon frito e batido também. Experimente colocar outros legumes, além do pimentão. Cenoura, salsão, alho-poró sempre dão certo. Agora, se você gosta de caldinho de feijão com macarrão, é necessário usar um pouco mais de água para cozinhar o macarrão ou, então, juntar na sopa o macarrão já cozido.

Pasta & fagioli

1 xícara (chá) de penne
  (ou outra massa grano duro)
1¾ xícara (chá) de água
½ colher (sopa) de azeite
½ cebola
1 dente de alho
½ colher (chá) de sal
2 ramos de alecrim
⅔ de xícara (chá) de feijão-carioca cozido
  (de caixinha)
queijo parmesão em lascas para servir

1. Faça o pré-preparo: descasque e pique fino a cebola e o alho; lave e seque os ramos de alecrim; passe o feijão por uma peneira e despreze o líquido para medir os ⅔ de xícara (chá), e reserve 1 colher (sopa) para finalizar o prato.
2. Leve uma panela pequena ao fogo baixo. Quando aquecer, regue com o azeite, junte a cebola, o sal, e refogue por cerca de 3 minutos, até dourar. Adicione o alho e as folhas de 1 ramo de alecrim e mexa por mais 1 minuto apenas para perfumar. Junte o feijão, misture e pressione com a espátula apenas para amassar os grãos.
3. Adicione a água, o macarrão, e tempere com pimenta-do-reino moída na hora a gosto. Misture e, quando ferver, deixe cozinhar por 5 minutos.
4. Após os 5 minutos, tampe a panela e deixe cozinhar por mais 10 minutos. Transfira para um prato e decore com o feijão reservado e as folhas de alecrim restantes. Sirva a seguir com lascas de queijo parmesão.

NÃO TEM FEIJÃO NO CONGELADOR NEM SOBRA DO ALMOÇO? RECORRA AO FEIJÃO PRONTO, EM CAIXINHA, SEM TEMPERO. NÃO DEIXA DE SER UM CURINGÃO NA COZINHA E RENDE UM CLÁSSICO ITALIANO SUPERNUTRITIVO: O FEIJÃO COM MACARRÃO EM VERSÃO CONTEMPORÂNEA, FEITO EM UMA PANELA SÓ

SERVE 1 pessoa TEMPO DE PREPARO 10 minutos + 15 minutos para cozinhar

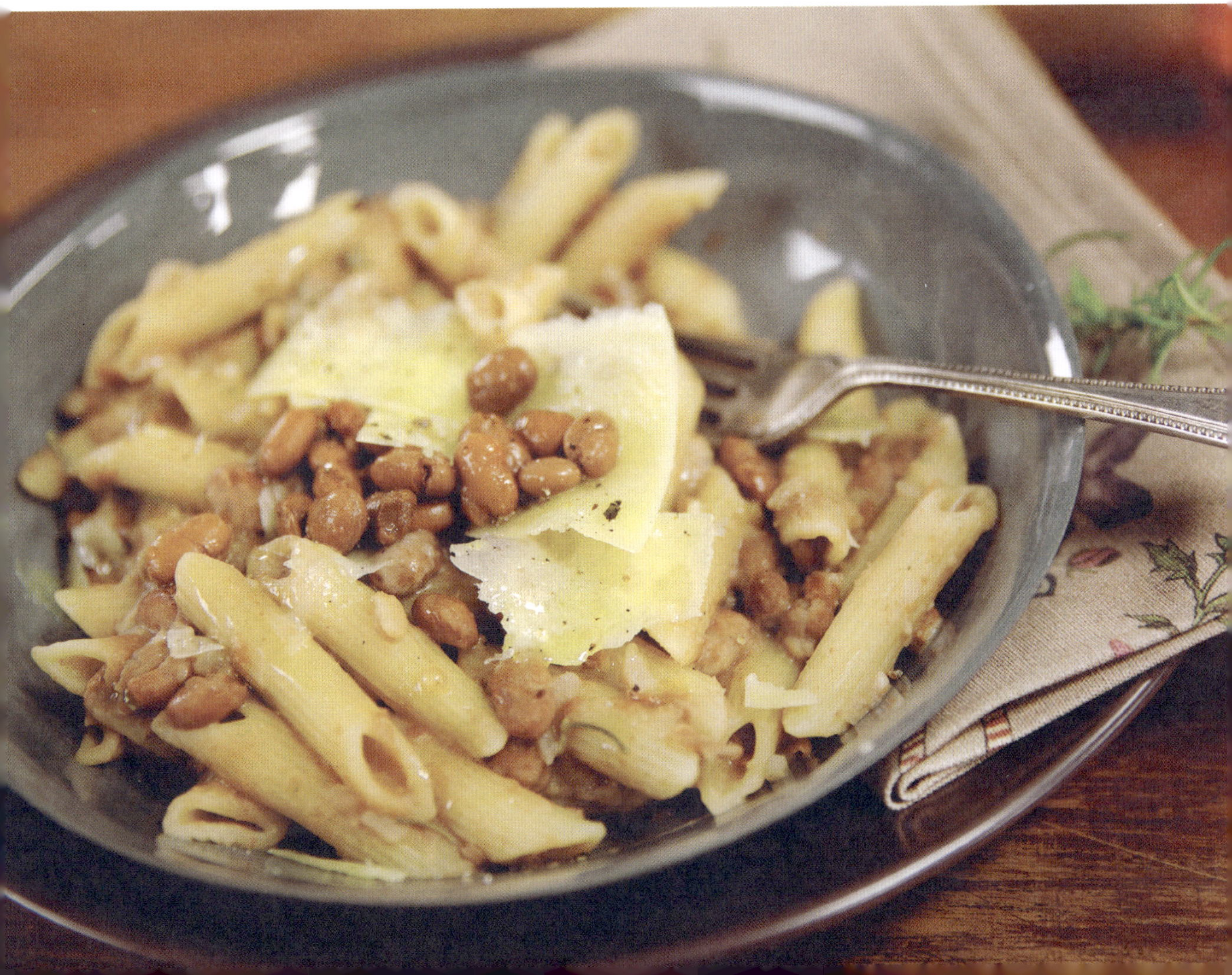

SABE AQUELE CASAL QUE COMBINA, É LINDO E DIVERTE A FESTA TODA? ASSIM É O FEIJÃO-FRADINHO COM O BACALHAU. ESTA SALADA MOSTRA COMO O GRÃO É VERSÁTIL

1½ xícara (chá) de feijão-fradinho cozido (sem caldo)
250 g de bacalhau dessalgado, desfiado e congelado
1 cebola
1 xícara (chá) de tomates grape
2 colheres (sopa) de azeite
caldo de 1 limão taiti
¼ de xícara (chá) de salsinha fresca
sal e pimenta-do-reino moída na hora a gosto

1. Leve ao fogo alto uma panela média com água. Quando ferver, coloque o bacalhau para descongelar e cozinhar por cerca de 10 minutos. Enquanto isso, prepare os outros ingredientes.
2. Descasque e corte 1 cebola em cubos médios. Lave, seque e corte os tomates ao meio. Lave, seque e pique a salsinha grosseiramente.
3. Leve uma frigideira ao fogo médio, regue com 1 colher (sopa) de azeite e refogue a cebola até dourar. Desligue o fogo.
4. Escorra a água do bacalhau, transfira as lascas para a frigideira e misture com as cebolas douradas. Adicione o feijão-fradinho (sem caldo) e os tomates. Regue com o azeite restante, o caldo de limão e tempere com sal e pimenta-do--reino a gosto. Misture bem.
5. Transfira para uma saladeira e finalize com a salsinha picada. Sirva a seguir em temperatura ambiente ou deixe esfriar e leve à geladeira.

Salada de feijão-fradinho com bacalhau & vinagrete de salsinha

SERVE 2 pessoas
TEMPO DE PREPARO coisa de 20 minutos, se o feijão estiver cozido

Dip de feijão-branco

serve 6 pessoas
tempo de preparo 15 minutos

2 latas de feijão-branco cozido
¼ de xícara (chá) de azeite
1 dente de alho
1 colher (chá) de raspas de limão
1 colher (sopa) de caldo de limão
¼ de xícara (chá) de folhas de coentro (meça pressionando na xícara)
4 talos de cebolinha
sal e pimenta-do-reino moída na hora a gosto

O PESSOAL VAI CHEGAR COM A CERVEJA? SAQUE DO ARMÁRIO 2 LATAS DE FEIJÃO-BRANCO E ATAQUE COM ESTA PASTA, RAPIDÍSSIMA DE FAZER, E MULTIUSO — FICA ÓTIMA COM TORRADA OU PARA ACOMPANHAR UM PEIXINHO FRITO

1. Numa peneira, sobre a pia, escorra bem o feijão-branco. Se quiser, passe por água corrente.
2. Lave e seque o coentro e a cebolinha. Pique fino.
3. Leve ao fogo baixo uma frigideira grande. Descasque o dente de alho, regue a frigideira com o azeite e junte o alho. Quando perfumar, acrescente o feijão e refogue por 1 minuto. Adicione o coentro, a cebolinha, o caldo e as raspas de limão. Tempere com sal e pimenta-do-reino moída na hora e refogue por mais 2 minutos.
4. Desligue o fogo e transfira o feijão refogado para uma tigela. Com um garfo, amasse até virar uma pasta homogênea (se preferir, use o processador de alimentos ou bata com um mixer). Deixe esfriar em temperatura ambiente, regue com um fio de azeite e sirva a seguir.

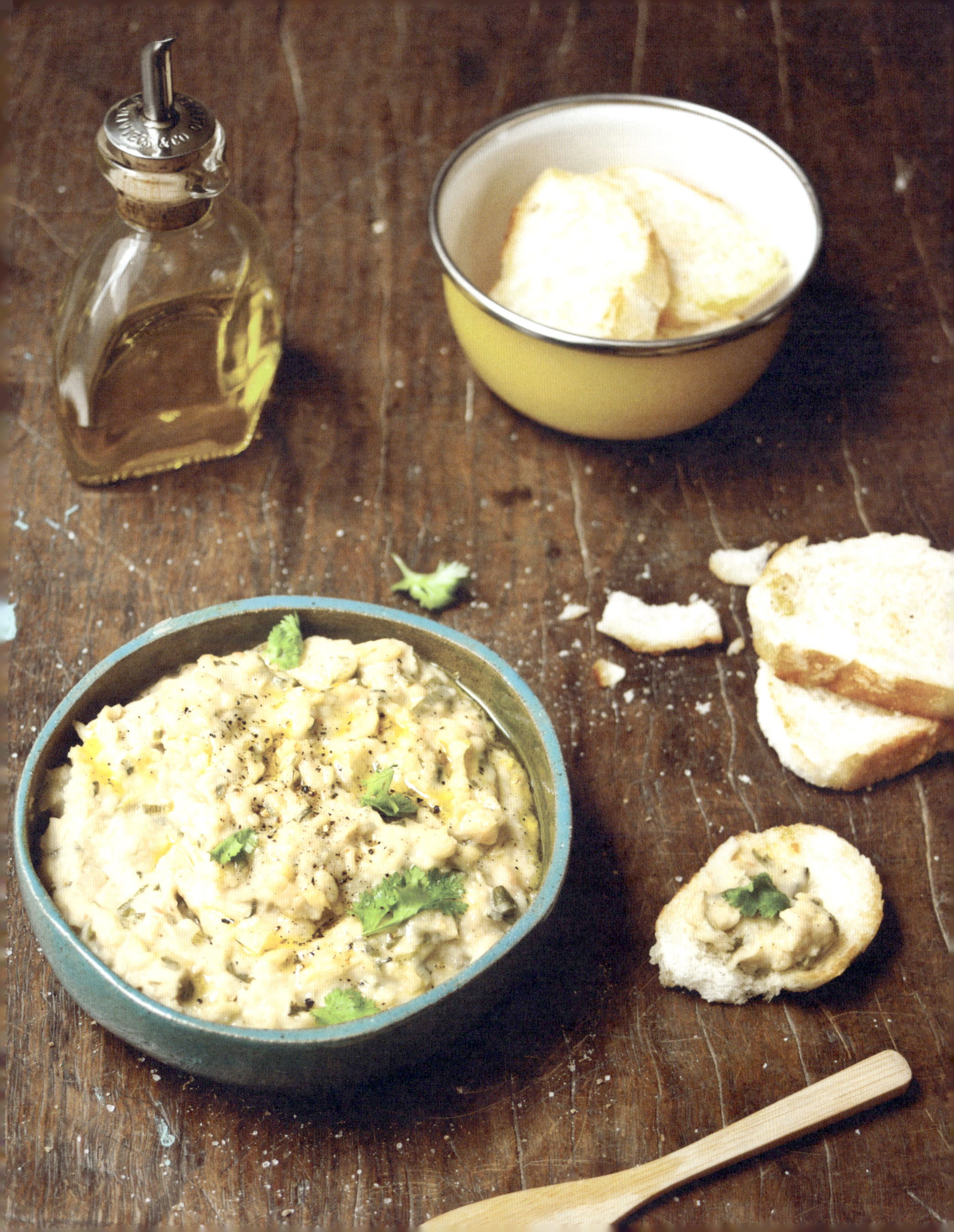

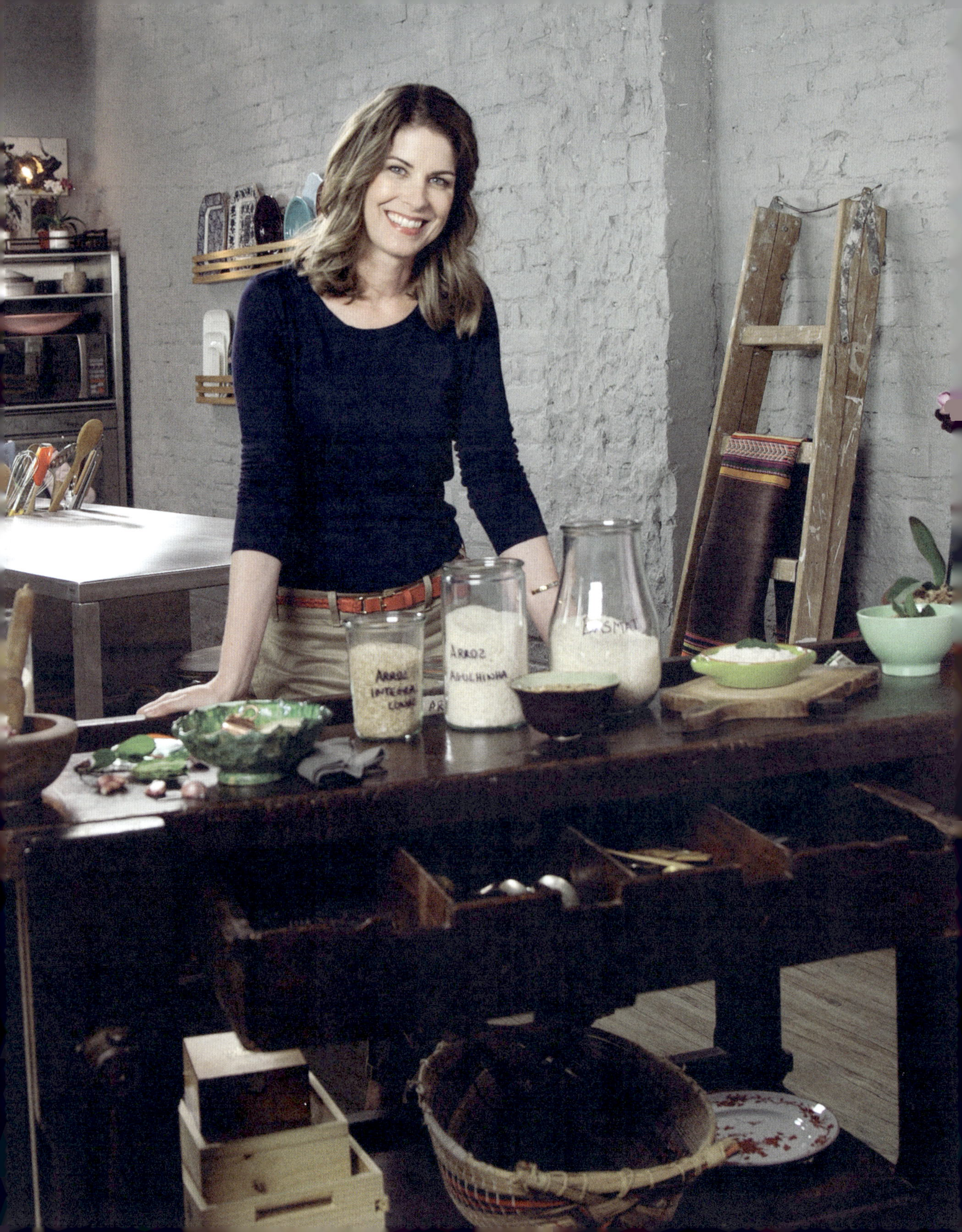
Arroz
Arroz
Agulhinha

CAP. 2 — ARROZ

Arroz

Sabe aquela minha tese, que hoje é mais fácil encontrar quem faça um bom risoto do que um bom feijão? Vale para o arroz soltinho — o que é mais irônico ainda

soltinho

Acho que você vai concordar comigo: cozinhar está na moda e é mesmo legal dominar uma receita tão importante como o risoto. Mas...

Qualquer piloto de fogão que arrase no preparo de um prato que é ícone da cozinha italiana deveria ser capaz de fazer um básico arroz soltinho, não? Então vamos aos segredos do arroz de todo dia? Que nada! Não tem segredo: tem é técnica. Foi isso o que quis explicar, bem detalhado, no episódio dedicado a esse cereal, que é para ninguém errar mais. A receita principal era, claro, um arroz branco e soltinho, aquele que fica perfeito com feijão, combinação que faz parte da cultura brasileira. Quanto mais a gente preserva os nossos hábitos alimentares, mais a gente se protege contra a comida ultraprocessada, que estraga em uma só tacada a saúde e a cultura.

Arroz e feijão são obrigatórios na mesa de muita (muita) gente. Na casa de quem tem criança, então, é batata: tem que ter arroz e feijão. Mas não raro o arroz rende sobras que, ai!, vão direto para o lixo. Feio, né? E é isso o que acontece em muita cozinha. Se a gente parar para pensar, é um bom jeito de rasgar dinheiro... Por isso, queria incluir no roteiro do programa uma saída para evitar esse atentado contra o bolso. É economia doméstica pura! Você vai ver que as sobras são preciosas. E vamos transformá-las em duas receitas bem diferentes. Junte cebola caramelada, cenoura ralada e ervas. Com pequenas alterações, essa base rende um arroz chinês ou bolinho de arroz — vai do gosto do freguês. Dá inclusive para incluir mais ingredientes e fazer aquela rapa na geladeira. O mais interessante, para mim, é observar como o método de cozimento muda tudo: com praticamente os mesmos ingredientes, vamos preparar dois pratos bem diferentes.

O bolinho pode até ser servido como aperitivo, mas sugiro que seja o prato principal, acompanhado de um legume refogado ou assado — olhe na foto que acompanha a receita como ele fica apetitoso com vagem e uma colherada de chutney de manga. Posso dizer? Apenas faça. E mais: é ótima opção para quem aderiu ao movimento da segunda-feira sem carne.

O arroz chinês, ou mexidinho, é aquele que as crianças amam. Não tem pequenos em casa? Então pode chamar de fried rice, tipo aquele que a gente pede em restaurante de comida chinesa. Você pode até arrumar um sotaque chinês na hora de servir: "Pessoal, tá plonto o flailaaaaice!".

Por fim, uma sobremesa com arroz. Doce de feijão, um clássico japonês, não teve no capítulo anterior, mas um tradicional arroz-doce, aqui, não poderia faltar. E em versão atualizada: sem leite condensado e, ainda assim, cremoso. "Mas, como, Rita?", você há de perguntar. E respondo na lata: com arroz de sushi. Não é tecnologia japonesa, não. É que esse tipo, de grão curto, tem mais amido, e o amido é amigo e engrossa o caldo para a gente, sem cobrar nada.

Conhecer os diferentes tipos de grãos e seus melhores usos na cozinha tem essa vantagem. Por isso digo e repito que aprender a cozinhar é libertador. No caso dessa sobremesa, a escolha do arroz certo simplesmente elimina um ingrediente que é superdoce. Resultado: você decide o tanto de açúcar que vai usar.

Tome fôlego que ainda tem mais: para este livro, selecionei duas receitas relacionadas ao tema. Uma é o risoto, para comprovar que não tenho nada contra o prato. É de alho-poró, acompanhado de linguicinha calabresa, um preparo para ter na manga, porque pode ser vegetariano ou não. É na hora de montar o prato que cada um decide se vai finalizar ou não com a linguiça. Outra vantagem: o caldo de legumes é criado enquanto o risoto cozinha. Coisas da minha cozinha prática. Também não poderia deixar de lado o chutney de manga. Ele dá uma levantada nas mais variadas preparações.

ARROZ PARA TODOS OS GOSTOS

Sabe como o arroz é classificado? É pelo tamanho do grão. O agulhinha, que é o mais usado no Brasil, tem o grão longo. Já o arbóreo, usado para fazer risoto, tem grão curto. Que diferença isso faz? O tamanho do grão determina o tipo de prato: o curto solta bastante amido, por isso, fica cremoso — ou unidos venceremos, que é aquele arroz japonês. Já o longo fica solto um do outro. Então, não dá para fazer um arroz soltinho com o arbóreo, nem risoto com agulhinha. Sacou?

Além do **agulhinha**, o **basmati** (bastante usado na Índia, tem sabor mais forte) e o **jasmim** (conhecido como arroz thai, porque é o que se usa na cozinha tailandesa) são outros tipos de grão longo. O **arbóreo** e o de **sushi**, como já dito aqui, são curtos.

O arroz também tem mais uma divisão: ele pode ser **beneficiado** (que é o arroz branco) ou **integral**. Ou seja, arroz integral também pode ser de grão curto (empapado!), ou de grão longo (soltinho!).

Para ficar branco, o arroz passa por um processo de polimento que tira a casca e outras camadas externas dos grãos. Nesse processo, perde-se um pouco dos nutrientes e das fibras. A vantagem é que fica mais rápido de cozinhar.

Existe também o arroz **parboilizado**. Nesse processo, é como se os grãos, ainda com a casca, ficassem de molho em água quente, antes de serem descascados — ou beneficiados, que é o termo mais técnico. A teoria é que isso melhora a qualidade nutricional porque as vitaminas da casca penetram o grão. A outra vantagem desse processo é que o arroz fica mais soltinho depois de cozido. A desvantagem é que ele costuma custar mais caro — e muita gente não gosta do sabor ou da textura. Ah, e esse nome estranho, parboilizado, vem do inglês *parboiled*, que quer dizer "parcialmente fervido".

Arroz é o principal alimento de metade da população mundial. Na China, no Japão, na Tailândia, na Ásia toda, o arroz é tão importante quanto no Brasil. Existem vários outros tipos, como o **negro**, o **vermelho**, o **cateto**... Tem até arroz que não é considerado arroz, como o **selvagem**, que é uma gramínea, e o **7 cereais**, que a gente acaba usando no lugar do arroz do dia a dia.

Lava ou não lava?

Foi uma brasileira, Beatriz Zorowich, quem inventou aquele lava-arroz tradicional, de plástico, que é bacia e escorredor ao mesmo tempo. Isso foi na década de 1960 e, papagaio!, quem não tinha um em casa? Mas hoje, quem diria, ele é um utensílio... dispensável. Pois é. Você pode, mas não precisa, lavar o arroz até que a água passe de branca para cristalina. O intuito é limpar e tirar um pozinho de amido que sobra do polimento e deixa o arroz mais pegajoso. Mas as boas marcas contam com esse passo nos processos de industrialização.

Onde já se viu não lavar o arroz, né? Pode confiar: na minha cozinha, tudo é testado: uma panela ao lado da outra, uma com arroz lavado e a outra, não. Não é isso que vai deixar o arroz soltinho. Se você quer porque quer passar o arroz pela água corrente, não tem problema. Mas precisa saber que tem que escorrer muito bem antes de ele ir para a panela ou... corre o risco de empapar.

Vamos fazer um arrozinho?
TÉCNICA: MÉTODO TRADICIONAL DE FAZER ARROZ

A proporção do arroz branco é de 2 xícaras (chá) de água para cada xícara (chá) de arroz. E, na teoria, a receita é: refogar cebola, mexer o arroz, completar com água. Simples, mas nem tanto: tudo tem técnicas e porquês. Para o refogado, quem não pulou o capítulo anterior já sabe: tem que picar a cebola e cozinhar em um pouco de óleo (ou outro tipo de gordura) na panela em fogo baixo, até ela ficar transparente e murchar. Se passar desse ponto, a cebola vai dourar, e aí o resultado é outro. Ela vai manchar o arroz. (Um detalhe importante no refogado específico do arroz: nada de "um fiozinho de nada" de óleo! Precisa de gordura suficiente para depois envolver os grãos, pois a gordura também tem responsabilidade no time do arroz soltinho.)

Cebola murchinha, o arroz entra em cena e vai ser mexido, para que cada grão fique com uma camada de gordura. Se depois de lavar você não escorrer bem a água, ela vai atrapalhar esse processo, que é responsável pela gelatinização do amido. O mexe-mexe no óleo estimula os grãos a ficarem separados depois de cozidos, e também a absorverem o sabor dos aromáticos, no caso, a cebola.

Depois de um minutinho mexendo o arroz, é hora de aumentar o fogo para médio e: água quente na panela! Ela precisa ser quente por duas razões: para cozinhar mais rápido e, de novo, não atrapalhar o processo de gelatinização. Tudo o que a gente não quer aqui é empapar o arroz, certo? A chaleira, portanto, vai ao fogo (alto) ao mesmo tempo que você começa a refogar a cebola. Assim dá tempo de esquentar bem. Dá tempo até de ferver e evaporar um pouco. Então, aqui vem um truque para quem vai preparar o arroz pela primeira vez: meça a água novamente! Ah, aproveite para temperar com sal e 1 folha de louro para perfumar. (Se quiser, você pode usar alho, cravo...)

Assim que a água começar a secar e atingir o mesmo nível do arroz, diminua o fogo novamente e tampe parcialmente a panela: o vapor precisa ter um escape. O arroz fica no fogo até cozinhar e absorver toda a água. Para verificar, fure os grãos com um garfo: se ainda tiver água, deixe no fogo um pouco mais; se secou, tampe a panela e deixe cozinhar mais uns minutinhos no próprio vapor. Teoricamente, está pronto o seu arroz. Vamos para a prática?

PARA GRUDAR NO FEIJÃO DO JEITO QUE ELE GOSTA, O ARROZ TEM QUE SE SENTIR LIVRE, LEVE E SOLTO! AQUI VOCÊ CONFERE TODOS OS TRUQUES PARA FAZER AQUELE ARROZ BEM SOLTINHO

SERVE **4 pessoas** TEMPO DE PREPARO **20** minutos

Arroz branco soltinho

1 xícara (chá) de arroz-agulhinha (tipo longo polido)
2 xícaras (chá) de água
1 colher (sopa) de azeite (ou óleo)
½ cebola
1 folha de louro
1 colher (chá) de sal

1. Descasque e pique fino a cebola. Numa chaleira, leve um pouco mais de 2 xícaras (chá) de água ao fogo baixo, até ferver.
2. Leve uma panela média ao fogo baixo. Quando aquecer, regue com o azeite e refogue a cebola, mexendo sempre, por cerca de 2 minutos, até murchar. Tempere com uma pitada de sal e junte o louro.
3. Acrescente o arroz e mexa bem para envolver todos os grãos com o azeite por cerca de 1 minuto — isso ajuda a deixar os grãos soltinhos depois de cozidos.
4. Meça 2 xícaras (chá) da água fervente e regue o arroz. Misture bem e aumente o fogo para médio. Não mexa mais!
5. Assim que a água começar a secar e atingir o mesmo nível do arroz (cerca de 7 minutos), diminua o fogo e tampe parcialmente a panela. Deixe cozinhar até que o arroz absorva toda a água (cerca de 8 minutos) — para verificar se a água secou, fure o arroz com um garfo e afaste delicadamente alguns grãos do fundo da panela; se ainda estiver molhado, deixe cozinhar mais um pouquinho.
6. Desligue o fogo e mantenha a panela tampada por 5 minutos para que os grãos terminem de cozinhar no próprio vapor. Em seguida, solte os grãos com um garfo. Transfira para uma tigela e sirva quente.

UI Panela que faz comida boa
UTENSÍLIO INDISPENSÁVEL:
PANELA DE AÇO INOX

No meu dia a dia — e na cozinha de testes do Estúdio Panelinha, onde o programa é gravado —, as panelas são de aço inox com fundo triplo. Há mais de duas décadas, aprendi a cozinhar com esse tipo de panela. Desde então, é o material que mais uso na cozinha. O aço inox é resistente e seguro, não contamina nem interfere no sabor da comida. A vantagem do fundo triplo é que o calor é distribuído de maneira uniforme. E também mantém o calor por mais tempo. Por isso, até usando fogo baixo ela cozinha mais rápido. Resultado: a gente economiza gás.

T Assim também vale
TÉCNICA: ARROZ SEM REFOGAR

Existe um outro jeito de fazer arroz, pulando o passo de refogar a cebola e os grãos. O resultado não é o mesmo — fica bem mais neutro, jeito simpático de dizer sem sabor. É mais saudável, porém. Funciona assim: a panela vai com a água e uma cebola cravejada com louro para o fogo alto. Assim que começar a ferver, tempere com sal e, se quiser, também pode juntar um fio de azeite. Coloque o arroz e abaixe o fogo. Se for integral, ele precisa cozinhar por cerca de 40 minutos em fogo baixo com a panela parcialmente fechada. Você pode cozinhar arroz branco com esse método e arroz integral, refogando primeiro. O que muda é a proporção e o tempo de cozimento. Cada xícara (chá) de arroz integral precisa de 3 de água — e leva mais tempo para cozinhar e secar. Só lembrando, a proporção do arroz branco é de 1 xícara para 2 de água.

Mais uns grãos de informação

TÁ NA MESA
Antigamente as pessoas serviam arroz em travessa, mas isso nunca fez muito sentido, porque ele esfria mais rapidamente. Por isso, é melhor levá-lo à mesa em uma tigela, não importa o material. O alimento se mantém quente por mais tempo.

VENCEREMOS OS UNIDOS
As sobras do arroz ficam superduras. Isso acontece por causa da retrogradação do amido. Mas não significa que a gente não consiga deixar o arroz com uma textura macia novamente: basta reaquecer, acrescentando um pouco de água. Pode ser na panela, mas no micro-ondas é melhor ainda.

CONSERVE DIREITO
As sobras de arroz precisam ser refrigeradas rapidamente. O grão tem uma bactéria que sobrevive ao cozimento e volta a crescer quando fica em temperatura ambiente.

NEGÓCIO DA CHINA: AS SOBRAS DE ARROZ SE TRANSFORMAM NUM MEXIDINHO QUE AS CRIANÇAS ADORAM. VALE APROVEITAR O QUE MAIS HOUVER NA GELADEIRA (E COMBINAR COM O PRATO, CLARO)

Arroz frito (Fried rice)

SERVE 3 pessoas TEMPO DE PREPARO 20 minutos

3 xícaras (chá) de sobras de arroz
1 cebola
½ cenoura
¼ de xícara (chá) de salsinha e cebolinha picadas
2 colheres (sopa) de azeite
3 ovos
Sal e pimenta-do-reino moída na hora a gosto

1. Descasque, corte ao meio e fatie a cebola em meias-luas (não muito finas).
2. Leve ao fogo baixo uma panela wok (ou frigideira grande antiaderente), regue com 1 colher (sopa) de azeite e junte a cebola. Tempere com uma pitada de sal e deixe cozinhar por cerca de 15 minutos, mexendo de vez em quando, até dourar. Sim, leva um tempinho, mas vá por mim, o resultado é incrível! Vai transformar as sobras de arroz num prato delicioso.
3. Enquanto isso, prepare os outros ingredientes: lave, descasque e passe a cenoura pela parte grossa do ralador. Lave, seque e pique fino a salsinha e a cebolinha.
4. Transfira as cebolas douradas para a tigela com o arroz cozido.
5. Aumente o fogo para médio, regue com mais um fio de azeite e acrescente a cenoura. Refogue por 2 minutos e junte a salsinha e a cebolinha. Desligue o fogo, junte ao arroz e misture bem.
6. Passe um papel toalha para limpar a panela wok (ou frigideira). Quebre os ovos numa tigelinha.
7. Leve a panela wok (ou frigideira) ao fogo baixo e regue com um fio de azeite. Junte os ovos e mexa rapidamente com uma colher. Quando começar a cozinhar, junte o arroz e misture vigorosamente. Aumente o fogo, tempere com sal e pimenta-do-reino e misture bem por 1 minuto, ou até aquecer bem o arroz. Sirva a seguir.

Frigideira light
UTENSÍLIO INDISPENSÁVEL:
FRIGIDEIRA ANTIADERENTE

Revestimento antiaderente, para mim, é lei quando o assunto é frigideira: pelo menos uma você tem que ter! Ela serve para preparar ovo frito, omelete, grelhados com menos gordura. O problema é que a vida útil deste tipo de panela não é muito longa. Por isso, de tempos em tempos precisa trocar. Mas atenção: para fazer frituras, o ideal é usar uma frigideira sem a camada antiaderente. Nesse caso, prefiro as de aço inox com fundo triplo. São mais caras, mas duram a vida toda.

TRÊS DESCULPAS ÓTIMAS PARA NÃO RESISTIR A ESTE BOLINHO DE ARROZ: É FEITO COM AS SOBRAS DO ARROZ DO DIA A DIA, VIRA PRATO PRINCIPAL ACOMPANHADO DE LEGUMES E, EM VEZ DE FRITO POR IMERSÃO, É SALTEADO

Bolinho de arroz salteado

faz 6 bolinhos   tempo de preparo 30 minutos

3 xícaras (chá) de arroz branco cozido
1 cebola
½ cenoura
¼ de xícara (chá) de salsinha e cebolinha picadas
2 colheres (sopa) de azeite
3 ovos
¼ de xícara de amido de milho
½ xícara (chá) de queijo parmesão ralado
sal e pimenta-do-reino moída na hora a gosto
óleo para dourar os bolinhos

1. Descasque, corte ao meio e fatie a cebola em meias-luas (não muito finas).
2. Leve ao fogo baixo uma frigideira média (de preferência antiaderente). Regue com 1 colher (sopa) de azeite e junte a cebola. Tempere com uma pitada de sal e deixe cozinhar por cerca de 15 minutos, mexendo de vez em quando, até dourar.
3. Enquanto isso, prepare os outros ingredientes: lave, descasque e passe a cenoura pela parte grossa do ralador. Lave, seque e pique fino a salsinha e a cebolinha.
4. Transfira as cebolas douradas para uma tigela grande, junte o arroz cozido e misture.
5. Aumente o fogo para médio, regue com mais um fio de azeite e acrescente a cenoura. Refogue por cerca de 2 minutos e junte a salsinha e a cebolinha. Desligue o fogo, junte ao arroz e misture bem.
6. Acrescente o queijo ralado, prove e tempere com sal e pimenta-do-reino. Adicione os ovos e, por último, misture bem o amido de milho.
7. Passe um papel toalha para limpar a frigideira e leve ao fogo médio. Quando aquecer, regue com óleo para cobrir todo o fundo. Adicione duas colheradas da mistura de arroz e achate levemente com as costas da colher (no formato de um hambúrguer) — faça de 1 a 2 bolinhos por vez, deixando espaço entre cada um para não grudar.
8. Deixe cozinhar por cerca de 2 minutos e vire com uma espátula para dourar o outro lado por igual. Transfira os bolinhos prontos para uma travessa e repita com toda a mistura de arroz (se necessário, regue a frigideira com mais óleo). Sirva os bolinhos ainda quentes.

E Congele o arroz
ECONOMIZE

Sobrou um monte de arroz e você não está a fim do bolinho nem do arroz chinês. Posso sugerir? Congele. Use um recipiente para ir juntando as sobrinhas no congelador. No dia em que bater aquela vontade, o arroz está no jeito. Ele dura 3 meses no congelador.

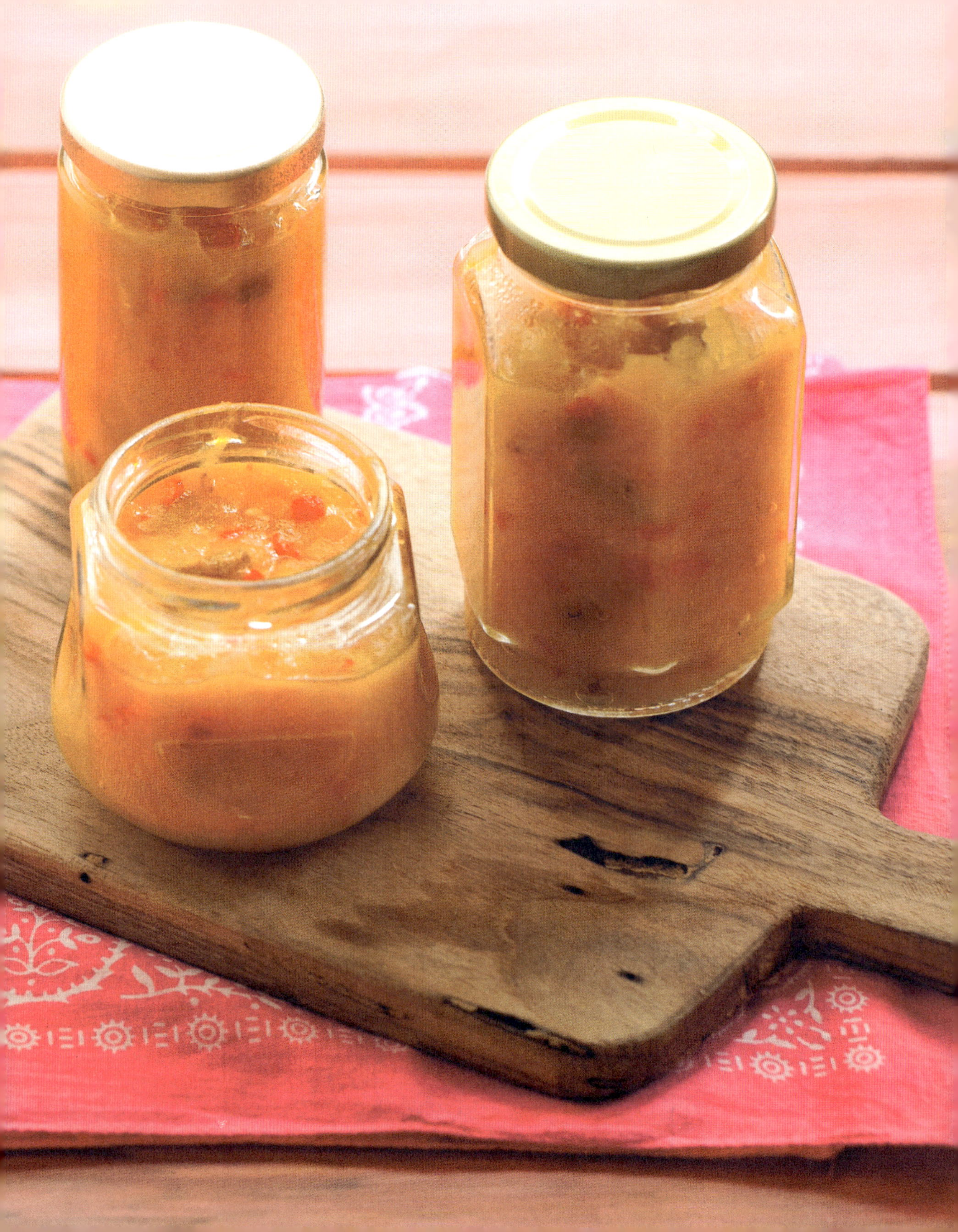

SERVE 8 pessoas   TEMPO DE PREPARO 15 minutos + 40 minutos na panela

Chutney de manga

UMA ESPÉCIE DE GELEIA PARA PRATOS SALGADOS, O CHUTNEY DÁ UMA LEVANTADA NO ASTRAL DOS MAIS VARIADOS GRELHADOS, ALEGRA OS SANDUÍCHES E FICA DELICIOSO COM O BOLINHO DE ARROZ. EU SEMPRE TENHO UM POTE NA GELADEIRA!

2 mangas palmer
1 maçã fuji
1 cebola
1 dente de alho
½ pimentão vermelho
1½ colher (sopa) de gengibre fresco ralado
¼ de xícara (chá) de uvas-passas brancas
¼ de xícara (chá) de açúcar
1 colher (chá) de sal
1 canela em rama
¼ de xícara (chá) de vinagre de vinho branco
¼ de xícara (chá) de água

1. Faça o pré-preparo: descasque e corte em cubos de 1 cm as mangas e a maçã; descasque e pique fino a cebola e o dente de alho; corte o pimentão, sem as sementes, em cubinhos; descasque e rale o gengibre fresco (se preferir, pique bem fininho).
2. Transfira todos os ingredientes para uma panela, e misture as uvas-passas, o açúcar, o sal, a canela, o vinagre e a água. Leve para cozinhar em fogo médio.
3. Quando ferver, abaixe o fogo, tampe e deixe cozinhar por 40 minutos, mexendo de vez em quando. Se começar a grudar no fundo da panela, regue com um pouco mais de água e misture bem — o chutney ainda deve ficar com um pouco de caldo, pois vai endurecer quando esfriar.
4. Passados os 40 minutos, desligue o fogo. Transfira o chutney para potes de vidro esterilizados, com fechamento hermético, e deixe esfriar em temperatura ambiente. Depois de frio, tampe e conserve na geladeira por até 3 semanas. Sirva frio.

Arroz-doce cremoso — & sem leite condensado

serve 6 pessoas
tempo de preparo 10 minutos
+ 40 minutos na panela
+ 2 horas na geladeira

¾ de xícara (chá) de arroz para sushi
1 litro de leite
1 xícara (chá) de água
¾ de xícara (chá) de açúcar
1 canela em rama
2 tiras finas de limão taiti

1. Numa panela média (com borda alta), junte o leite, a água, o açúcar e o arroz. Misture bem para dissolver o açúcar.
2. Com uma faca afiada, retire 2 tiras finas da casca do limão sem a parte branca — ela pode amargar a receita — e transfira para a panela. Junte a canela e leve para cozinhar em fogo médio, mexendo de vez em quando para não grudar no fundo.
3. Quando começar a ferver, abaixe o fogo, tampe parcialmente a panela e deixe cozinhar por 30 minutos. Mexa de vez em quando para soltar o amido do arroz e, assim, formar um doce cremoso. Lembre-se de tampar (parcialmente) a panela todas as vezes depois de mexer.
4. Passados os 30 minutos, desligue o fogo e transfira o arroz-doce para uma tigela. Deixe esfriar em temperatura ambiente por 10 minutos, antes de levar para gelar. A sobremesa fica cremosa após 2 horas de geladeira, no mínimo.
5. Sirva frio, polvilhado de canela em pó.

ESTA VERSÃO É FEITA COM ARROZ DE SUSHI, QUE TEM GRÃO CURTO E, PORTANTO, AMIDO DE SOBRA PARA ENGROSSAR O CALDO. ELE TAMBÉM DISPENSA O LEITE CONDENSADO: VOCÊ COLOCA O AÇÚCAR E CONTROLA O DULÇOR — FALA SÉRIO, A RECEITA FICOU ATÉ MAIS CHIQUE COM ESSE TERMO DE APRESENTAÇÃO!

Risoto de alho-poró com linguicinha calabresa

SERVE 4 **pessoas** TEMPO DE PREPARO 30 minutos

AGORA QUE VOCÊ JÁ SABE TODOS OS SEGREDOS DO ARROZ DO DIA A DIA, PODE ARRASAR COM ESTA RECEITA ESPERTÍSSIMA. ELA É PERFEITA PARA UM JANTAR RÁPIDO — O CALDO DE LEGUMES É PREPARADO ENQUANTO O ARROZ COZINHA — E AINDA AGRADA A TODOS: O RISOTO É VEGETARIANO E, PARA QUEM QUISER, ACOMPANHA LINGUICINHA CALABRESA

PARA O RISOTO

2 xícaras (chá) de arroz para risoto
2 alhos-porós (reserve as folhas de 1)
1 cebola
1 cenoura
1 talo de salsão com as folhas
2 colheres (sopa) de azeite
½ xícara (chá) de vinho branco
2 folhas de louro
1 pitada de cravo-da-índia em pó
sal e pimenta-do-reino moída na hora a gosto
6 xícaras (chá) de água
raspas de 2 limões taiti
caldo de 1 limão taiti
2 colheres (sopa) de manteiga
½ xícara (chá) de queijo parmesão ralado

1. Faça o pré-preparo: descasque e pique fino a cebola; descasque e passe a cenoura pela parte fina do ralador; lave, seque, reserve as folhas e fatie fino os talos de salsão e alho-poró.
2. Leve uma chaleira com a água ao fogo médio. Quando ferver, abaixe o fogo e mantenha a água quente durante o preparo do risoto.
3. Leve uma caçarola média ao fogo médio. Quando aquecer, regue com o azeite, coloque a cebola, tempere com uma pitada de sal e refogue até ela ficar transparente. Adicione a cenoura ralada e as fatias de salsão e deixe cozinhar por cerca de 2 minutos, mexendo de vez em quando. Junte as fatias de alho-poró e as folhas de louro, tempere a gosto com o cravo-da-índia em pó e a pimenta-do-reino moída na hora e refogue por mais 1 minuto.
4. Adicione o arroz, tempere com sal novamente e misture bem por 1 minuto para envolver os grãos no azeite. Regue com o vinho e mexa até secar.
5. Junte as folhas do salsão e do alho-poró e adicione 2 xícaras (chá) da água fervente. Misture bem e deixe cozinhar por cerca de 5 minutos, ou até secar, mexendo de vez em quando para não grudar no fundo.
6. Quando o líquido secar, regue com mais 2 xícaras (chá) da água fervente. Misture bem e deixe cozinhar por mais 5 minutos, mexendo de vez em quando, até secar novamente. Enquanto isso, comece a preparar as linguiças.
7. Retire as folhas de alho-poró, de salsão e de louro. Prove e ajuste o sal — não salgue demais, pois o risoto será finalizado com queijo parmesão. Junte a água restante, mexendo vigorosamente. Não deixe secar: o risoto deve ficar bem úmido, pois ele continua cozinhando no calor residual da panela.
8. Desligue o fogo. Misture o queijo ralado, as raspas e o caldo do limão. Junte a manteiga, sem misturar, e tampe a panela por alguns minutos — só abra a panela e misture novamente na hora de servir. Enquanto isso, prepare o acompanhamento.

PARA AS LINGUICINHAS

6 unidades de linguiça calabresa aperitivo (cerca de 150 g)
azeite para regar

Leve ao fogo alto uma frigideira, de preferência antiaderente. Quando aquecer, regue com um fio de azeite, distribua as linguiças e deixe dourar, virando com uma pinça para que todos os lados cozinhem por igual. Fatie cada uma em 3 pedaços e sirva como acompanhamento do risoto.

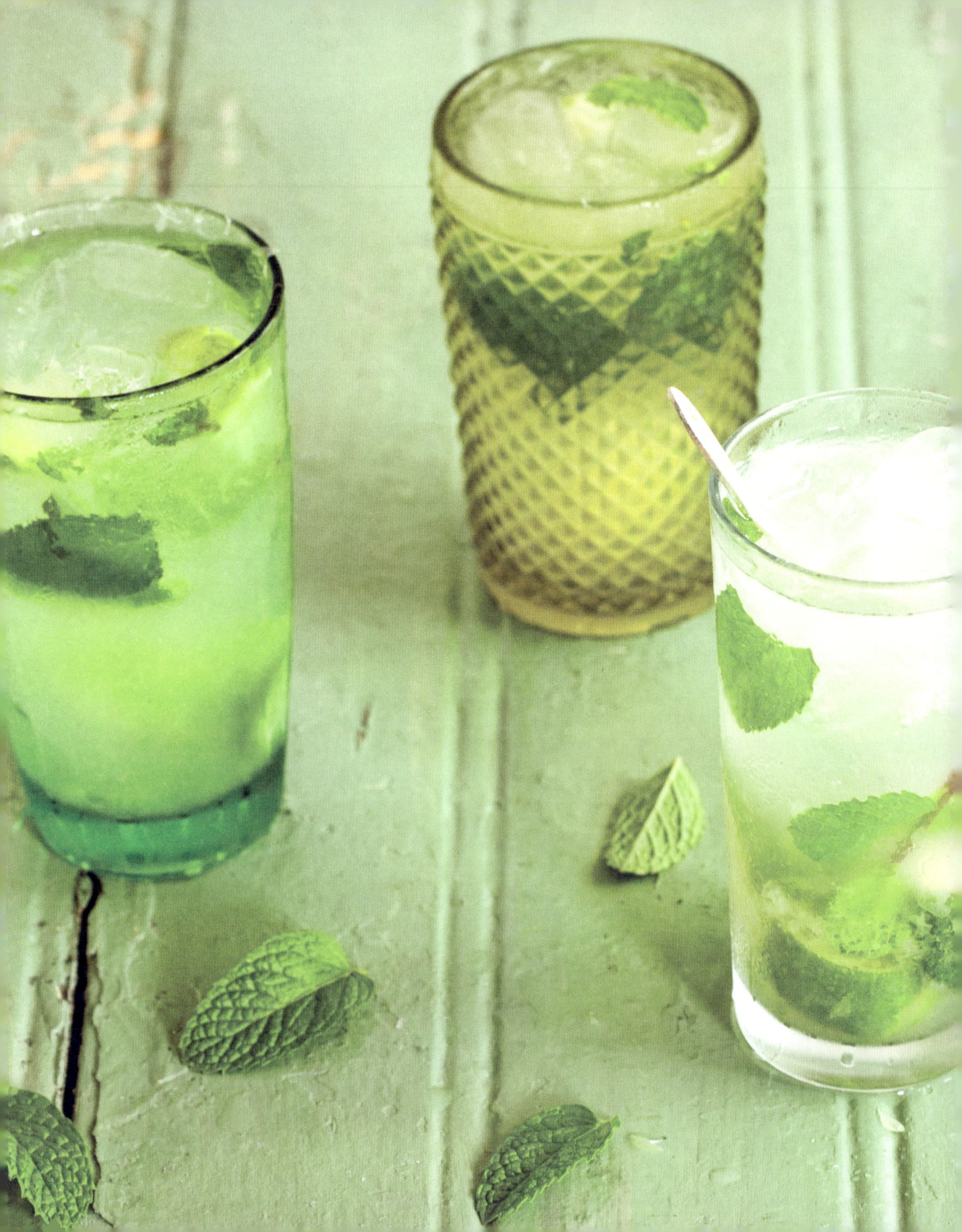

+ Frescor, − frescura!

CAP. 3 — ERVAS FRESCAS

Depois de arroz e feijão, precisamos de um tempinho para digerir toda essa informação, né? E nada melhor do que ervas para ajudar nesse processo!

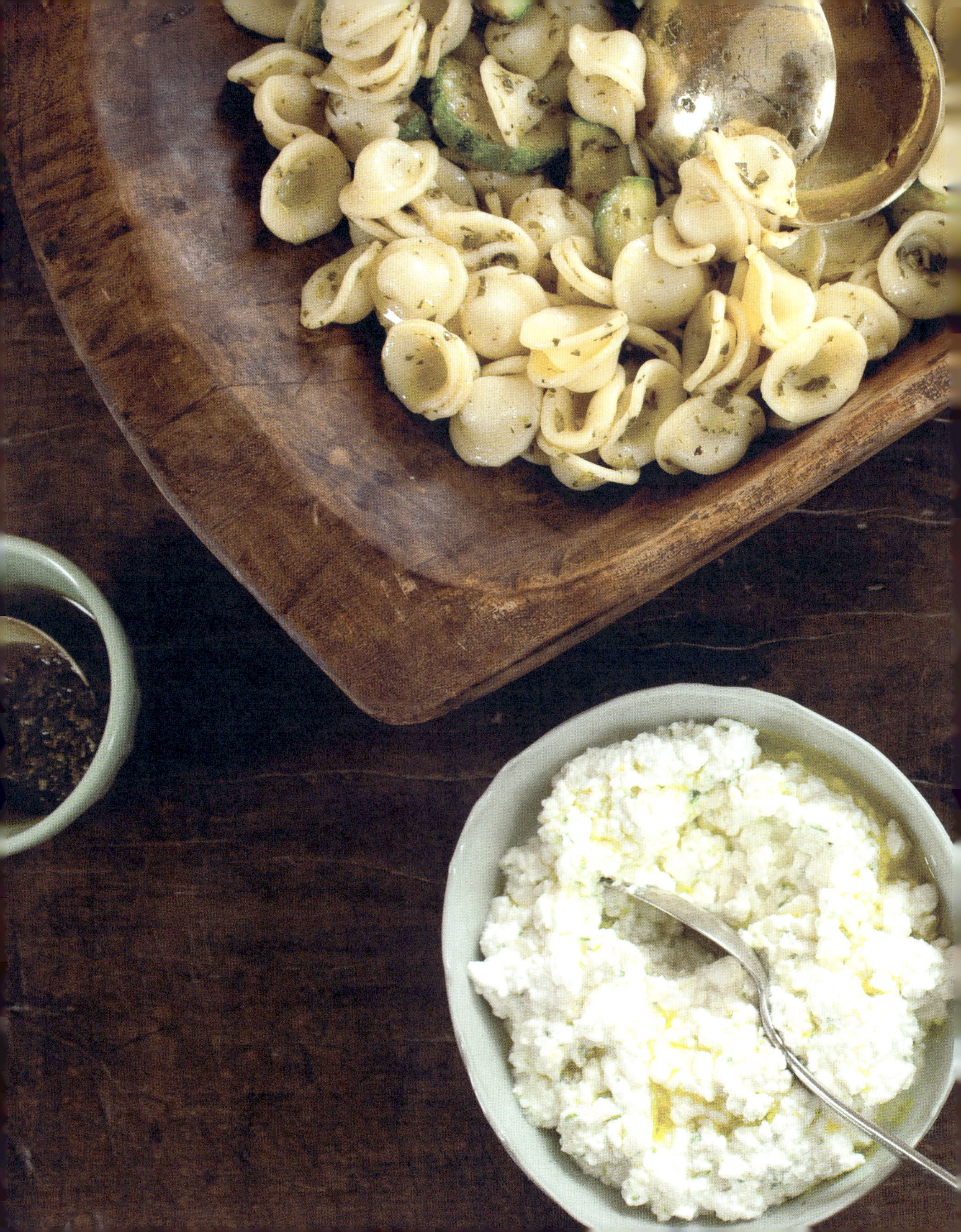

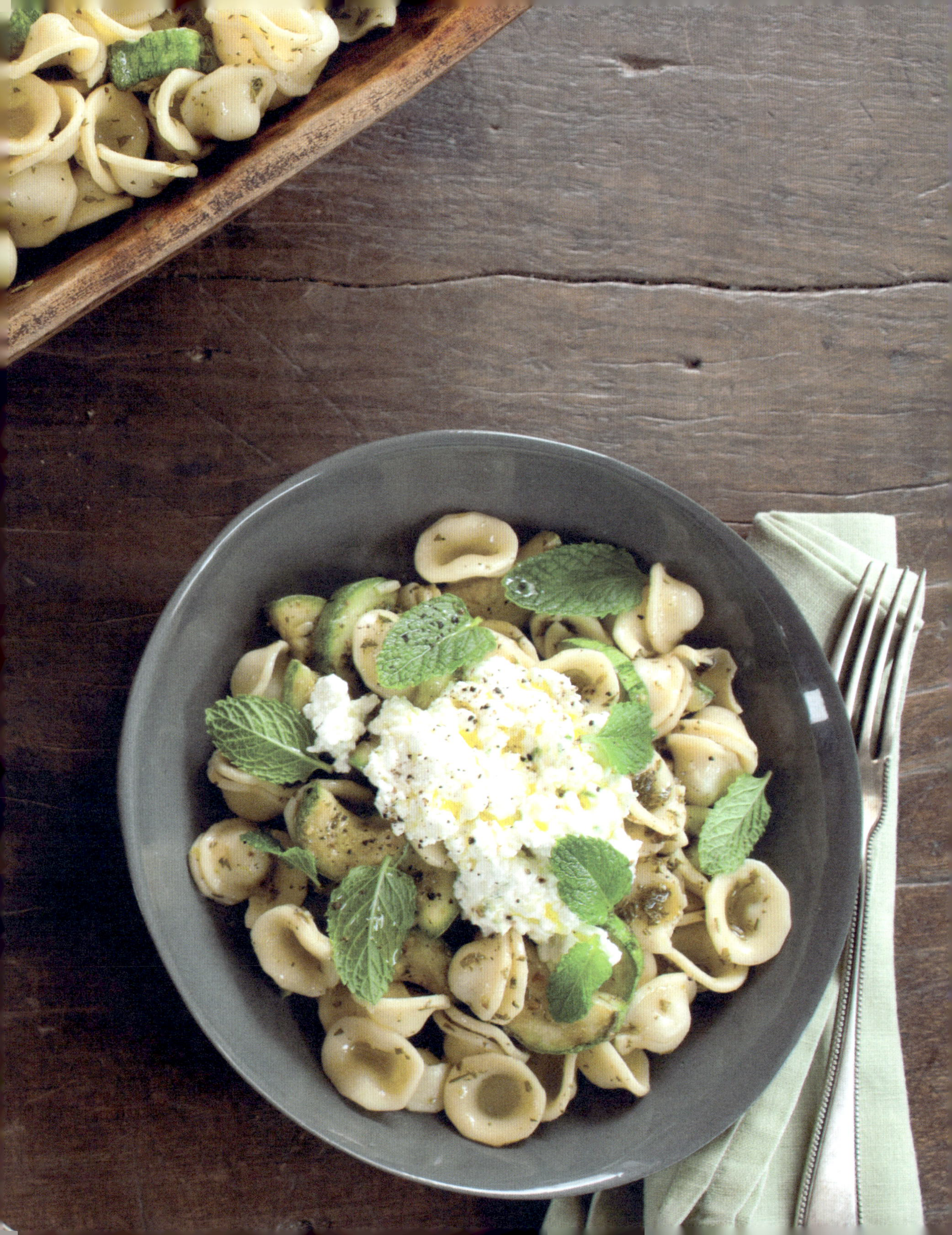

Este terceiro capítulo é dedicado a elas: as ervas frescas, fundamentais na cozinha

Elas temperam, perfumam e ainda são funcionais — a hortelã é superdigestiva, quem não sabe dessa? Na cozinha do cotidiano, as ervas podem e devem ir muito além do cheiro-verde. Depois de aprender quais usar e como, você nunca mais vai querer — se é que um dia quis — usar tempero pronto. Não precisa! Mas como é que se ensina a temperar com ervas? São tantas as possibilidades! Fora que muita gente confunde erva fresca com seca, com especiarias... Tudo ajuda a compor o sabor de um prato, mas ervas são ervas e especiarias são especiarias.

Resolvi deixar que as ervas falassem por si mesmas. Acho que é o mais eficiente para estimular as pessoas, sem que se prendam às combinações clássicas—não é só com tomate que manjericão combina! A grande diferença entre as ervas na cozinha é que umas gostam de calor, seja do forno ou da panela, e outras não. Com o primeiro grupo, vamos preparar as batatas rústicas assadas. Aí, aproveitamos a receita para falar de uma técnica de cocção fácil e saudável, que nem sempre é usada para preparar legumes. A gente pensa em assar o frango mas se esquece de que o forno é ótimo para preparar pimentão, brócolis, cogumelos, beterraba, tomate, abóbora, cenoura, cebola, até repolho! São acompanhamentos saborosos, inclusive de risotos e massas.

Com um outro grupo de ervas, o da turma que não gosta de calor, vamos fazer uma salada bem mediterrânea, com tomate, pepino e berinjela frita. Essa é a deixa para a gente investigar melhor a fritura, considerada por muitos a vilã da saúde. Não é bem assim. Com óleo novo, na temperatura certa e, principalmente, com comida de verdade, uma receita de fritura pode entrar no cardápio, sim. E, nessa salada, faz toda a diferença: não existe método de cocção melhor que a fritura para extrair todo o potencial da berinjela. Ok, ela fica ótima em versão pasta, com tahine, no clássico babaganuche. Para isso, precisa ser assada, muitas vezes defumada. Mas nada se compara a berinjela frita—nem assada, bem refogada, nem grelhada.

No final deste capítulo, você ainda vai ver uma receita extra. Ela vai ajudar a colocar em prática o uso das ervas: uma salada de macarrão com abobrinha grelhada, temperada com uma espécie de pesto de hortelã. Prato melhor não tem para uma noite de verão! E não são poucas as noites quentes que precisam de uma refeição refrescante. Mas, se ainda assim sobrar hortelã na geladeira... Prepare um bom mojito. Também tem receita!

CADA ERVA, UMA SENTENÇA

A primeira lição de culinária sobre as ervas é que algumas delas não resistem muito bem ao calor e outras, ao contrário, têm seu aroma potencializado por ele. A seguir você conhece melhor alguns tipos, já incluídos nos seus devidos grupos. Isso vai facilitar o ingresso no aromático mundo das ervas. No entanto, à medida que for usando as folhas no dia a dia, você pode sentir vontade de fritar a cebolinha, salpicar a sálvia fresca (são métodos inversos aos que proponho aqui). E, sabe o quê? Regras podem ser burladas. (Eu disse regras, não leis.) Falando nisso, quem disse que você tem que picar usando faca + tábua? Experimente usar a tesoura para picar cebolinha direto no prato, antes de servir. É muito fácil!

IN NATURA

A seguir você verá algumas das ervas que funcionam melhor frescas. Num dia de receber, faça um buquezinho delas, use um copo como vaso e deixe na mesa do almoço. Decora, tempera e perfuma!

Em muitos estados do Brasil, cheiro-verde é salsinha com cebolinha. A **salsinha** é usada em muitas cozinhas. Ela tem um sabor levemente picante, com toque de anis, e pode ser lisa ou crespa. Para finalizar pratos, é uma beleza. E muda conforme a moda da gastronomia, viu? Até há pouco tempo, aparecia bem picadinha, polvilhada no alimento. De uns tempos para cá, a folha passou a ir inteira para o prato. Para quem gosta de saber o lado nutricional do que come: ela é uma fonte importante de vitamina C e de ferro.

A **cebolinha**, uma folha verde longa e fina, tem sabor bem suave de... cebola! Todo mundo conhece, né? Quibe cru, galinhada e até sopa de milho ganham uma camada de sabor extra com a cebolinha fresca bem batidinha. Da mesma família, tem a ciboulette, mais fininha, que também é conhecida como **cebolinha francesa**, um pouco mais firme e de sabor mais suave.

Amado por uns e odiado por outros, o **coentro** se espalhou pelo mundo a partir do Oriente Médio. Tem um sabor fresco, limpo. Tão limpo que muita gente acha que tem gosto de sabão! No Brasil, faz mais sucesso no Norte e no Nordeste. Mas é a erva mais usada no mundo, com presença na cozinha mexicana, árabe, indiana, tailandesa e chinesa... Na Bahia e em outros estados do Nordeste, o cheiro-verde é formado por coentro e cebolinha. O que seria da moqueca sem o coentro? E mexerica com coentro, já experimentou? Fica sensacional, seja no suco, seja na caipirinha.

Muita gente confunde **endro** com folha de cenoura e de erva-doce. E eles são meio parentes, mesmo. O endro é muito usado nas cozinhas do Leste Europeu e na Escandinávia. Serve para temperar peixes, molhos e saladas de iogurte, sopa de beterraba. Para mim, salmão sem endro perde um pouco da graça. A gente fez, na terceira temporada do *Cozinha Prática*, um patê de sardinha e beterraba com endro que é um escândalo de bom. Tem receita no site Panelinha!

A melhor definição para **hortelã** é: refrescante. No mundo árabe, ela é muito usada porque ajuda na digestão de carnes mais pesadas, como a de cordeiro, bastante consumida por lá. No Marrocos, o chá de hortelã é a bebida nacional. Mas ela tende a ser mais usada fresca. Pode dar para as crianças mascarem, em vez de comprar bala. Ela vai bem no risoto de ervilha, no molho de iogurte, no mojito...

Existem vários tipos de **manjericão**. Pequeno, grande, verde, roxo, limão... Ele ficou popularizado pelo uso na cozinha italiana, mas o roxo também é usado em cozinhas asiáticas. Uma característica marcante é que ele detesta calor: deve ser sempre usado fresco e adicionado na última hora. O que você me diz do clássico pesto de manjericão? É preparo versátil e supergostoso!

Você precisa saber: além de torcerem o nariz para o calor, a hortelã e o manjericão arrumaram briga feia com a faca. É que elas oxidam em contato com o ar. Por isso, se você picar essas ervas, elas vão escurecer rapidinho. Existem duas soluções, além de destacar folha a folha para usá-las inteiras: cortar o mais próximo possível da utilização ou regar com azeite antes de picar, assim, o óleo cobre a área cortada e evita a oxidação.

Cebolinha Coentro

Endro

Manjericão roxo Hortelã

Salsinha

Manjericão

Turma que não gosta de calor

Alecrim   Tomilho

Elas adoram um calorzinho!

Sálvia

Orégano

ACENDA O FOGO

Elas adoram um calorzinho! São ervas ideais para cozinhar ensopados, assados e grelhados. À medida que o alimento vai cozinhando, elas vão exalando o aroma, que toma a casa e abre o apetite. Uma delícia!

O **tomilho** fica fantástico com carnes em geral. Originalmente, porque tem na composição o óleo timol, um superconservante. Também por isso é muito usado para marinar carnes. Mas fica delicioso em assados que levam legumes — você se lembra da minha torta rústica de legumes?

Já comeu uma folhinha de **louro**? Nem vai. Essa é uma erva curiosa, porque ela perfuma, mas não é ingerida. É uma erva de infusão. E muito usada na culinária brasileira, seja no arroz, no feijão, em caldos, sopas e ensopados. As folhas podem ser utilizadas frescas ou, à medida que o tempo vai passando, secas. Um galho de louro fica lindo para decorar a cozinha!

A **sálvia** tem folha alongada, meio aveludada, e um aroma curioso: é ao mesmo tempo fresco e pungente; adstringente, porém quente. Tem que experimentar! Combina com abóbora, com vitela, com porco, aprimora receitas com frango em geral. Fica uma delícia na manteiga temperada (tem modo de fazer neste capítulo).

O **alecrim** tem um sabor bem marcante, bem pronunciado. Não vai muito bem usado fresco, a não ser em quantidades mínimas. Para assados, ele é bem versátil: combina com carnes vermelhas, aves e legumes em geral. Também é excelente para aromatizar o azeite da salada. E já experimentei sobremesas com alecrim. Biscoitos amanteigados ficam deliciosos com ele.

A batata vai assar
TÉCNICA: ASSAR LEGUMES

No melhor dos sentidos! E não só ela. Com essa técnica, você vai se transformar em expert dos legumes saborosos: eles ficam dourados e crocantes! Mas isso só acontece se você respeitar algumas regras. A primeira delas é preaquecer o forno, sempre. Temperatura média, ou 180 °C, é suficiente. Assim, não passa do ponto quando começar a dourar. A não ser que o seu forno seja meio devagar: aí, pode aumentar um pouco, uns 200 °C.

Na tábua, corte as batatas (ou os legumes que estiver usando) em pedaços uniformes. Por quê? Para que assem por igual. Caso contrário, um pedaço começa a queimar enquanto o outro ainda está cru.

Use as mãos e lambuze os legumes com azeite. Vai colocar umas ervinhas para perfumar, certo? Então unte bem cada uma delas para que não queimem. Um detalhe: os brócolis, por exemplo, assam rapidinho. Abóbora demora um pouco mais. Nesse caso, além de untar as ervas, você pode colocá-las na assadeira na metade do tempo de forno.

As ervas você escolhe conforme o gosto, mas sal e pimenta-do-reino, sempre moída na hora, são temperos fundamentais. Além da pimenta-do-reino, você pode temperar com outras especiarias, como páprica, cúrcuma, canela, mas deixemos isso para um outro momento. Agora vamos nos concentrar em assar legumes com ervas que gostam de calor. Alho também é curinga para perfumar esses preparos. Distribua alguns dentes, com casca mesmo. Eles podem e devem ser comidos depois (sem a casca): ficam doces, sabia?

Atenção, mas atenção mesmo. Porque se você não obedecer à regra a seguir vai dizer que as batatas não ficaram douradas e deliciosas como eu prometi. O que garante a crocância é o ar. Então, deixe um certo espaço entre os pedaços para que o ar quente circule. Assadeira amontoada não funciona.

Na metade do tempo de cozimento, vale dar aquela mexida e virar os pedaços de lado. Se forem grandes, vire um a um com uma pinça.

No caso da batata, melhor cozinhar um pouco em água, antes de levar ao forno. Assim ela fica bem macia por dentro, e diminui o tempo de forno (os detalhes estão na receita deste capítulo).

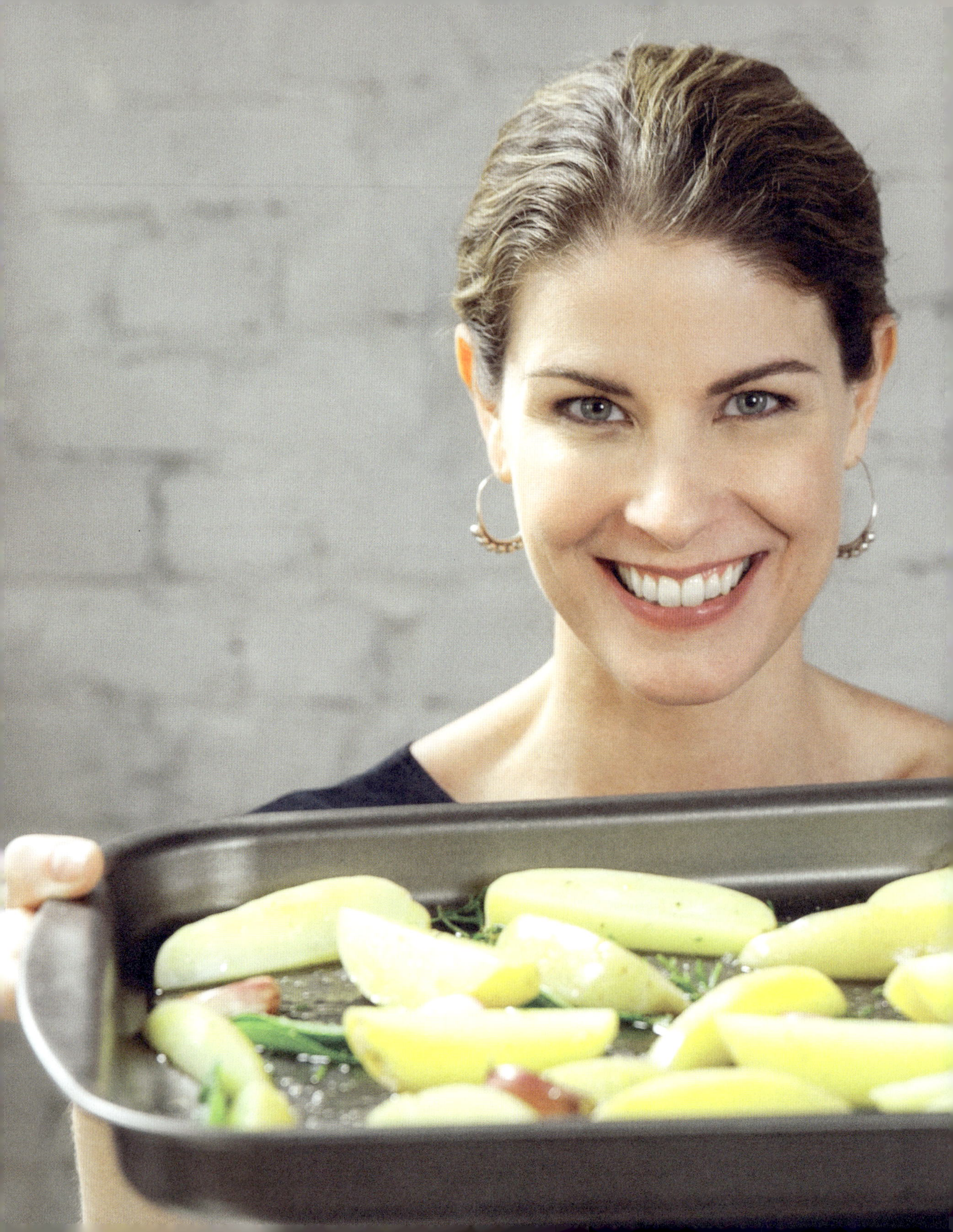

UI

Já para o forno!
UTENSÍLIO INDISPENSÁVEL: ASSADEIRA

Assadeira (ou tabuleiro, cariocas!) é essencial no preparo dos legumes assados. Montando cozinha agora? Pelo menos uma antiaderente bem grande, mais rasa, você precisa ter. Ela é ideal para o ar circular entre os legumes — e também entre biscoitos, suspiros, para assar a massa do rocambole...

A COMBINAÇÃO CLÁSSICA É BATATA COM ALECRIM. E JÁ FICA UMA DELÍCIA. MAS VAMOS APROVEITAR PARA USAR MAIS DUAS ERVAS QUE ADORAM O CALOR DO FORNO E PERFUMAM A COMIDA — E A CASA! A RECEITA TAMBÉM SERVE PARA AJUDAR VOCÊ A LEMBRAR QUE, ALÉM DO ALECRIM, TOMILHO E SÁLVIA SÃO ÓTIMOS PARA DAR UM SABOR EXTRA PARA LEGUMES ASSADOS — ENTRE TANTAS OUTRAS POSSIBILIDADES

Batata rústica assada com ervas

SERVE 4 porções
TEMPO DE PREPARO 15 minutos + 40 minutos no forno

3 batatas
3 ramos de alecrim
4 ramos de tomilho
10 folhas de sálvia
3 colheres (sopa) de azeite
5 dentes de alho com casca
sal grosso e pimenta-do-reino moída na hora a gosto

1. Preaqueça o forno a 180 °C (temperatura média). Se o seu forno é fraquinho, pode preaquecer a 200 °C. Lave e seque bem as batatas e as ervas.
2. Numa tábua, corte as batatas em gomos: sempre no sentido do comprimento, vá cortando em metades até formar gomos na espessura que desejar. No Panelinha, gostamos deles mais gordinhos.
3. Transfira os gomos para uma panela, cubra com água e tempere com 1 colher (chá) de sal (comum ou grosso). Leve ao fogo alto e, quando a água começar a ferver, deixe cozinhar por 6 minutos.
4. Retire do fogo, escorra a água e deixe as batatas na peneira (ou escorredor) por alguns minutos — escorrer bem a água ajuda a deixar crocantes os legumes assados.
5. Transfira para uma assadeira (melhor se for antiaderente), junte as ervas, os dentes de alho com casca, e regue com o azeite. Misture bem, de preferência com as mãos, para envolver as batatas e ervas com o azeite. Espalhe os gomos por toda a assadeira, sem encostar ou sobrepor um no outro — quanto mais espaço, melhor a circulação do ar e mais crocantes e douradas ficam as batatas.
6. Tempere com sal grosso e pimenta-do-reino moídos na hora. Leve ao forno preaquecido para assar por cerca de 40 minutos. Chacoalhe a assadeira de vez em quando ou, na metade do tempo, vire os pedaços com uma pinça.
7. Retire do forno e, com a ajuda de uma espátula, solte as batatas da assadeira. Sirva imediatamente.

T Quem tem medo de fritura?
TÉCNICA: FRITAR POR IMERSÃO

Sabe qual o maior problema da fritura? O uso indiscriminado pelas cadeias de fast-food. A fritura feita de maneira correta está longe de ser inimiga da alimentação moderna. Vamos lá... Num prato tem uma porção de nuggets de frango assados (eu disse assados), comprados prontos e congelados; no outro, a salada de berinjela frita. Agora leia o rótulo do nugget assado. Veja a quantidade de conservantes e outros itens que a gente não faz a menor ideia do que sejam. Compare com o rótulo da berinjela. Ops!, berinjela não tem rótulo! Sabe por quê? Porque é comida de verdade. Entende o meu ponto? Então vamos às regras para você preparar em casa, de vez em quando, uma fritura como tem que ser.

PEDAÇOS IGUAIS
Assim como nos assados, os alimentos que vão para a frigideira devem ser cortados em pedaços uniformes para que fritem por igual. Também é muito importante secar os pedaços, pois água e óleo quente não combinam. A gordura espirra e pode causar um acidente. Falando em acidente, cuidado com o cabo da panela: ele deve estar virado para dentro da área do fogão, ou pelo menos longe de qualquer passante que, inadvertidamente, bata e derrube a panela de óleo quente. Não brinque, não. Se preferir, use uma caçarola (aquela panela que tem duas alcinhas).

Seja qual for a panela, o ideal é que tenha boca larga e borda alta, para conter os espirros. É normal que, ao colocar o alimento, o óleo espume e espirre um pouco — a borda da panela serve de muro de contenção!

TEMPERATURA CERTA
Preencha com óleo até, no máximo, a metade. Antes de começar a fritar, prepare uma travessa forrada com papel toalha para absorver o óleo dos alimentos fritos. O óleo está bom para começar a fritar quando atinge 180 °C. E como faço para saber? Ah, minha cara, meu caro, vamos recorrer ao velho truque da vovó: coloque um palito de fósforo no óleo ainda frio e leve a panela ao fogo médio; quando ele acender, chegou à temperatura ideal. Retire o palito, abaixe o fogo (senão o óleo vai continuar esquentando) e comece a fritar. Sem culpa!

Para deixar o processo bem prático, use uma escumadeira para colocar os alimentos na panela e retirá-los. Coloque um pouco de cada vez. Quando for pegar mais uma leva, lembre-se de que a escumadeira vai estar quente. Pelando! Não encoste nela. Entre cada leva de fritura, dê um tempinho para o óleo voltar a aquecer (cada entrada de alimento esfria a gordura). Fritura pede movimentos delicados para colocar, mexer e retirar os alimentos. Ah, sim, é bom virar os alimentos pelo menos uma vez para que dourem por igual.

Isso traz à tona mais uma questão: o que acontece se você encher a frigideira de uma vez? A comida esfria o óleo; em vez de fritar, ele vai cozinhar os alimentos. Qual a diferença? Um fica ensopado de óleo e o outro, crocante. O alimento frito deve ter gosto do alimento e não do óleo. Frite até que fique inteiramente cozido e a superfície dos pedaços tenha adquirido uma leve cor dourada.

E O ÓLEO?
Para a escolha do óleo, leve em conta o sabor e o ponto de queima, que deve ser bem superior à temperatura de fritura. As melhores opções são girassol, milho e canola (eu sei que muita gente não gosta). Costumo usar o de milho. O que fazer com o óleo usado? Espere esfriar completamente e coloque numa garrafa pet; feche com a tampa. Nas cidades grandes, há centros de coleta de óleo usado em redes de supermercados. Mas, mesmo que vá colocar no lixo comum, faça dessa forma.

Por fim, nem pense em usar gordura velha. Elas criam fumaça preta e interferem no sabor dos alimentos — e na sua saúde.

UI

Escumadeira! Cuma?
UTENSÍLIO INDISPENSÁVEL: ESCUMADEIRA

Se você foi criança na década de 1980, deve se lembrar do Maneco Caneco Chapéu de Funil. O famoso personagem do livro de mesmo nome era feito de objetos cansados de não fazer nada. E a escumadeira era um dos braços do Maneco! O outro braço era uma concha. Enfim, se você não usar a escumadeira na cozinha, saiba que ela serve muito bem como braço de boneco.

Para fazer fritura de imersão, porém, a escumadeira é essencial e os motivos você leu anteriormente, quando expliquei a técnica: para adicionar os alimentos (evita espirros) na panela e retirá-los (escorre o óleo), nada é mais eficiente e seguro do que essa espécie de colher com gigantismo vazada. E de óleo quente não se pode descuidar. As de aço inox são as melhores.

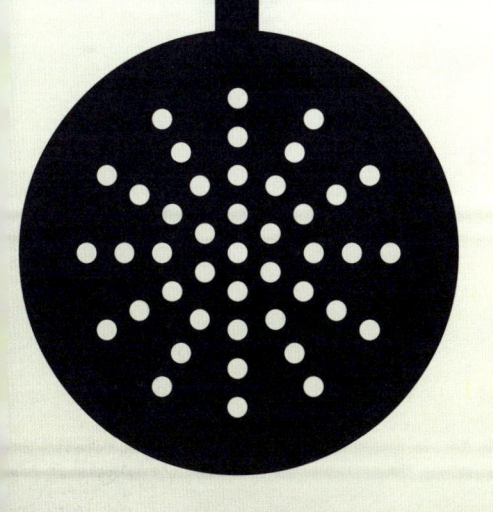

ESTA SALADA É UMA FESTA! LEVA BERINJELA FRITA (QUE FAZ TODA A DIFERENÇA), MOLHO DE IOGURTE COM PIMENTA SÍRIA E ERVAS FRESCAS QUE PERFUMAM E UNEM OS SABORES. PARA INCLUIR NO CARDÁPIO DE CASA JÁ

Salada de berinjela frita com ervas frescas

2 berinjelas
3 pepinos japoneses
2 xícaras (chá) de tomate grape
½ xícara (chá) de folhas de salsinha, hortelã, manjericão e coentro frescos
1 embalagem de iogurte natural (170 g)
óleo suficiente para fritar
1 colher (sopa) de azeite
1 dente de alho
1½ colher (chá) de sal
1 pitada de pimenta síria

SERVE 6 pessoas TEMPO DE PREPARO 30 minutos

1. Lave e seque as berinjelas. Numa tábua, divida os legumes ao meio, no sentido do comprimento. Corte em meias-luas de 1 cm de espessura (se a berinjela for grande, corte novamente ao meio no comprimento e fatie). Transfira para uma tigela, adicione 1 colher (chá) de sal e misture bem — isso reduz o amargor característico da berinjela. Deixe descansar por 10 minutos.
2. Enquanto isso, separe os outros ingredientes: lave e seque os pepinos, os tomates e a ervas. Corte os pepinos ao meio, no sentido do comprimento, e cada metade, em fatias de 0,5 cm de espessura. Corte os tomatinhos ao meio. Pique grosseiramente as ervas. Descasque o alho.
3. Transfira as berinjelas para uma peneira e deixe escorrer. Seque os pedaços com um pano de prato limpo (ou papel toalha) — isso evita que o óleo espirre na hora de fritar — e transfira para uma tigela.
4. Leve uma panela, com o óleo até a metade, para aquecer em fogo médio — para saber a temperatura certa para fritar, coloque um palito de fósforo no óleo; quando acender, está no ponto. Prepare uma travessa, forrando com papel toalha, e deixe no fogão, ao lado da panela.
5. Assim que o óleo aquecer, diminua o fogo e, delicadamente, coloque uma leva de berinjela com uma escumadeira. Assim que a espuma diminuir, vire as berinjelas para que dourem por igual. Com uma escumadeira, retire e deixe escorrer um pouquinho, antes de colocar na travessa forrada. Repita o procedimento com todas as fatias.
6. Enquanto as berinjelas esfriam, prepare o molho: num pilão, soque o alho com ½ colher (chá) de sal. Junte o iogurte, o azeite e a pimenta síria, e misture bem.
7. Numa travessa grande, misture o pepino com o tomate e regue com um fio de azeite. Cubra com a berinjela e salpique com as ervas. Sirva a seguir com o molho de iogurte.

E Conserve as ervas sempre frescas
ECONOMIZE

Para fazer as receitas deste capítulo você comprou maços e mais maços de ervas. E agora, o que fazer com tantas folhinhas frescas? Marque esta página e use como guia: um dos métodos de conservação vai ser perfeito para você.

NA GELADEIRA
Lave, seque e envolva as ervas em papel toalha úmido. Coloque cada tipo em um saco plástico (ainda com o papel), gire segurando as duas pontas para formar um balãozinho e feche com um nó. Esse balão não deixa amassar nem queimar as folhas, o que pode acontecer se ficarem encostadas nas paredes da geladeira.

Tem espaço de sobra? Lave, dê uma boa sacudida e deixe o maço ainda úmido. Coloque em potes de vidro com fechamento hermético. Esse microssistema é especialmente eficiente para manter frescos o manjericão e a hortelã.

Depois de lavar e secar, bata com óleo ou azeite, coloque num pote e refrigere. Ideal para ervas que gostam de calor, como o tomilho. Depois é só usar algumas colheradas no frango grelhado, na batata assada...

NO CONGELADOR
Lave, seque, pique e guarde em um pote de vidro no congelador ou freezer. Na hora de usar, raspe com um garfo a porção desejada, diretamente na preparação quente. Bom para a salsinha — mas não dá para usar em finalizações de pratos, decoração, pratos frios e saladas.

Coloque cerca de 2 colheres (sopa) de ervas picadinhas em cada cavidade da fôrma de gelo. Cubra com 1 colher (sopa) de água. Quando congelar, transfira para um saco plástico. Saque um ou mais cubos e coloque diretamente em sopas, ensopados e molhos.

Charminho: coloque de 1 a 3 folhinhas de hortelã em cada cavidade da fôrma de gelo e cubra com água. Use para gelar e aromatizar os copos d'água.

Outras ideias

Prepare um pesto, faça um espetinho de alecrim para assar quadradinhos de legumes, aromatize azeites, vinagres e até sal—bata sal grosso com alecrim no processador, por exemplo. Liberte-se, bem. Cozinha é acerto e erro.

ESTE PREPARO TEM SABOR DE VERÃO. O MACARRÃO AL DENTE É SERVIDO COM ABOBRINHA CROCANTE, UMA GENEROSA COLHERADA DE QUEIJO COTTAGE TEMPERADO COM LIMÃO E UM REFRESCANTE MOLHO DE HORTELÃ

SERVE 8 pessoas TEMPO DE PREPARO 30 minutos

Salada de macarrão com abobrinha grelhada & pesto de hortelã

PARA A MASSA
500 g de orecchiette
    (ou outra massa curta grano duro)
4 abobrinhas italianas
sal e pimenta-do-reino moída na hora a gosto
azeite a gosto
cubos de gelo para resfriar o macarrão

1. Leve ao fogo alto uma panela grande com cerca de 5 litros de água. Assim que ferver, adicione sal — 1 colher (sopa) para cada 2,5 litros de água.
2. Enquanto isso, prepare uma tigela grande com cubos de gelo e um pouco de água.
3. Coloque o macarrão na panela e deixe cozinhar apenas para ficar al dente. Sempre que for usar a massa como salada, retire da água de cozimento 1 minuto antes do tempo indicado na embalagem.
4. Escorra a água e transfira o macarrão para a tigela com gelo para esfriar e interromper o cozimento. Assim que estiver frio, retire com uma escumadeira, transfira para uma travessa e regue com um fio de azeite. Misture bem para não grudar.
5. Lave, seque e corte as pontas das abobrinhas. Divida cada uma ao meio, no sentido do comprimento, e fatie em meias-luas grossas de cerca de 1,5 cm — assim elas ficam crocantes no centro.
6. Leve ao fogo médio uma frigideira grande. Quando aquecer, regue com azeite e distribua as fatias de abobrinha, uma ao lado da outra — não coloque todas de uma vez, ou elas vão cozinhar, em vez de dourar. Tempere com sal e pimenta-do-reino e deixe no fogo por cerca de 2 minutos de cada lado. Transfira para a travessa do macarrão e misture delicadamente. Repita com todas as fatias, regando sempre a frigideira com azeite. Se preferir, você pode assar as abobrinhas por cerca de 20 minutos.

PARA O MOLHO
1 xícara (chá) de folhas de hortelã
½ xícara (chá) de azeite
1 dente de alho
1 colher (chá) de sal
raspas e caldo de 1 limão

PARA O QUEIJO TEMPERADO
400 g de queijo cottage
1 colher (sopa) de azeite
raspas de 1 limão taiti
sal e pimenta-do-reino moída na hora a gosto

1. Lave, seque e pique fino as folhas de hortelã. Transfira para uma tigelinha e cubra com o azeite.
2. Descasque o alho e transfira para o pilão. Junte o sal e bata bem.
3. Coloque o alho batido na tigelinha com o azeite e a hortelã, adicione as raspas e o caldo de limão e misture bem.
4. Regue o macarrão com o molho e misture. Mantenha na geladeira até a hora de servir.

1. Numa peneira, escorra o soro do queijo cottage, apertando delicadamente com as costas de uma colher.
2. Transfira o queijo para uma tigela, junte o azeite e as raspas de limão. Misture bem e tempere com sal e pimenta-do-reino moída na hora a gosto.
3. Retire o macarrão da geladeira e sirva cada porção com uma colherada do queijo temperado. Regue com azeite e finalize com pimenta-do-reino moída na hora e folhas de hortelã.

HORTINHA

As ervas plantadas em vasinhos são práticas e até decorativas, mas vale avisar: elas não duram para sempre. Quer dizer, plantadas, as ervas duram muito mais do que em maços, claro. Ainda mais se você tem o cuidado de podar para fortalecer. Mas uma hora elas chegam ao fim. Se você tem espaço e tempo, vale a pena — qualquer preparo vira desculpa para usar um tempero fresquinho, colhido na hora!

E

Mais uma ideia: manteiga composta
ECONOMIZE

Uma das maneiras mais legais de aproveitar ervas frescas é preparando a manteiga composta—esse é o nome clássico na cozinha francesa. Aqui, a gente pode chamar de manteiga temperada.

Olha como é simples o preparo: deixe a manteiga em temperatura ambiente, até atingir o ponto pomada. Pique fino ervas frescas que você tiver à mão—também dá para temperar com alho, sal, pimenta moída na hora, pimenta dedo-de-moça picada, gengibre ralado, suco e raspas de limão ou mostarda de Dijon. Misture bem.

Transfira para um pedaço de papel-manteiga. Forme um rolinho e torça as pontas feito bala. Deixe no congelador e, na hora de usar, corte em fatias. Uma única fatia é capaz de transformar o peito de frango num grelhado delicioso. Também vale colocar no macarrão, no bife ou para temperar o cuscuz marroquino.

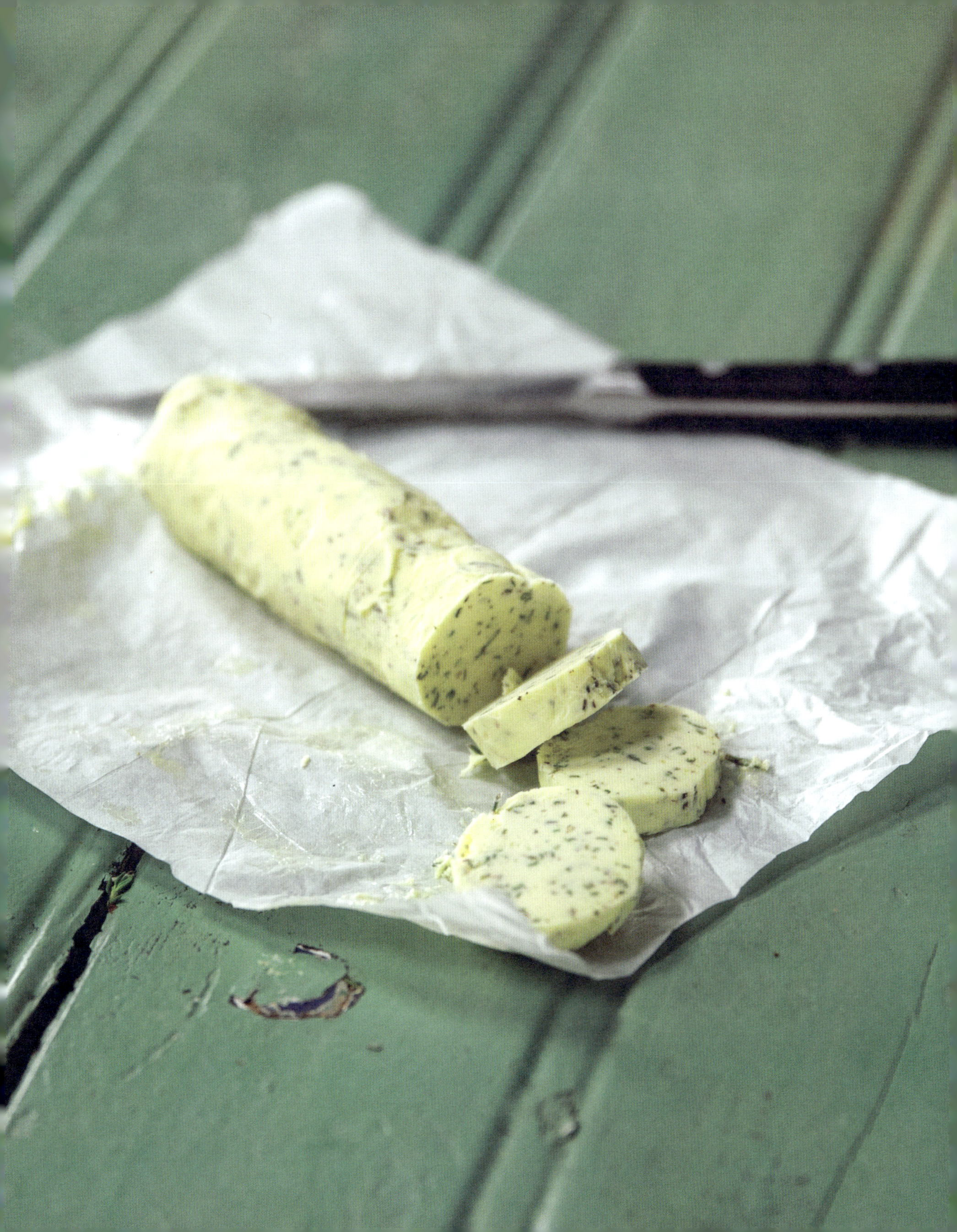

Mojito

VOCÊ DE FOLGA E A HORTELÃ DE BOBEIRA? PREPARE UM MOJITO, BOBO! O DRINQUE À BASE DE RUM É REFRESCANTE E DELICIOSO

FAZ 1 drinque TEMPO DE PREPARO 10 minutos

1 limão galego ou taiti
¼ de xícara (chá) de rum branco
3 ramos de hortelã
1 colher (chá) de açúcar
cubos de gelo a gosto
club soda ou água com gás para completar

1. Lave e seque bem os ramos de hortelã e o limão.
2. Junte 2 ramos de hortelã e esfregue bem as folhas no interior e na borda de um copo alto. Ele deve ficar bem perfumado.
3. Numa tábua, corte o limão com a casca ao meio e despreze as sementes. Corte uma das metades em 4 partes e transfira para um copo alto. Adicione o açúcar, e, com um socador, amasse bem. Junte as folhas de hortelã restantes e o rum, e misture.
4. Preencha o copo com cubos de gelo e complete com club soda (ou água com gás). Sirva a seguir.

Franguinho

CAP. 4 — FRANGO

Figura mais que fácil na mesa
dos brasileiros, o peito de frango vai
do saboroso & suculento ao insosso
& ressecado num piscar d'olhos.
Ficaremos com a primeira opção

bembom

Um filminho passa na minha cabeça: a cena é de alguém que não sabe cozinhar escolhendo uma receita com nosso ingrediente da vez, o peito de frango. Daí...

Já no supermercado, essa pessoa encontra nas prateleiras aquela quantidade de embalagens com cortes e nomes diferentes para algo que ela pensava ser apenas o peito de um frango. E o que ela faz? Desiste, claro. Mas, e se eu mostrar uma receita com cada corte? Acho que ela não apenas vai aprender, como nunca mais vai se esquecer.

O quê? Você é uma delas? Então, antes de colocar a mão na massa, precisa saber: o **peito inteiro** vem com osso e, muitas vezes, com a pele; sem o osso e sem a pele, ao meio, ele se transforma em dois **filés**; cada filé, cortado no comprimento, rende três **bifes**. E a parte de trás do peito, meio solta, chama-se **sassami** e, geralmente, é vendida congelada — é mais usada para receitas em que o frango é picadinho, mas aqui você vai ver outra preparação esperta. Seja qual for a parte escolhida, na hora de preparar o frango ainda cru, respeite a regra: encostou, lavou. Tábua, faca, tigela, pinça, mãos. E até a torneira. Ele é campeão em contaminação cruzada. Ou seja: não pode cortar o tomate da salada na tábua em que acabou de picar o peito de frango.

Entendeu tudo? Então vamos revisar as técnicas por trás das receitas do capítulo. Logo de cara vamos descobrir as maravilhas da salmoura, que faz toda a diferença na hora de preparar essa carne. Ela é a melhor saída para temperar e hidratar o peito, que, convenhamos, tende a ressecar. Já os métodos de cozimento são dois: grelhar e assar. Ou seja, informação aqui é o que não falta para você transformar aquele grelhadinho sem graça num senhor prato. Opa, opa! Para isso precisamos de acompanhamentos especiais. Vamos brincar de parece mas não é?

Os três preparos são práticos, surpreendentes e digníssimos de entrar no cardápio de casa. O filé de frango vai ser grelhado e servido com cuscuz marroquino... só que de couve-flor! O sassami, a parte interna do peito, vira paillard, também grelhado, mas vai ao prato com espaguete... de pupunha! Com o bife do peito, vamos preparar um enroladinho de queijo e azeitona assado, servido com risoni, aquela massa que pensa que é arroz. E, assim, está feita a brincadeira do me engana que eu gosto, do parece mas não é. Agora, uma verdade verdadeira: se por um lado o frango tem pouca gordura, por outro ele pode ser recheado de antibióticos. O ideal é comprar a versão sem antibióticos, mesmo que custe um pouco mais.

Depois de ler este capítulo, e experimentar essas três receitas, você vai virar mestre em peito de frango. E aí proponho um desafio: preparar outra receita, bem mais elaborada. Topa? É um suflê de frango (que também leva nosso ingrediente principal, o peito).

UI

Não perfure
UTENSÍLIO INDISPENSÁVEL: PINÇA

Não é frescura, é manejo profissional: com a pinça você vira bifes e afins sem precisar espetar o alimento. No caso do peito de frango ela é especialmente necessária porque a carne perderia muito de seu já escasso caldo se você espetasse um garfo para virar o grelhado.

A pinça também serve para assados (mesmo os legumes) e para pedaços maiores de carne, como a de panela, ou um pernil na pressão. Ela tem pelo menos dois tamanhos, um pequeno, mais curto, para usar na panela; e um grande, longo, ideal para virar alimentos no forno. Ela pode ou não ter trava para a mola. (As minhas têm!)

T

Salmoura é mágica
TÉCNICA: SALMOURA

O peito de frango é uma carne magra e isso pode ser considerado muito bom. Mas a falta de gordura tem desvantagens culinárias: a carne resseca na hora de cozinhar. A solução para hidratar, sem engordurar, é deixar na salmoura, uma espécie de soro mágico, composto de água, sal e açúcar. A proporção é de 1 colher (sopa) de sal para 1 colher (chá) de açúcar. Só o que você precisa fazer é esfregar bem os temperos, cobrir com água, e deixar descansar por 20 minutos na geladeira — no máximo, meia hora.

Um passo importantíssimo: ao retirar da salmoura, lave o peito de frango em água corrente para retirar o sal — ele foi colocado em excesso justamente para ajudar a amaciar as fibras e, assim, hidratar a carne. Em seguida, seque bem o filé, com papel toalha ou um pano de prato limpo.

Mais uma informação: você pode aromatizar a salmoura com ervas e especiarias. Nem precisa de receita, uma pitada do que você tiver à mão. No caso do frango a seguir, usei páprica doce e uma folha de louro. E troquei o açúcar refinado pelo mascavo, para dar uma camada extra de sabor.

Grelhar ou saltear?
TÉCNICA: GRELHAR (SALTEAR)

Tecnicamente, grelhar é um cozimento por calor seco, sem contato com líquido ou gordura. Ou seja, churrasco! No entanto, na cozinha doméstica, a gente acaba chamando de *grelhadinho* tudo que é feito na frigideira, com pouca gordura. (Sim, eu sei, estou fazendo uma adaptação da cozinha clássica para a vida real das pessoas, e não dos cozinheiros profissionais, que chamariam essa técnica de saltear.) Existe até a frigideira que simula uma grelha, também comercializada como bistequeira; funciona bem. Ela deixa o alimento marcado, como se tivesse saído da churrasqueira. Mas não tem o mesmo sabor defumado do churrasco, que fique claro!

Então, vamos à primeira regra: a frigideira deve estar quente, antes de colocarmos o alimento nela. As de fundo triplo com revestimento antiaderente, de preferência cerâmico, são as que proporcionam o melhor resultado — elas distribuem o calor uniformemente e não deixam aquela casquinha preciosa grudar no fundo. Se a que você for usar não for antiaderente, coloque um pouco mais de gordura (sabor extra!).

Esta é uma técnica ideal para pedaços pequenos de carnes, ou carnes naturalmente macias. Para pedaços maiores, como um miolo de filé-mignon ou mesmo um chateaubriand, grelhar pode ser o início da cocção, antes de a carne ir ao forno. Seja qual for o tipo de carne, é importante que ela esteja sequinha. Ou seja, se o filé de frango ficou na salmoura, ou o bife na marinada, precisa secar com papel toalha ou pano de prato limpo, antes de colocar na frigideira — caso contrário, em vez de dourar, vai cozinhar no próprio vapor.

Para o frango, comece colocando a frigideira em fogo baixo; quando aquecer, posicione a parte de cima do peito para baixo (assim ele sai bonitinho da panela!). Cada filé precisa de 4 ou 5 minutos de cada lado, sem mexer. Mais do que isso vai ressecar. Menos, pode ficar cru no centro. Um detalhe: se a frigideira estiver em fogo alto, ele vai queimar por fora, antes de cozinhar por dentro. Se for grelhar bife ou paillard de frango, o tempo diminui para cerca de 2 minutos de cada lado. Ah, use uma pinça para virar a carne.

Peito de frango grelhado com cuscuz de couve-flor

FRANGUINHO GRELHADO, UMA VÍRGULA! POR CAUSA DA SALMOURA AROMATIZADA E DA TÉCNICA CORRETA DE GRELHAR, ESTE FILÉ DE PEITO É UM SENHOR GRELHADO. SURPREENDA COM UM ACOMPANHAMENTO INUSITADO: COUVE-FLOR EM VERSÃO CUSCUZ MARROQUINO

serve 2 pessoas
TEMPO DE PREPARO 15 minutos + 20 minutos para a salmoura

PARA A SALMOURA
2 filés de peito de frango
2 colheres (sopa) de sal
2 colheres (chá) de açúcar mascavo
2 colheres (chá) de páprica doce
1 folha de louro

Numa tigela, misture os temperos e esfregue nos filés de frango. Junte a folha de louro e cubra os filés com água. Tampe e deixe descansar na geladeira por 20 minutos. Enquanto isso, prepare o cuscuz.

PARA O CUSCUZ
1 couve-flor média
1 colher (chá) de vinagre de vinho branco
1 dente de alho
2 colheres (sopa) de alcaparras
1 colher (sopa) de azeite
raspas de 1 limão taiti
sal e pimenta-do-reino moída na hora a gosto

1. Retire e reserve as folhas e talos da couve-flor para outra preparação, como uma sopa de legumes. Corte a cabeça em pedaços grandes, de cerca de 3 cm. Lave em água corrente e reserve.
2. Leve uma panela pequena com 1 litro de água ao fogo alto. Quando ferver, junte 1 colher (chá) de sal e o vinagre. Coloque os pedaços de couve-flor para cozinhar por apenas 2 minutos, escorra e passe por água corrente para esfriar — esse método é chamado de branqueamento e serve para deixar as cores dos legumes mais vivas e dar um pré-cozimento.
3. Num processador de alimentos, bata os pedaços de couve-flor e o alho até formar uma farofa grossa.
4. Leve uma frigideira grande ao fogo médio. Quando aquecer, regue com o azeite e refogue a couve-flor processada por 2 minutos.
5. Abaixe o fogo, misture as alcaparras (sem o líquido) e deixe cozinhar por cerca de 5 minutos — a couve-flor deve ficar macia e úmida. Tempere a gosto com sal e pimenta-do-reino moída na hora. Desligue o fogo, misture as raspas de limão e transfira para um prato.

PARA GRELHAR O FRANGO
2 colheres (sopa) de azeite
sal e pimenta-do-reino moída na hora a gosto

1. Retire o frango da salmoura. Lave sob água corrente e seque bem os filés com um papel toalha ou pano de prato limpo.
2. Aqueça a frigideira grande com o azeite em fogo médio e coloque os filés com a parte de baixo para cima (faça um filé de cada vez se a frigideira for pequena). Deixe dourar por cerca de 1 minuto — esse processo serve para selar e manter a carne hidratada.
3. Abaixe o fogo e deixe cozinhar por 5 minutos de cada lado — o fogo tem que estar baixo, do contrário o filé queima por fora e fica cru por dentro. Antes de virar, tempere com sal e pimenta-do-reino a gosto.
4. Desligue o fogo e transfira os filés para uma tábua. Corte cada um em fatias grossas, na diagonal. Sirva a seguir com o cuscuz de couve-flor.

Bate nele!
TÉCNICA: PAILLARD

Na minha infância, paillard era o prato mais delicioso do mundo. E, de fato, é fácil de comer, em todos os sentidos: o sabor não é elaborado e a carne não pede esforço extra para mastigar—tem coisa melhor para uma criança? Mas a grande vantagem dessa preparação é que ela cozinha muito rápido e pode até ir do congelador para a panela.

    Ele pode ser feito de carne vermelha, de vitela ou, claro, de frango. O paillard é um escalope batido até ficar bem fininho. Para isso, você pode usar um batedor específico para carne, uma panelinha ou mesmo a base da palma da mão. Sim, no muque! Para não ter risco de a carne rasgar, você pode ainda colocar um pedaço de filme por cima. Aí, sim, dê leves batidinhas com a parte de baixo da palma, perto do punho. Pegou o jeito? Bata mais forte, esticando, até que o pedaço esteja bem fininho. Aliás, em função da espessura, não precisa temperar dos dois lados.

E

Congele o peito de frango
ECONOMIZE

No dia a dia, a outra vantagem do paillard é que ele também congela e descongela a jato. Só um detalhe: para congelar, é melhor que não esteja temperado. Depois de bater os paillards de frango, coloque numa fôrma e deixe no congelador por cerca de 2 horas, até congelar. Transfira para um saco plástico com fechamento hermético, escreva a data com caneta permanente e leve de volta ao congelador. Ele dura uns 3 meses.

Na hora de descongelar, o paillard pode ir para a geladeira ou ficar em temperatura ambiente, mas, por ser um pedaço pequeno e fininho de carne, também pode ir direto para a frigideira. Sim, funciona! Nesse caso, porém, coloque um pouco mais de azeite e deixe a frigideira bem quente, uma vez que a carne congelada vai resfriá-la.

Paillard de frango com espaguete de pupunha

ESTA É UMA COMBINAÇÃO TODA ENGRAÇADINHA: PARECE MACARRÃO, MAS É PUPUNHA. PARECE FILÉ GRELHADO, MAS É PAILLARD. PARECE QUE É FÁCIL. E É!

SERVE 1 pessoa   TEMPO DE PREPARO 30 minutos

PARA O PAILLARD
3 sassamis de frango
   (filezinho do peito de frango)
1½ colher (sopa) de azeite
sal e pimenta-do-reino moída na hora a gosto

1. Faça um paillard por vez: cubra a tábua com um pedaço de filme (ou um saquinho) e posicione o sassami sobre ela. Corte mais um pedaço de filme e coloque sobre o frango. Com a parte mais gordinha da palma da mão (ou com um batedor de carnes), bata e, ao mesmo tempo, empurre a carne do centro para as laterais. O objetivo é deixar o filé bem fininho. Mas tenha cuidado: se afinar demais, a carne pode romper. Repita com os outros sassamis.
2. Reserve os paillards numa travessa. Comece o preparo do espaguete de pupunha.

PARA O ESPAGUETE DE PUPUNHA

125 g de palmito pupunha cru e desfiado
1 colher (sopa) de sal
2 colheres (sopa) de manteiga
5 folhas de sálvia
¼ de xícara (chá) da água de cozimento da pupunha

1. Leve uma panela com 1 litro de água para ferver. Adicione o sal, mergulhe o palmito e deixe cozinhar por apenas 30 segundos.
2. Retire com uma escumadeira e deixe escorrer sobre uma peneira — não jogue a água do cozimento fora porque ela vai ser usada numa próxima etapa.
3. Aqueça uma frigideira em fogo médio e regue com ½ colher (sopa) de azeite. Coloque um paillard e deixe cozinhar por 2 minutos, até que ele doure e solte da frigideira. Tempere apenas um dos lados com sal e pimenta-do-reino a gosto — por ser um corte fino, o frango pode ficar salgado se os dois lados forem temperados. Com uma pinça, vire para que doure por igual.
4. Transfira o paillard pronto para uma travessa e cubra com outro prato para não esfriar. Repita com os outros, sempre regando a frigideira com azeite (se ela for grande, faça dois filezinhos por vez).
5. Na mesma frigideira, coloque a manteiga e leve para aquecer em fogo médio. Deixe derreter por 2 minutos, até começar a dourar. Desligue o fogo, junte as folhas de sálvia e mexa apenas para perfumar. Adicione o palmito e misture.
6. Acenda o fogo novamente, junte ¼ de xícara (chá) da água do cozimento e mexa bem, raspando todo o queimadinho do fundo da frigideira para deixar o espaguete ainda mais saboroso. Deixe cozinhar 2 minutos, apenas para aquecer.
7. Desligue o fogo, tempere a gosto com sal e pimenta-do-reino moída na hora. Transfira para um prato e regue com o molho da frigideira. Sirva a seguir com os paillards.

Enrolado de frango servido com risoni

A COMBINAÇÃO DE AZEITONA COM QUEIJO FAZ ESTE ENROLADINHO FICAR SURPREENDENTE. E O PREPARO NÃO PODERIA SER MAIS SIMPLES. O ACOMPANHAMENTO É O RISONI, UMA MASSA QUE PARECE ARROZ. MAS NÃO SE ENGANE: AQUELES PEQUENOS "GRÃOS" PRECISAM DE MUITA ÁGUA PARA COZINHAR SEM GRUDAR

SERVE 2 pessoas
TEMPO DE PREPARO 20 minutos + 25 minutos no forno

PARA O FRANGO
4 bifes de filé de frango
4 azeitonas verdes sem caroço
8 fatias bem finas de queijo prato
azeite para untar a assadeira

PARA O RISONI
½ xícara (chá) de macarrão do tipo risoni
½ colher (sopa) de sal
1 colher (sopa) de manteiga
6 folhas de manjericão
1 maço de rúcula baby

1. Preaqueça o forno a 180 °C (temperatura média). Unte uma assadeira com um pouquinho de azeite.
2. Fatie cada azeitona em rodelas. Abra um bife e distribua as rodelas de uma azeitona ao longo do comprimento. Dobre uma fatia de queijo no sentido do comprimento, coloque sobre o frango e enrole, começando pela parte mais fina — caso contrário, ele pode ficar cru no centro. Repita o procedimento com os outros bifes.
3. Transfira os enroladinhos para a assadeira untada. Dobre as fatias de queijo restantes no sentido do comprimento e depois no sentido da largura — assim elas ficam do tamanho exato para cobrir cada enroladinho. Se preferir, use metade de uma fatia para cada enroladinho, dobrando-a uma vez e cortando ao meio.
4. Cubra cada enroladinho com uma fatia de queijo, leve ao forno preaquecido e deixe assar por 25 minutos. Passados 10 minutos do tempo de forno, comece o preparo do risoni.

1. Leve ao fogo alto uma panela média com 1 litro de água. Enquanto isso, lave e seque as folhas de rúcula e manjericão.
2. Assim que a água ferver, misture o sal e o macarrão. Deixe cozinhar por 11 minutos — a massa deve estar cozida, porém al dente.
3. Desligue o fogo, retire e reserve ½ xícara (chá) da água do cozimento. Passe o macarrão por uma peneira e transfira para uma tigela. Junte a manteiga, misture e deixe derreter com o calor do macarrão.
4. Adicione as folhas de manjericão e rúcula. Regue com algumas colheradas da água do cozimento para formar um molhinho. Tempere a gosto com sal e pimenta-do--reino moída na hora.

Suflê de frango (sem glúten)

SERVE 2 pessoas
TEMPO DE PREPARO 25 minutos + 30 minutos para assar o suflê

SUFLÊ É TÃO DELICADO!
ESTE NÃO LEVA GLÚTEN, POR ISSO
FICA AINDA MAIS LEVE. SIRVA
EM PORÇÃO INDIVIDUAL PARA FAZER
BONITO COM OS CONVIDADOS

1 filé de peito de frango desossado
   e sem pele
2 xícaras (chá) de água
4 ovos
½ xícara (chá) de leite
¼ de xícara (chá) de vinho branco
½ xícara (chá) de queijo gruyère ralado
   (cerca de 50 g)
½ cebola
1 dente de alho
2 colheres (sopa) de manteiga
2 ramos de tomilho
1 colher (chá) de sal
noz-moscada ralada na hora a gosto
manteiga e fubá para untar e polvilhar
   os ramequins

1. Preaqueça o forno a 180 °C (temperatura média).
2. Numa tábua, descasque e pique fino a cebola e o alho. Um ovo de cada vez, separe as claras das gemas. Transfira a gema para outro recipiente e a clara para a tigela da batedeira. Repita com o restante dos ovos — assim, se um ovo estiver estragado, você não perde toda a receita.
3. Corte o peito de frango em 4 pedaços, transfira para a panela de pressão e cubra com a água. Feche a panela e leve ao fogo médio. Quando apitar, abaixe o fogo e deixe cozinhar por 4 minutos. Antes de abrir a panela, deixe toda a pressão sair (se quiser acelerar o processo, levante a válvula com cuidado usando um garfo — mas saiba que isso pode diminuir o tempo de vida da panela). Transfira os pedaços de frango para uma travessa e desfie utilizando dois garfos.
4. Numa panela, leve a manteiga para aquecer em fogo médio. Quando derreter, acrescente a cebola e refogue por cerca de 2 minutos, até murchar. Junte o alho e mexa por mais 1 minuto.
5. Acrescente o frango, tempere com o sal e as folhas de tomilho e misture. Junte o vinho e o leite, e mexa apenas para misturar. Tempere com a noz-moscada a gosto.
6. Abaixe o fogo e junte as gemas, aos poucos, sem parar de mexer — cuidado para que elas não cozinhem muito rapidamente! Continue mexendo por cerca de 2 minutos, até que a mistura engrosse — ela deve ficar com aparência de mingau. Adicione o queijo e mexa apenas para misturar. Transfira para uma tigela grande para esfriar mais rápido.

7. Enquanto isso, com um pincel (ou papel toalha), unte com manteiga a lateral interna de três ramequins individuais (ou outra tigelinha refratária de borda alta) e polvilhe com fubá — a receita é para duas pessoas, mas sobra um chorinho de massa para quem quiser repetir. Se preferir, use apenas um refratário grande de borda alta.
8. Na batedeira, bata as claras em neve. Atenção para o ponto: se as claras ficarem muito firmes, o suflê vai ressecar. Comece batendo em velocidade baixa e, quando espumar, aumente para média. Assim que as bolhas de ar próximas da parede da tigela sumirem e as claras ficarem marcadas pelo batedor, está pronto.
9. Com uma espátula, junte $\frac{1}{3}$ das claras batidas ao creme de frango e misture bem. Adicione o restante das claras, fazendo movimentos circulares, de baixo para cima, delicadamente.
10. Preencha o ramequim com a massa de suflê até escorrer. Nivele passando uma faca (com o corte para cima) para retirar o excesso. Passe a ponta do dedo polegar por toda a borda interna para retirar um pouquinho mais de massa — isso ajuda o suflê a crescer retinho. Repita com o outro ramequim e, no terceiro, coloque toda a massa que sobrar.
11. Transfira os ramequins para uma assadeira e leve para assar em forno preaquecido por 30 minutos ou até crescerem e dourarem. Sirva imediatamente.

Uma pausa para o
cho

colate

CAP. 5 — CHOCOLATE

Aprender a cozinhar deixa a vida mais saudável, econômica, saborosa e, muitas vezes, mais divertida. É para a gente se divertir um pouco que — depois de revisar técnicas culinárias para preparar básicos como arroz, feijão e frango — escolhi o ingrediente da vez: o chocolate

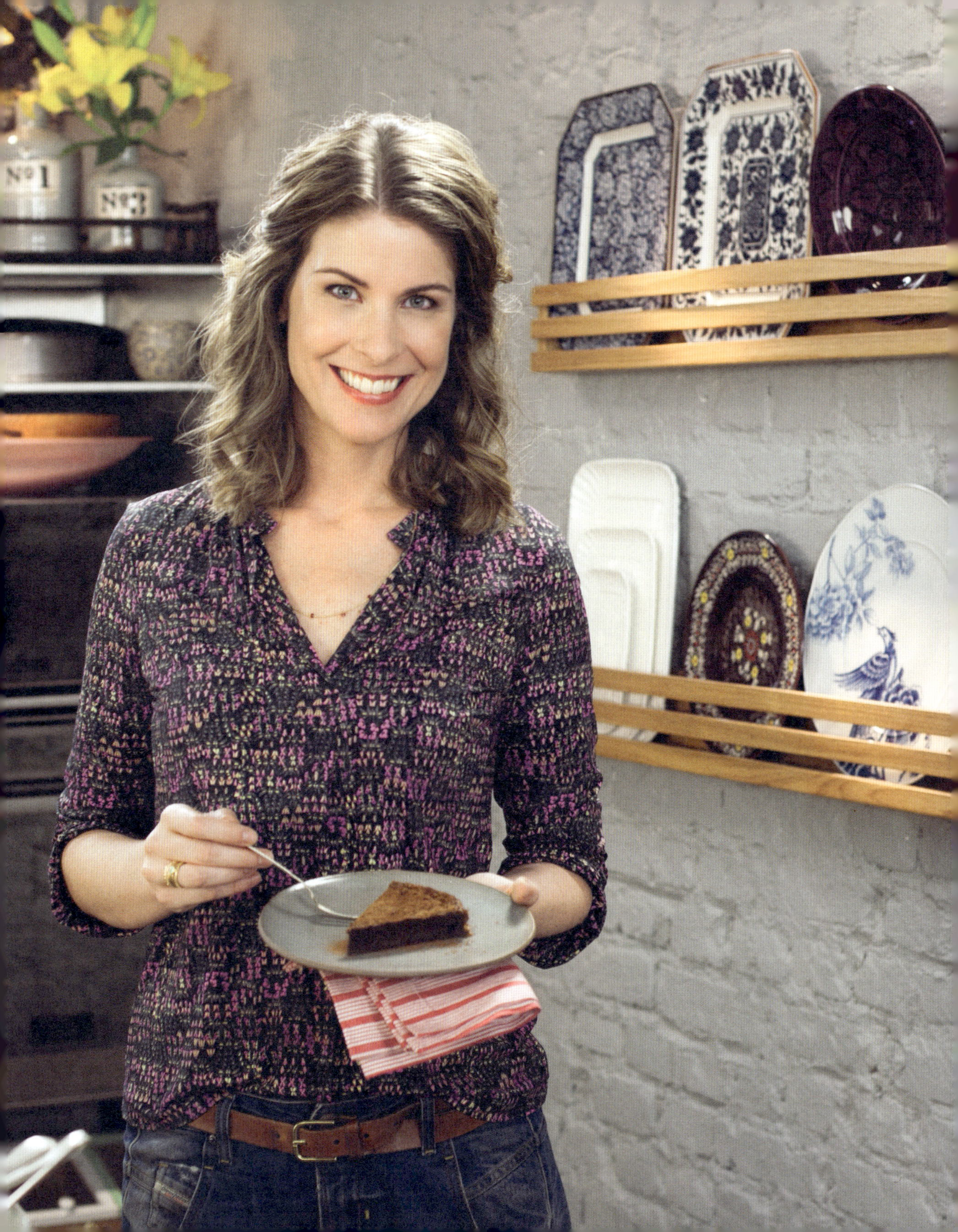
Nº1
Nº3

> Mas, olha, não sou boba
> nem nada. Se o objetivo é convencer
> mais gente a entrar na cozinha,
> chocolate é uma ótima isca

Sem contar que o preparo de sobremesas que levam esse ingrediente tem todo um charme, né? A casa fica perfumada, as texturas são lindas. Acho até que dá uma ativada na serotonina só de ler a receita.

Neste capítulo, você vai aprender duas preparações incontestavelmente atraentes: um bolo supercremoso de chocolate e uma musse de chocolate branco com farofa de castanha-de-caju e raspas de laranja. Elas são perfeitas para mostrar técnicas como o banho-maria e bater claras em neve; as duas aparecem em receitas doces e salgadas.

Outro ponto interessante é que essas receitas são feitas com técnicas opostas no que diz respeito a aeração: uma pede ar (a musse); outra, ao contrário, não pode com bolhinhas (o bolo cremoso). Também aproveitei para explicar etapas mais detalhadas, como preparar a fôrma, ora com papel-manteiga, ora com chocolate.

Você poderia pular diretamente para as deliciosas receitas, mas calma — ou melhor, *cacauma* aí, gente! Além das técnicas, vale conhecer um pouco mais sobre como o mercado nomeia cada tipo de chocolate para entender que produto você está levando para casa. O assunto é bem específico, mas é que chocolate de verdade pode ser muito, muito diferente do que é exposto na prateleira do supermercado. Ele vai do mais puro, feito de cacau em diferentes porcentagens e apenas de manteiga de cacau como gordura, ao mais misturado, com direito a muita gordura hidrogenada. Explico melhor a seguir.

No fim do capítulo, você ainda vai ver uma outra receita de musse de chocolate, que leva apenas dois ingredientes: chocolate e água. A receita é famosa; foi inventada pelo físico e químico francês Hervé This, que revela o segredo da emulsificação — prepare o batedor de arame e divirta-se vendo o chocolate derretido se transformar aos poucos numa sobremesa levíssima.

QUESTÃO DE PORCENTAGEM

O chocolate, essa maravilha criada pelo homem, é feito das sementes, e não da polpa do cacau. Elas ficam fermentando, muitas vezes ao ar livre. Então as sementes são torradas, descascadas e moídas, até formar a massa de cacau.

Da massa é separada a manteiga de cacau. E a partir daí é que são feitas as variadas composições que formam o chocolate, seja ele amargo, ao leite ou até o chocolate branco, que, tecnicamente, não é um chocolate, já que é feito apenas da manteiga.

Em muitos países, quando o chocolate leva gordura hidrogenada, ele nem sequer pode ser chamado assim — e sim de confeito de chocolate. Isso não acontece no Brasil. Então, se quiser comprar um produto de verdade, puro do cacau, tem que olhar o rótulo para ver se você está levando chocolate ou confeito. Seja daqui ou de fora, chocolate de verdade, sem gordura hidrogenada na composição, é um produto caro. Entenda melhor a seguir cada um dos tipos.

Comecemos com o **cacau em pó**. Puro, de textura bem fina, não solúvel e nada doce, ele é excelente para cozinhar e controlar a quantidade de açúcar. Vale saber que existem dois tipos: o **natural**, que a gente acha no supermercado, é mais ácido; já o **alcalino**, que internacionalmente é conhecido como *Dutch cocoa*, é neutralizado com um produto químico, e tem uma cor mais escura e sabor mais suave.

O **chocolate em pó** tem de 35% a 50% de açúcar na composição, por isso é até mais claro e mais fácil de dissolver. Ainda assim, é bem menos doce do que o **achocolatado**, que tem cerca de 70% de açúcar.

Fica difícil dizer exatamente o que é o **chocolate amargo**, já que o termo não especifica a porcentagem de cacau. De todo modo, se tem acima de 50% de cacau na composição, é considerado amargo. E, quanto maior o teor de cacau, mais amargo. Ele também é conhecido como chocolate escuro. Já o **meio amargo** não é um termo reconhecido pelos profissionais que trabalham com chocolates artesanais, somente pela indústria.

O **chocolate ao leite** tem entre 35% e 45% de massa de cacau. Ou seja, ele contém os mesmos ingredientes do chocolate amargo e ainda leva leite em pó, que deixa a cor mais clara, a textura, mais cremosa, e o sabor, mais suave e doce. Há no mercado boas marcas estrangeiras e também nacionais. O que faz a diferença é o tipo de gordura usada. O puro do cacau leva somente manteiga de cacau e não pode ter gordura hidrogenada. Isso também define o preço, claro.

Tecnicamente, o **chocolate branco** não deveria ser chamado de chocolate, já que não contém sólidos de cacau: é feito de uma mistura de manteiga de cacau, açúcar e leite. Mas quem se importa? A confeitaria profissional. Como a gente é da turma que não vê problema em desgourmetizar, esse chocolate vai virar uma musse daqui, ó! Sabe o que são **nibs de cacau**? São as sementes de cacau trituradas, depois de torradas e descascadas. Como são amargos e bem crocantes, ficam incríveis para dar crocância a sobremesas mais doces. No lugar do granulado do brigadeiro é só sucesso! Nunca viu para comprar? É que ele ainda não é um produto acessível, mas dá para encontrar em mercados especializados em chocolate ou em lojas de produtos naturais.

- Cacau em pó
- Chocolate em pó
- Nibs de cacau
- Chocolate branco
- Chocolate amargo
- Chocolate ao leite

Cacau

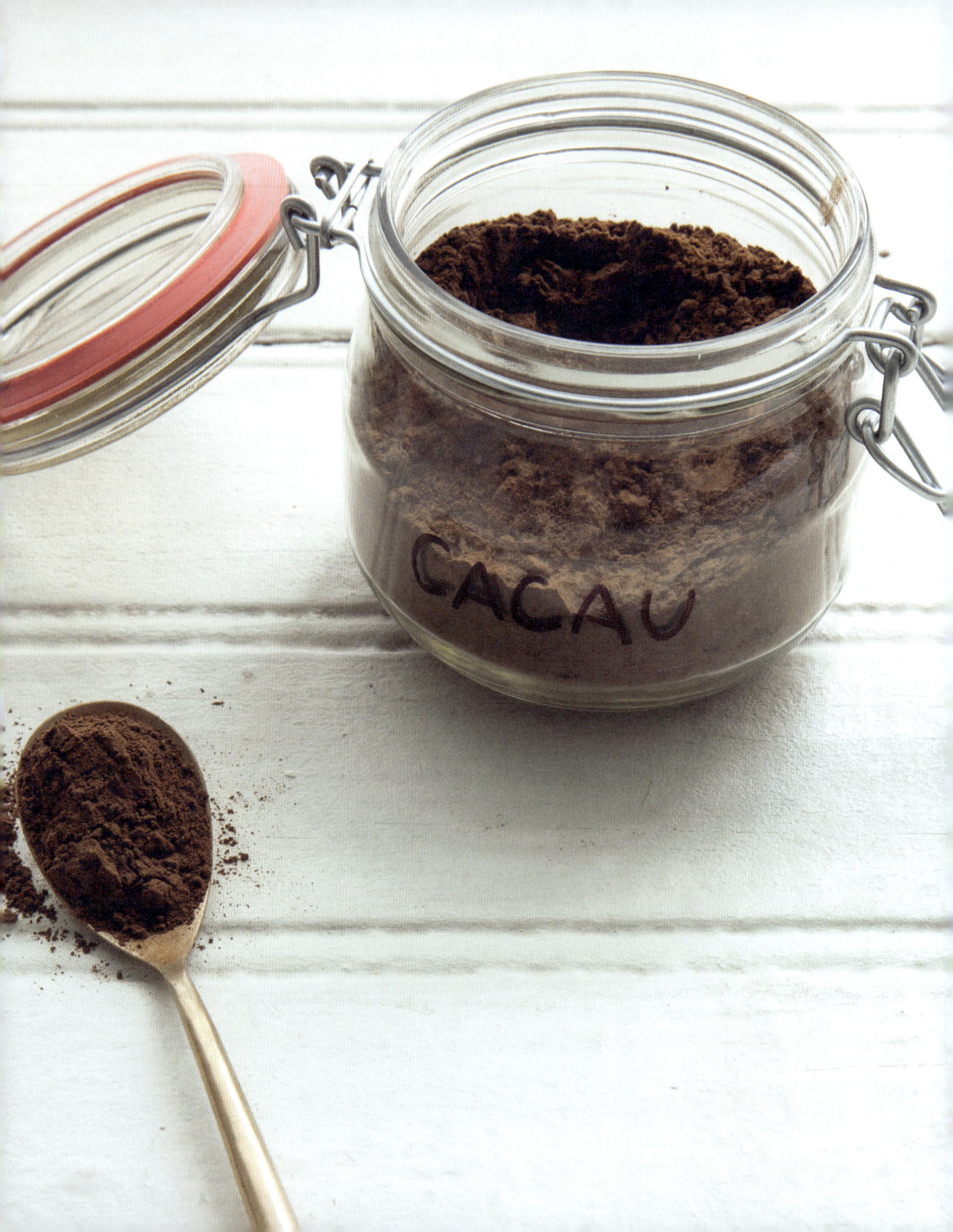
CACAU

E

Substitua achocolatado por chocolate em pó
ECONOMIZE

Não faz sentido comprar achocolatado. Muito melhor é o chocolate ou cacau em pó, mais concentrado, e que portanto você vai usar em menores quantidades no leite das crianças. Também dá para adoçar a gosto e educar o paladar infantil a ingerir menor quantidade de açúcar.

T

Sem ar × com ar
TÉCNICA: MASSA AERADA

Na cozinha, ar é ingrediente. Ele é responsável por criar volume e estrutura em bolos fofos, suflês inflados e, claro, na musse a seguir. Pense nas claras, um líquido transparente e viscoso, que, depois de batidas, ganham ar e ficam lindas, branquinhas, parecendo neve. Para ver a diferença entre um preparo que leva ar e outro que não pode com ele, basta comparar as receitas deste capítulo: o bolo cremoso é denso, compacto, enquanto a musse é leve, aerada.

    As regras para preparar claras em neve perfeitas você vê um pouquinho mais para a frente. Já para o bolo cremoso, o segredo é: misture delicadamente com uma espátula para não formar nenhuma bolha de ar.

Bolo cremoso de chocolate

FAZ 1 bolo   TEMPO DE PREPARO 15 minutos + 20 minutos para assar + 1 hora na geladeira

200 g de chocolate amargo
200 g de manteiga
1 xícara (chá) de açúcar de confeiteiro
5 ovos
⅓ de xícara (chá) de amido de milho

1. Preaqueça o forno a 180 °C (temperatura média).
2. Unte com manteiga uma fôrma redonda de cerca de 24 cm de diâmetro com fundo removível. Corte um quadrado de papel-manteiga grande o suficiente para cobrir o fundo e sobrar. Feche o aro e dobre a sobra de papel para baixo — esse método evita que massas líquidas escorram pelo encaixe. Corte também uma tira de 80 cm × 12 cm e forre a parede da fôrma. Espalhe uma camada fina de manteiga (amolecida) sobre o papel.
3. Numa tábua, pique o chocolate e corte a manteiga em cubos. Transfira para uma tigela refratária grande.
4. Derreta a manteiga com o chocolate em banho-maria: leve uma panela pequena com um pouco de água ao fogo médio; quando ferver, desligue e encaixe a tigela com o chocolate e a manteiga (a água não deve encostar no fundo da tigela, pois o vapor é suficiente para derreter os ingredientes).
5. Retire a tigela do banho-maria. Acrescente o açúcar e misture delicadamente com uma espátula.
6. Quebre um ovo de cada vez numa tigelinha e transfira para outro recipiente — se um deles estiver estragado, você não perde toda a receita. Com um garfo misture as gemas com as claras, sem bater.
7. Em seguida, junte os ovos à massa de chocolate. Misture delicadamente com a espátula, com cuidado para não formar bolhas — esse é o segredo para o bolo ficar denso e bem cremoso.
8. Por último, peneire o amido sobre a massa e misture até ela ficar lisa.
9. Transfira a massa para a fôrma preparada e leve ao forno preaquecido. Deixe assar por 20 minutos — o interior deve ficar úmido, e o bolo sai do forno com cara de que ainda não está todo assado. Deixe esfriar por 20 minutos, cubra com filme e leve à geladeira por 1 hora para firmar antes de servir.

UM BOLO DE CHOCOLATE TÃO MARAVILHOSAMENTE CREMOSO QUE NÃO PRECISA DE CALDA NEM COBERTURA. POLVILHE CACAU EM PÓ EM CIMA PARA DAR UM AR TRUFADO

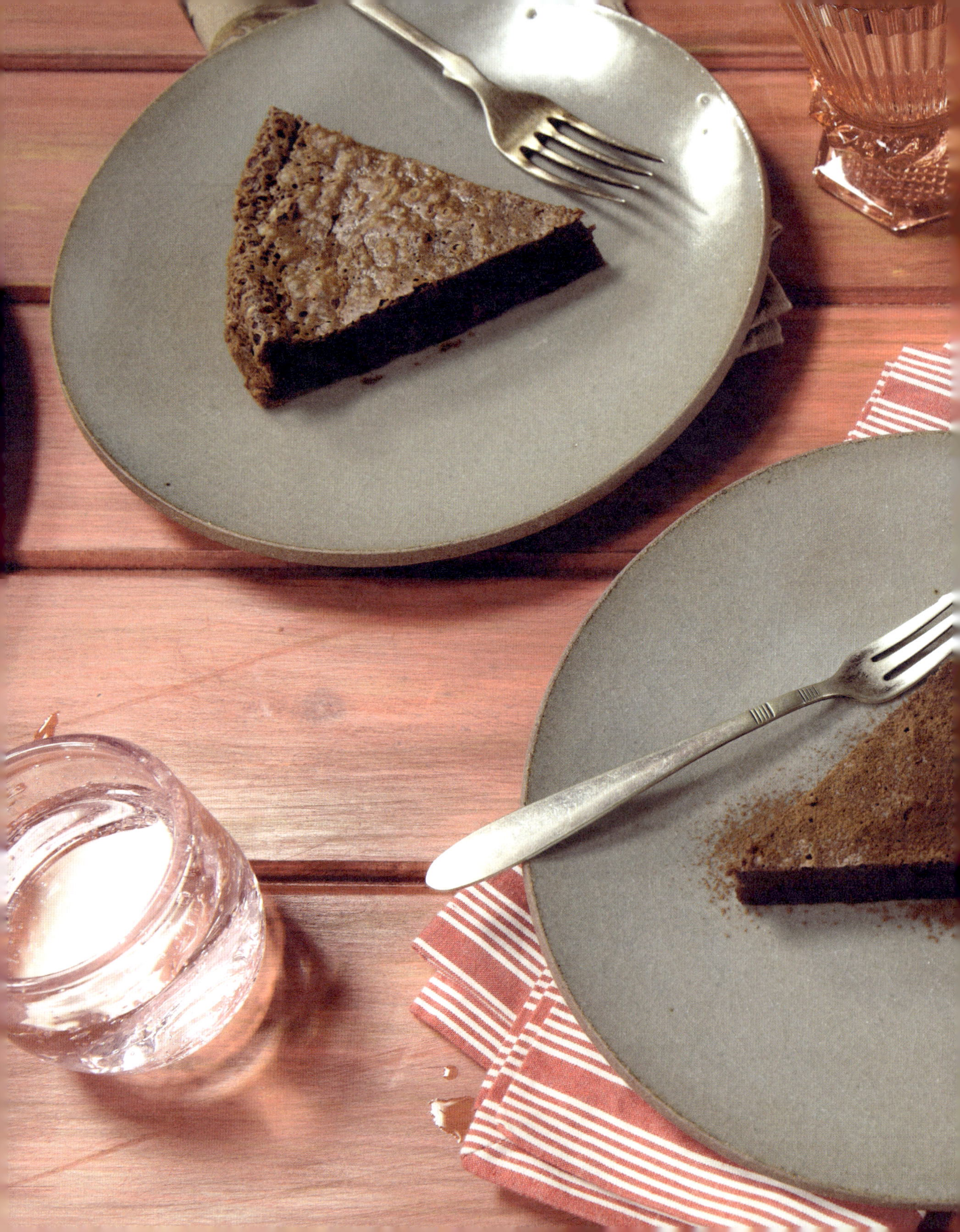

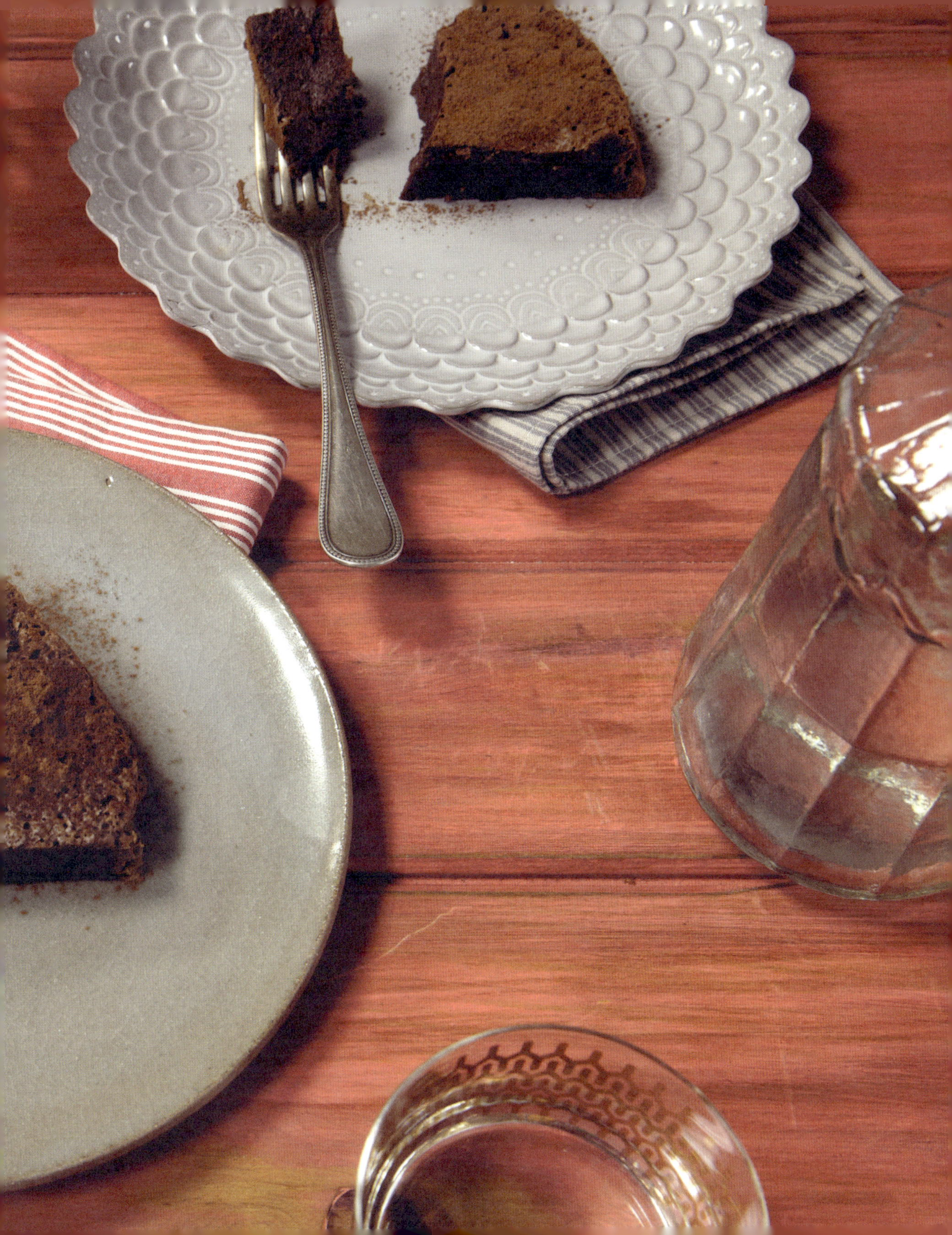

Só no vapor
TÉCNICA: BANHO-MARIA

Alguns alimentos não podem passar de 100°C na hora do cozimento. Como proceder? Saque da manga uma técnica inventada há mais de 2300 anos por uma alquimista contemporânea de Aristóteles: o banho-maria. Ela é ideal para derreter chocolate com segurança — com a panela direto na chama, as chances de ele queimar e ficar amargo são enormes. Também dá para cozinhar ovos — os mexidos ficam especialmente mais cremosos, porque a clara não perde tanta água como no método tradicional.

Na prática: uma panelinha com um pouco de água vai ao fogo e, sobre ela, encaixa-se uma tigela maior, que não deixe o vapor escapar. No caso do chocolate, quando derretido para fazer bombons, isso é importantíssimo: em contato com a água, ele fica manchado de branco depois de frio. Por isso é que, 2300 anos depois, o micro-ondas também tem sido bastante usado para derreter chocolate. A gente optou por esse método na receita da musse. Aí o segredinho é outro: rodar de 30 em 30 segundos, devagar e sempre, para não ter perigo de queimar.

T

Arrase na aeração
TÉCNICA: CLARA EM NEVE

O que transforma a clara do ovo em uma espuma dos sonhos é o ar. Com o movimento do batedor de arame (seja manual, seja da batedeira), as proteínas da clara se desorganizam e se reorganizam novamente com o ar entre elas. Por isso, o volume inicial cresce até três vezes.

Se for bater à mão, escolha um batedor de arame com muitos fios — são eles que injetam o ar nas claras. E força nesse muque! Na batedeira, comece devagar até espumar e então vá aumentando a velocidade. O pulo do gato é saber a hora de parar. Pouco batida, ela não tem ar suficiente para dar estrutura aos preparos; batida além da conta, a proteína expulsa o ar e volta a ficar líquida. Com a prática, você pode até usar o olhômetro; do contrário, faça este teste: assim que as claras começarem a firmar, desligue a batedeira e use um garfo para pegar um pouco da clara, que deve fazer um "biquinho" ao ser retirada da tigela. Segure o garfo de pé e veja se o biquinho continua firme. Caso tenha se curvado, ainda não está no ponto.

Uma regra básica: a clara em neve sempre é adicionada na mistura, e não o contrário. Depois de pronta, não deve ser muito manipulada para não perder o ar. O segredo é juntar apenas $1/3$ das claras e misturar rapidamente com o batedor; o restante, misture de baixo para cima, com movimentos circulares, usando uma espátula. Atenção: movimentos delicados, mas sem demora.

Além da musse a seguir, suflês e bolos bem fofinhos também levam claras em neve. Praticamente sozinhas, elas ainda servem para fazer receitas clássicas, como merengue e pavlova.

ALVA, ADORÁVEL, AERADA...
DEIXE A ALITERAÇÃO DE LADO
E SIMPLESMENTE FAÇA
ESTA SOBREMESA — E SIRVA
COM A RECEITA A SEGUIR:
FAROFA DE CASTANHA-DE-CAJU
E RASPAS DE LARANJA

Musse de chocolate branco

SERVE 8 pessoas TEMPO DE PREPARO 20 minutos + 4 horas na geladeira

200 g de chocolate branco
3 ovos
½ xícara (chá) de açúcar
1 lata de creme de leite (sem o soro)

1. Antes de iniciar o preparo, deixe a lata de creme de leite por 10 minutos no congelador. Ao refrigerar a lata, o soro se separa do creme e fica mais fácil de escorrer.
2. Numa tábua, pique fino o chocolate e transfira para uma tigela de vidro grande, onde a musse será preparada.
3. Quebre um ovo por vez, numa tigelinha, separando a clara da gema. Transfira as claras para a tigela da batedeira e as gemas para outro recipiente.
4. Leve o chocolate para derreter no micro-ondas (em potência média) de 30 em 30 segundos — mexa nos intervalos para não queimar. Depois que derrreter, continue mexendo para esfriar, cerca de 3 minutos. Junte as gemas e misture bem com um batedor de arame.
5. Para retirar o soro do creme de leite: tire a lata do freezer, vire de ponta-cabeça e faça dois furos com o abridor; desvire sobre uma tigela e deixe o soro escorrer até parar de pingar (descarte ou use em outra preparação). Junte o creme de leite à mistura de chocolate e bata bem com o batedor de arame até formar um creme liso.
6. Bata as claras em neve: inicie em velocidade baixa; quando começarem a espumar, aumente a velocidade; assim que as bolhas próximas à parede da tigela sumirem e o batedor formar marcas na clara, adicione o açúcar aos poucos. Bata por mais 3 minutos, até formar um merengue brilhante.
7. Junte $^1/_3$ das claras em neve ao creme de chocolate e misture com o batedor. Incorpore o restante delicadamente com uma espátula, fazendo movimentos circulares de baixo para cima.
8. Transfira para a tigela em que a musse será servida e leve à geladeira por, no mínimo, 4 horas.

Sai, soro

Esta é antiga, mas ainda não inventaram coisa melhor: para separar o soro do creme de leite, deixe a lata por 10 minutos no congelador, ou 1 hora na geladeira. Com o abridor, faça dois furos na tampa, mas use como topo a parte que ficou virada para baixo enquanto gelava, pois é lá que o soro está. Escorra o soro por um dos furos (o outro serve para entrar ar e facilitar a saída do líquido). Despreze ou separe o soro para outro preparo (bom para engrossar sopas; é superproteico).

ESTA FAROFINHA FAZ PAR COM A MUSSE, CAI BEM COM SORVETE E SERVE PARA DAR CROCÂNCIA À SUA SOBREMESA PREFERIDA. MANTENHA O ESTOQUE EM DIA: DÁ PARA FAZER E GUARDAR!

FAROFA DOCE DE CASTANHA E LARANJA

Farofa doce de castanha-de-caju com raspas de laranja

SERVE 8 pessoas
TEMPO DE PREPARO 10 minutos + 15 minutos no forno

1 xícara (chá) de farinha de mandioca torrada
100 g de manteiga gelada
¼ de xícara (chá) de castanha-de-caju torrada sem sal
¼ de xícara (chá) de açúcar demerara
raspas de 1 laranja-baía
pitada generosa de sal

1. Preaqueça o forno a 180 °C (temperatura média).
2. Corte a manteiga gelada em cubos. Pique grosseiramente a castanha-de-caju.
3. Numa tigela, misture todos os ingredientes com as pontas dos dedos até formar uma farofa grossa.
4. Espalhe numa assadeira e leve ao forno para assar por cerca de 15 minutos, até dourar. Retire do forno e deixe esfriar antes de servir ou guardar. A farofa dura até 15 dias em pote com fechamento hermético. Sirva com sorvetes e musses.

Tigela da boa
UTENSÍLIO INDISPENSÁVEL:
TIGELAS DE VIDRO & DE INOX

Duas palavras definem as cozinhas profissionais: aço inox. O material é zero poroso, por isso não pega gosto nem cor, e é refratário.
As tigelas de vidro têm as mesmas propriedades, e ainda podem ir ao micro-ondas, e até à mesa. A única desvantagem é que quebram.
   Você não precisa de jogos inteiros, mas duas a quatro tigelas feitas desses materiais, de diferentes tamanhos, vão dar uma ajuda que você nem sabe! As que têm tampa são melhores, assim dá até para guardar comida na geladeira.

HERVÉ THIS É FÍSICO E QUÍMICO.
E MÁGICO: O FRANCÊS INVENTOU
ESTA MUSSE QUE CHAMA
A ATENÇÃO PELA TÉCNICA E PELA
LISTA DE INGREDIENTES ENXUTA
(A GENTE ATÉ INVENTOU
UM JEITO DE INCREMENTAR
A APRESENTAÇÃO!)

Musse de chocolate com água

SERVE 6 pessoas TEMPO DE PREPARO 10 minutos

150 g de chocolate amargo picado
½ xícara (chá) de água
cubos de gelo
nibs (ou amêndoa) de cacau para decorar

1. Preencha uma tigela grande de vidro (ou inox) com cubos de gelo. Separe 6 copinhos de cachaça para montar a musse.
2. Coloque a água numa panela pequena e leve ao fogo médio. Quando começarem a aparecer bolhinhas no fundo da panela, desligue o fogo.
3. Junte o chocolate picado e mexa bem com uma espátula até derreter completamente. Transfira para uma outra tigela grande de vidro (ou inox).
4. Encaixe a tigela do chocolate sobre os cubos de gelo. Com o batedor de arame, bata bem o chocolate por cerca de 4 minutos, até começar a endurecer. Retire a tigela do gelo — seja rápido ou a musse endurece demais e talha. Se isso ocorrer, derreta novamente a musse na panela e repita o passo 4.
5. Com uma colher, preencha os copinhos com a musse. Sirva imediatamente com creme de leite batido e finalize com nibs de cacau (se quiser, prepare com antecedência e deixe na geladeira até a hora de servir).

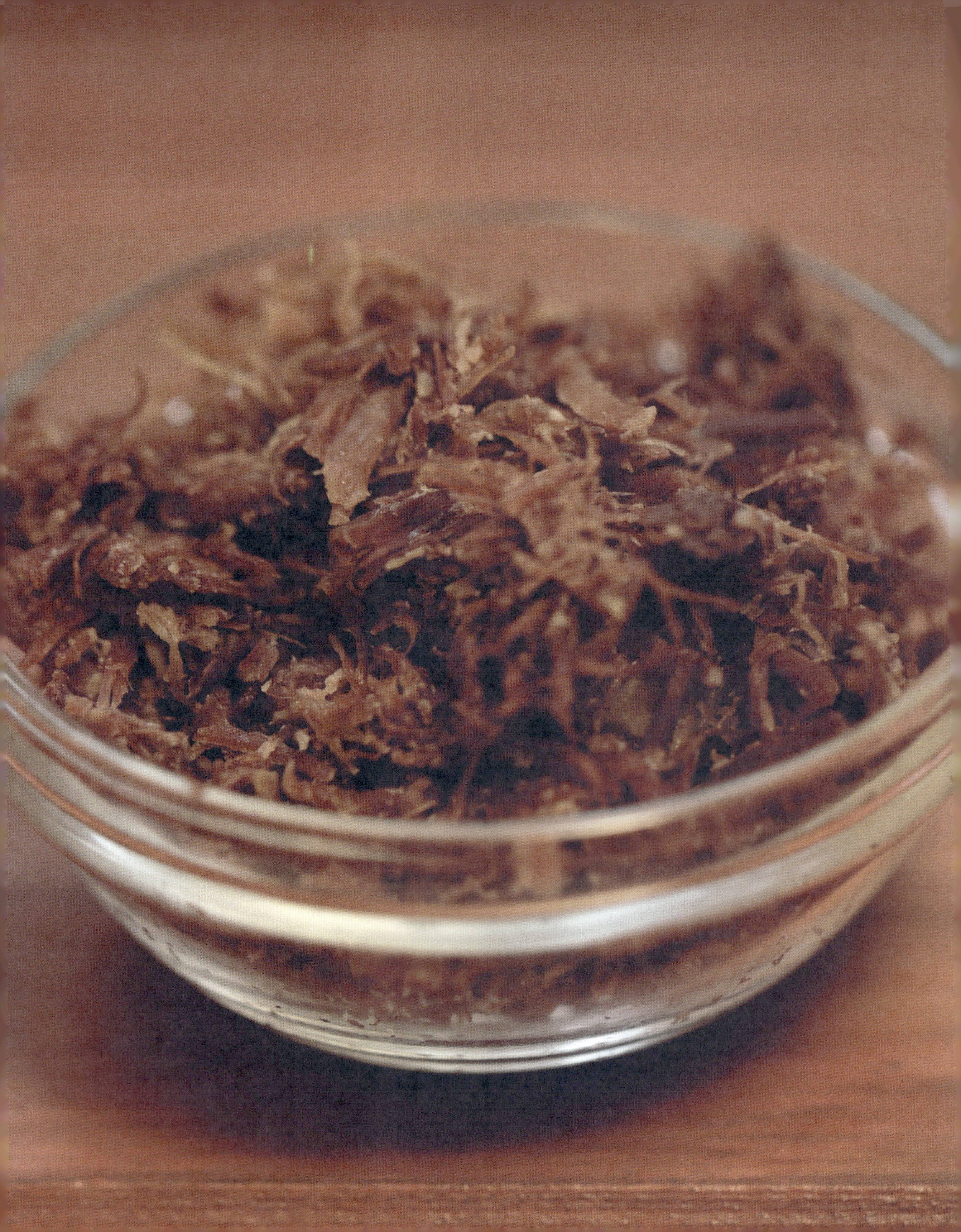

CAP. 6 — CARNE-SECA

Curada

Não vou mentir para você: nem tudo na cozinha é prático. A verdade é que, prático, mas prático mesmo, é aprender a cozinhar: junte o domínio sobre as técnicas com o hábito, e, aí sim, preparar aquilo que você está com vontade de comer fica fácil. O ingrediente deste capítulo é ideal para ilustrar essa teoria: vamos de carne-seca? Já adianto: carne-seca é um pouco diferente da carne de sol, que é diferente do charque — mas muita gente acha que tudo é a mesma coisa. Em comum elas têm a cura, nome técnico do processo que usa sal para desidratar a carne

A carne-seca pede tempo para o pré-preparo e o cozimento. Uma vez pronta, porém, até arroz de carreteiro fica simples de fazer

Aí compensa, né? É claro que esse preparo tão brasileiro não poderia faltar na nossa seleção de receitas. Com o tradicional arroz de carreteiro, a gente aproveita para revisar a técnica do refogado e do cozimento na panela de pressão. Mais simples, a carne-seca acebolada pode ir com abóbora (de qualquer tipo!) à mesa de almoço de um dia qualquer, um par clássico, que é sucesso sempre. Dá para ir além. Assim como o bacalhau, ela é uma excelente alternativa para ser servida em ocasiões especiais. Mostro como: a trouxinha de alface e carne-seca acebolada faz uma entrada ou aperitivo nota 10! Não me canso de dizer quanto essa combinação tão simples é tão fabulosa. Ah, ainda vamos falar sobre a higienização de folhas verdes e, claro, a dessalga da carne, o primeiro passo do preparo.

Se ainda não convenci, fique com esta: carne-seca é um ingrediente fantástico para compor a despensa, especialmente se você não pode ir ao mercado todos os dias. E é superversátil—além dos preparos citados, ela vai no escondidinho, na quiche e até no risoto (com abóbora assada no forno). E na receita extra que incluí aqui, ideal para um dia mais fresco: sopa de milho com carne-seca. Dá para imaginar o docinho do milho com o salgadinho da carne, né? Vai por mim.

CARNES CURADAS

Carne-seca é um pouco diferente da carne de sol, que é diferente do charque — mas muita gente acha que tudo é a mesma coisa. O que as une é a cura, nome técnico do processo que usa sal para desidratar a carne.

Mais comum nas cozinhas do Norte e Nordeste, a **carne de sol** é preparada com peças inteiriças (e não em mantas). Apesar do nome, o processo de cura é feito em locais cobertos e bem ventilados. Dizem que, originalmente, o nome era carne de sal, em vez de sol. Como ela leva sal refinado, e em menor quantidade, o resultado é um interior mais úmido, o que faz o sabor ser bem diferente do da carne-seca. É um produto perecível e deve ser mantido sob refrigeração. Os sertanejos, esses fortes, lavam e colocam na brasa sem fazer a dessalga.

Das carnes curadas, a **carne-seca** é justamente a mais seca, e a mais salgada. Por isso, dura mais. Em média, tem de 40% a 55% de umidade, e o teor de sal varia de 8% a 10%. Hoje, é produzida em escala industrial e você encontra no supermercado embalada a vácuo. Os cortes utilizados para fazer a carne-seca são o coxão duro, o coxão mole e o braço. A cor avermelhada é porque ela recebe conservantes como nitratos e nitritos. Ah, uma nota: a carne-seca desfiada e já cozida, pronta, pode parecer uma opção tentadora na prateleira do supermercado. Mas, quer saber? Tem mais conservantes e o sabor é bem inferior.

Olha como elas são realmente diferentes: o **charque** é feito somente de carne bovina cortada em manta, e o método de cura é uma espécie de salmoura. Após essa salga úmida, vem a salga seca, a lavagem e a secagem (que pode ser com exposição ao sol ou em estufa). Depois de secas, as mantas são empilhadas, e o peso das pilhas funciona como uma prensa, extraindo ainda mais líquidos, resultando numa carne rígida e bem salgada. É típico do Rio Grande do Sul, mas o Brasil todo cozinha com charque. Dura cerca de 5 meses sem refrigeração.

Controle o sal
TÉCNICA: DESSALGAR CARNE-SECA

Vinte e quatro horas ou alguns minutos? Pode ser dos dois jeitos, depende do dia. Mas é etapa obrigatória: tirar o excesso de sal da carne-seca. Tudo começa com o corte certo numa tábua para carnes: faça **cubos** de cerca de 7 cm. Esse tamanho é ideal para dessalgar a carne na medida, sem tirar completamente o sal, e também para desfiar de um jeito uniforme.

No método tradicional, você transfere os cubos para uma tigela e lava bem em água corrente. Para o molho, conte 5 xícaras (chá) de água fria para cada 500 g de carne. Deixe na geladeira por 24 horas.

Não conseguiu se programar? Existe um outro método de dessalgar que pula a primeira dessalga de 24 horas. É a dessalga a jato: coloque 500 g de carne-seca na panela e cubra com água fria. Junte 2 colheres (sopa) de sal para cada 500 g de carne. Leve ao fogo alto e fique de olho! Quando começar a formar bolhas na água e subir uma espuma branca, desligue. Mexa bem, retire a carne e despreze a água. Mas tem que fazer deste jeitinho: ferveu, tirou a carne.

Vale para os dois métodos: depois desse ponto exato, você vai cozinhar a carne duas vezes, no mínimo, na panela de pressão (tem técnica a seguir).

Potência máxima
TÉCNICA: COZINHAR CARNE-SECA NA PRESSÃO

A carne-seca é... seca. Dura! Se a gente não botar uma pressão, digo, uma panela de pressão, cozinhar a carne vai demorar demais. Precisamente, três vezes mais. O segredo é fazer em duas partes.

Primeiro a gente joga fora a água da dessalga, cobre com água limpa e leva para cozinhar na pressão por 10 minutos. Quando a pressão sair completamente, abra a tampa, retire a carne, despreze essa água também e passe uma água na panela. Volte a carne para a panela, complete com água até a metade e cozinhe na pressão por mais 20 minutos. Se ainda assim a carne não estiver macia, pode cozinhar mais 5 minutos na pressão.

Lembre-se de que o tempo da panela de pressão é contado a partir do momento em que ela começa a apitar. Na panela comum, triplique os tempos de cozimento. Ah, eu sei que você desprezou e trocou a água um monte de vezes, mas esta última você pode reservar pois talvez precise dela, dependendo da receita. No próprio arroz de carreteiro, para cozinhar o arroz, por exemplo. Ela também serve como caldo em receitas de risoto com carne-seca, ou mesmo para cozinhar uma abóbora e depois fazer o purê que acompanhará a carne-seca acebolada. Uma concha para incrementar a sopinha de milho, que tal?

serve 4 pessoas
tempo de preparo: 15 minutos
+ 24 horas para a dessalga
+ 30 minutos para cozinhar na panela de pressão

Carne-seca acebolada na trouxinha de alface

ÓTIMA PEDIDA PARA UMA REFEIÇÃO DO DIA A DIA: CARNE-SECA ACEBOLADA VAI BEM NO PRATO DE ARROZ E FEIJÃO. QUER DEIXAR A PREPARAÇÃO MAIS FESTIVA? SIRVA COM ABÓBORA ASSADA! AQUI, VOCÊ DESCOBRE QUE ELA TAMBÉM SE TRANSFORMA NUM PETISCO FANTÁSTICO, SERVIDA SOBRE FOLHAS DE ALFACE

PARA A CARNE
500 g de carne-seca
1 cebola grande
2 colheres (sopa) de azeite
sal a gosto

1. Corte a carne-seca em cubos de 7 cm — esse tamanho é ideal para dessalgar a carne, sem tirar completamente o sal, e também para desfiar de modo uniforme. Coloque numa tigela e lave bem em água corrente.
2. Cubra os cubos de carne com 5 xícaras (chá) de água fria e deixe na geladeira durante 24 horas.
3. Escorra a água e transfira a carne para a panela de pressão. Complete com água até a metade da panela, tampe e leve ao fogo médio. Assim que a panela começar a apitar, diminua o fogo e deixe cozinhar por 10 minutos. Desligue o fogo e espere toda a pressão sair antes de abrir a panela (se quiser acelerar o processo, levante a válvula com cuidado, usando um garfo — mas saiba que isso pode diminuir o tempo de vida da panela).
4. Troque a água do cozimento e repita novamente o passo anterior, mas dessa vez deixe cozinhar por 20 minutos. Depois que toda a pressão da panela sair, abra e verifique. Se a carne não estiver macia, deixe cozinhar por mais 5 minutos — dependendo do corte, algumas carnes podem ser mais duras.
5. Retire os cubos de carne da panela, transfira para uma travessa e desfie com dois garfos (se preferir, coloque os pedaços numa batedeira e bata em velocidade baixa até desfiar). Descarte a gordura.
6. Descasque e fatie a cebola em meias-luas finas. Leve ao fogo médio uma frigideira antiaderente, adicione 1 colher (sopa) de azeite, junte a cebola e refogue até dourar, por cerca de 2 minutos.
7. Adicione o azeite restante, junte a carne-seca e mexa com uma espátula apenas para aquecer, por 3 minutos. Desligue o fogo, prove e, se necessário, tempere com sal a gosto. Transfira a carne para uma tigela e deixe esfriar em temperatura ambiente — assim as folhas não murcham na hora de servir. Enquanto isso, prepare a alface para a montagem.

PARA A MONTAGEM
2 maços de alface-romana baby
3 talos de cebolinha
pimenta-do-reino moída na hora a gosto

1. Desprenda as folhas de cada maço e lave, uma a uma, em água corrente. Transfira para uma tigela, cubra com água e junte 1 colher (sopa) de vinagre ou Hidrosteril. Misture e deixe de molho por 10 minutos.
2. Enquanto isso, lave, seque e fatie fino a parte verde da cebolinha.
3. Retire as folhas, em vez de escorrer a água — desse modo, as sujeirinhas ficam no fundo da tigela e não grudam novamente nas folhas. Passe para uma centrífuga de saladas e seque bem (ou deixe num escorredor por alguns minutos).
4. Prepare a trouxinha: na palma de uma das mãos, empilhe 3 folhas de alface para formar uma caminha; preencha o centro com cerca de 2 colheres (sopa) da carne-seca acebolada e transfira para um prato. Repita com toda a alface, e tempere com pimenta-do-reino a gosto.

UI

Tábua, não. Tábuas
UTENSÍLIO INDISPENSÁVEL: TÁBUA DE CORTE

Acho bom falar disso logo: é importante ter duas tábuas. Mais do que importante, é indispensável. Uma é exclusiva para o pré-preparo de salgados; a outra você usa para cortar frutas e doces. Assim, a salada de fruta não fica com retrogosto de alho. Ai!

A vida inteira a gente usou a de madeira — e eu ainda uso, assim, para fazer uma figura, uma foto mais charmosa. Mas, para a lida da cozinha, prefira as de bambu, que são resistentes, duráveis, fáceis de lavar, e têm ação bactericida natural.

O único porém é que elas precisam de mais cuidado. Lave na pia com água e detergente neutro, e seque imediatamente para então guardar em local arejado. Uma vez por mês, aplique na tábua seca uma camada fina de óleo mineral, que você compra na farmácia, e deixe essa película secar naturalmente. A tábua vai durar mais.

Importante: quando estiver manipulando carnes, principalmente, lave a tábua antes de encostar outro alimento ali, para evitar contaminação cruzada.

Ah, uma dica de ouro: umedeça uma folha de papel toalha ou pano de prato e coloque embaixo da tábua antes de começar os trabalhos. Porque faca na mão em tábua escorregadia não dá samba bom.

Fia & desfia
TÉCNICA: DESFIAR CARNE-SECA

Tem gente que desfia a carne-seca usando garfo, ou até pano de prato, envolvendo os pedaços com o pano e rolando esse "pacote" na bancada, como se fosse rolo de macarrão. Para mim, nada é mais prático do que desfiar na batedeira. Para qualquer método, o ideal é que a carne esteja bem cozida e quente.

Lava & seca
TÉCNICA: HIGIENIZAR FOLHAS VERDES

Vamos aproveitar para falar sobre higienização de saladas? Grandes segredos não tem, mas vou te contar aqui o jeito mais correto e profissional de fazer esse procedimento obrigatório: lave as folhas uma a uma sob água corrente. Deixe de molho por 10 minutos em uma tigela grande com água e uma colherinha de vinagre ou Hidrosteril (conforme as instruções da embalagem). Em vez de escorrer a água, o melhor é retirar as folhas, assim as sujeirinhas ficam no fundo da tigela. Por fim, coloque as folhas numa centrífuga manual de saladas e seque bem. Esse utensílio não chega a ser indispensável, mas quem tem, ama de paixão.

Sozinha, a sopa cremosa e adocicada já é uma delícia... Com a carne-seca, salgadinha, ganha uma nova camada de sabor — e de cor

Sopa de milho com carne-seca

SERVE 2 pessoas TEMPO DE PREPARO 20 minutos

2 latas de milho verde (400 g)
½ xícara (chá) de carne-seca desfiada e dessalgada
2 colheres (sopa) de manteiga
½ cebola picada fino
2 xícaras (chá) de leite
1 colher (sopa) de cebolinha picada fino
sal e pimenta-do-reino moída na hora a gosto

1. Antes de abrir, lave e seque as latas de milho. Abra e passe o conteúdo por uma peneira para escorrer o líquido. Reserve 2 colheres (sopa) de milho para decorar o prato.
2. Leve uma panela ao fogo médio e derreta a manteiga. Junte a cebola e refogue até ficar transparente, por cerca de 2 minutos.
3. Junte o milho e refogue por 3 minutos. Tempere com sal e pimenta-do-reino e acrescente o leite. Cozinhe por mais 2 minutos, mexendo de vez em quando. Desligue.
4. Com uma concha grande, transfira a mistura para a jarra do liquidificador e bata por 4 minutos.
5. Coloque uma peneira sobre a panela e coe o creme. Com as costas de uma colher, pressione o bagaço, para extrair o máximo de líquido que puder. Volte a panela ao fogo médio e deixe cozinhar por cerca de 2 minutos ou até a sopa esquentar. Na hora de servir, salpique a carne-seca, a cebolinha e o milho reservado.

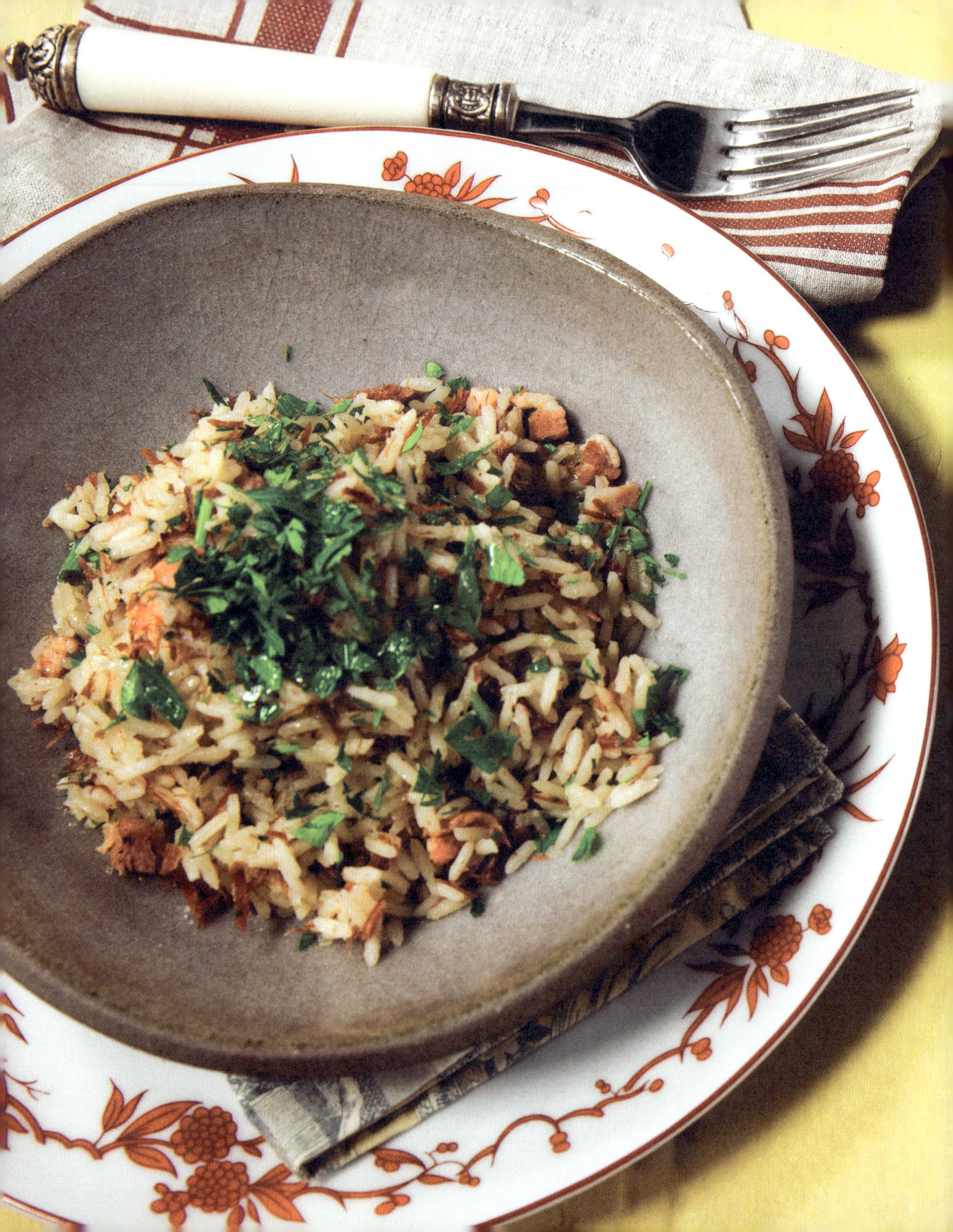

Arroz de carreteiro com carne-seca & linguiça

A MISTURA TRADICIONAL, CRIADA PELOS CARRETEIROS DO SUL DO PAÍS, CONQUISTOU O BRASIL TODO. AGORA, CADA UM TEM A SUA RECEITA. ESTA É A MINHA!

SERVE 6 pessoas   TEMPO DE PREPARO 40 minutos

2 xícaras (chá) de arroz-agulhinha
4 xícaras (chá) de água
100 g de carne-seca dessalgada e desfiada
250 g de linguiça calabresa aperitivo
70 g de bacon defumado em cubinhos
2 colheres (sopa) de óleo
½ cebola
2 dentes de alho
2 folhas de louro
½ xícara (chá) de salsinha fresca
pimenta-do-reino moída na hora a gosto
1 limão (opcional)

1. Leve uma chaleira com pouco mais de 4 xícaras (chá) de água ao fogo baixo. Descasque e fatie meia cebola em meias-luas finas. Descasque e pique fino os dentes de alho. Corte a linguiça em 3 pedaços na diagonal.
2. Numa panela grande, aqueça o óleo em fogo médio. Doure o bacon e a linguiça calabresa por 5 minutos, mexendo de vez em quando.
3. Junte a cebola e refogue por 2 minutos, mexendo sempre, até ela ficar transparente. Acrescente o alho e misture por apenas mais 1 minuto.
4. Junte a carne-seca, o arroz e as folhas de louro. Mexa bem, por cerca de 1 minuto.
5. Antes de começar a grudar no fundo da panela, meça 4 xícaras (chá) de água fervente e regue o arroz. Misture bem, raspando o fundo com a colher de pau, e tampe parcialmente a panela.
6. Deixe cozinhar até que o arroz absorva toda a água, por cerca de 20 minutos — para verificar se a água secou, fure o arroz com um garfo para ver o fundo da panela; se ainda estiver molhado, deixe cozinhar mais um pouco.
7. Desligue o fogo e mantenha a panela tampada por 5 minutos para que o arroz termine de cozinhar no próprio vapor. Enquanto isso, lave, seque e pique fino a salsinha.
8. Sirva a seguir com salsinha picada e pimenta-do-reino moída na hora a gosto. Fica ótimo com gotas de limão.

O carreteiro é você

Os gaúchos tradicionais vão ficar bravos que estou usando carne-seca, e não charque, para fazer o arroz de carreteiro. Já os mais jovens vão dizer que esse arroz tem que ser feito com as sobras do churrasco... Capaz!

A verdade é que este é daqueles pratos de domínio público: cada um tem a sua receita. No Centro-Oeste, usa-se carne de sol; muita gente usa ponta de costela; outro tanto coloca tomate, extrato de tomate, frango... Quantas possibilidades!

Esta receita leva carne-seca e linguiça calabresa, e é temperada com alho e bacon, além de sal, pimenta e folhas de louro. Seja qual for a combinação de ingredientes, cuidado com o sal, pois as carnes curadas podem ficar salgadinhas mesmo depois da dessalga. No nosso caso, a linguiça também já tem sal.

Ah, mas salsinha picada em cima é essencial! E eu ainda coloco umas gotinhas de limão.

E

Congele a carne-seca cozida
ECONOMIZE

Aqui no final do capítulo a gente pode dar uma desabafada: sim, fazer carne-seca dá trabalho. Então aproveite para preparar uma quantidade maior de uma vez só. Assim que ela estiver cozida e desfiada, mas antes de temperar, separe uma parte para congelar. É só esperar esfriar e acondicionar em embalagem própria para o freezer, sempre anotando a data para não perder a validade — dura 3 meses no congelador. Prontinha assim, vai valer ouro quando você descongelar!

CAP. 7 — MANDIOCA

É mandioca, macaxeira ou aipim?

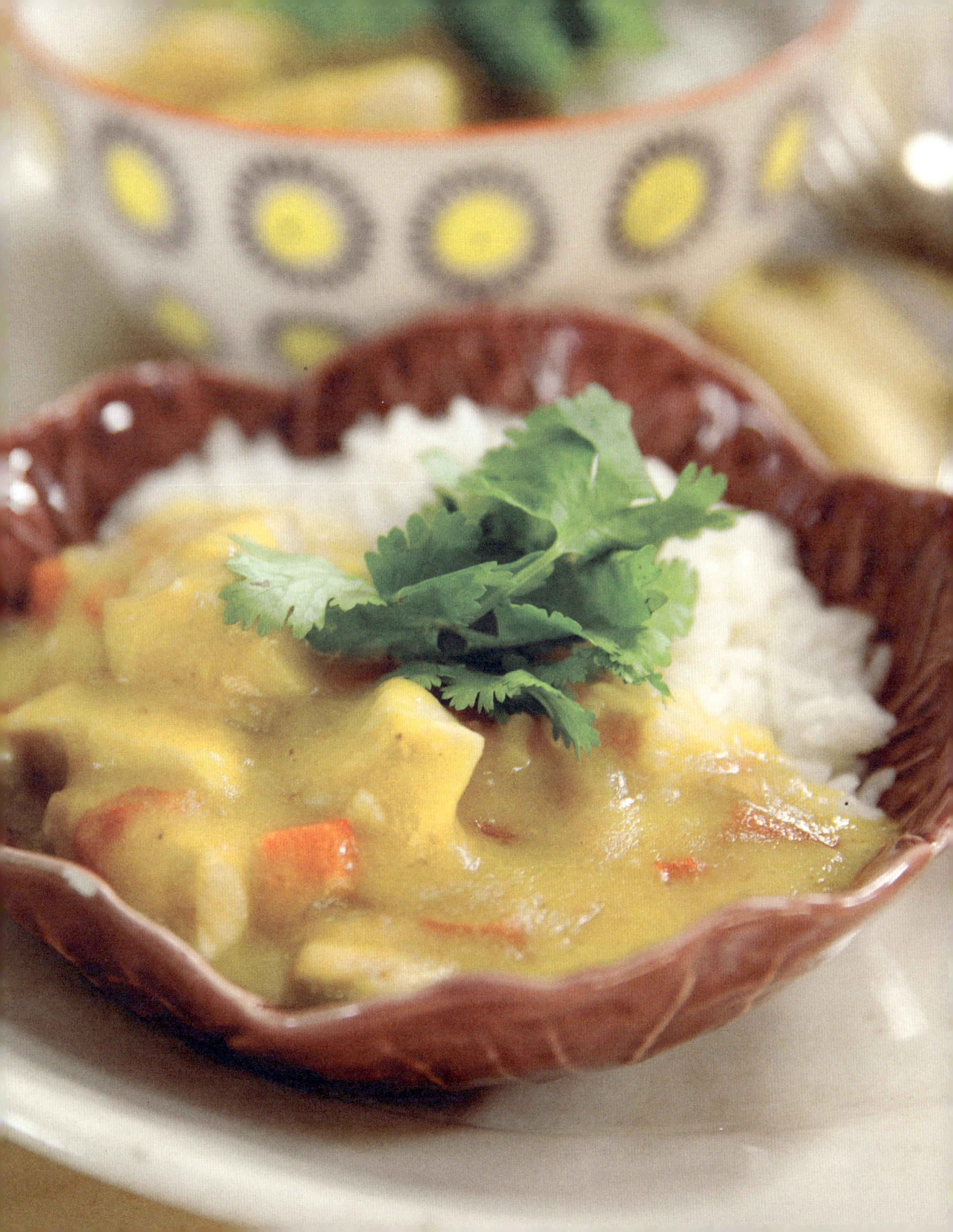

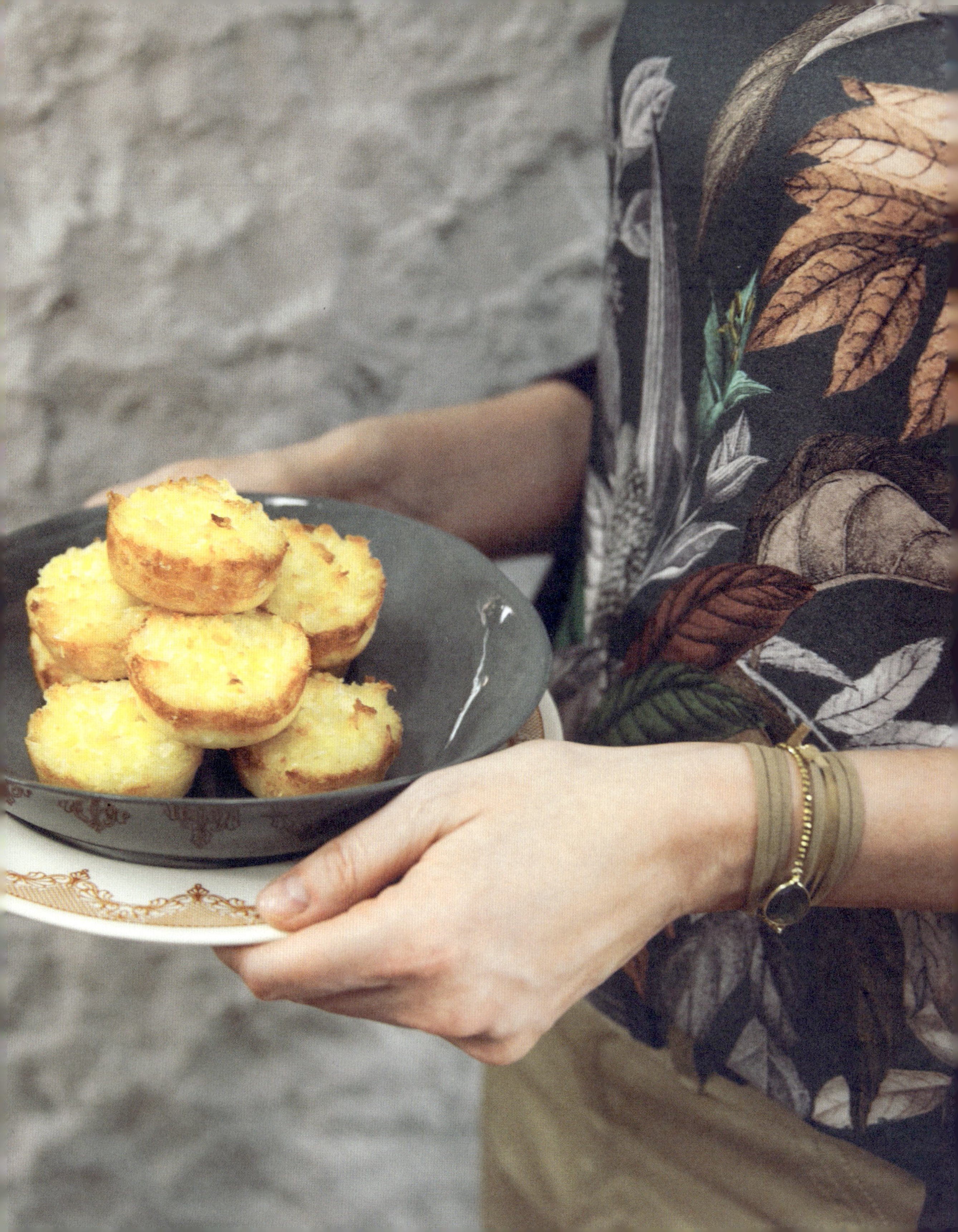

Não importa. Em cada lugar do país essa raiz fundamental na nossa alimentação tem um nome. A questão é que ela é também muito versátil na cozinha. Opa! E isso lá é um problema? Não, no dia a dia de uma casa isso é uma bênção. O problema é quando você tem que escolher entre tantas possibilidades para mostrar apenas duas receitas num programa de TV, ou no capítulo de um livro

Tem tanta coisa para cozinhar com mandioca! Vaca atolada, barreado, mojica de pintado, escondidinho de carne de sol... Sem falar nos bolos, pudins e outros doces feitos com ela

Imagine, então, incluir nessa lista de possibilidades os derivados: tem a tapioca, indispensável no café da manhã do Nordeste (e na mesa fitness, uha, energia!); o polvilho doce, que também é conhecido como goma seca, amido e fécula de mandioca; o polvilho azedo, que apesar de parecer a mesma coisa é totalmente diferente do doce — ele é fermentado e, por isso, dá volume às preparações (é ele que deixa o pão de queijo com aquelas bolhas de ar, os alvéolos). Ah, tem o sagu, aquelas pérolas que, com vinho, se transformam na clássica sobremesa gaúcha, o sagu de vinho. Tem mais: a farinha de mesa, que pode ser torrada ou crua e que também serve para preparar inúmeras receitas.

Vamos ser práticos, então. Com uma preparação doce e outra salgada, você aumenta seu repertório de receitas e aprende a cozinhar a raiz, que tem lá seus melindres. Fique tranquilo, não é nada complicado. Senão, acho que ela não seria tão popular.

A primeira é um bobó — claro que você pode ser, justamente, a pessoa que não gosta de bobó. Mas se tem um prato de que quase todo mundo gosta é esse! Em vez do tradicional da cozinha baiana, feito com camarão, vamos fazer uma versão com frango, que requer menos cuidados. Uma coisa, porém, faz toda a diferença: o leite de coco caseiro. Não sou boba nem nada e sei que no dia a dia você vai usar um vidrinho. Tudo bem, não vamos perder a nossa amizade por isso. Mas experimente, nem que seja uma única vez, preparar com leite de coco caseiro — acho que isso vale para qualquer receita que leve leite de coco. Não vou mentir: a diferença é brutal. Por isso, coloquei a receita neste capítulo.

O preparo doce é um bolinho de mandioca que é meio bom-bocado, meio mané pelado, mas que muita gente diria que é queijadinha. Facílimo de preparar; difícil comer apenas um bocado. Se você não sair correndo para fazer esse bolinho imediatamente, vai correr atrás de um post-it para marcar a página da receita (sou capaz de bater uma aposta).

E tem mais uma receita extra: a vaca atolada. Ela tem muitas qualidades. Mas a que faz o olho desta cozinheira aqui brilhar é que pode ser feita em uma panela só! Quem acompanha de pertinho o meu trabalho sabe que adoro esse tipo de receita — tenho até uma série sobre o tema no canal Panelinha no YouTube.

Ah, claro, e tem as técnicas. A gente vai revisar duas muito usadas na cozinha: selar e deglaçar.

Parêntese

Tem uma superstição da culinária baiana que é divertida de seguir: os dentes de alho devem sempre — sempre — entrar em número ímpar numa receita. Do contrário, o alho não tempera. E se a receita pedir 2 dentes? Você usa 1 grande mais 2 pequenos, oxente.

Na raiz da questão
TÉCNICA: DESCASCAR MANDIOCA

Algumas bancas das feiras livres têm para vender mandioca fresca já descascada e até ralada — ótima saída. Mas, se você quer comprar a raiz inteira, o importante é verificar se a casca está intacta, sem manchas nem machucados.

O jeito mais prático de descascar é cortando a mandioca em pedaços de uns 10 cm e fazendo uma incisão de ponta a ponta na superfície. A partir desse corte, vá puxando a casca com a faca. Quanto mais nova, mais fácil de descascar. E também cozinha mais rápido. Haja terra, hein? Antes e depois de descascar, lave a raiz.

É só depois de descascar e lavar que a gente vê se a mandioca está boa mesmo. O ideal é que a polpa, amarela ou branca, tenha cor uniforme e esteja ligeiramente úmida. Se tiver manchas, nem use: mesmo cozinhando por horas ela não fica macia.

Bem macia
TÉCNICA: COZINHAR MANDIOCA

Antes das receitas, vamos preparar a mandioca? (Ah, sim, eu sou paulistana e chamo de mandioca, tá?) Essa raiz contém um tipo de ácido, o cianídrico, que é tóxico. Por isso, não pode ser ingerida crua. Carpaccio de macaxeira? Jamais! O aquecimento, seja cozinhando ou na torrefação da farinha, elimina esse ácido.

Você pode cozinhar no vapor ou na água; na panela comum ou na pressão. O tempo varia bastante, vai de acordo com a idade da raiz. Na água ou no vapor, leva entre 40 e 60 minutos; na pressão, cerca de 20 minutos — o segredo é cobrir completamente com a água, porque, se alguma parte ficar para fora, não cozinha direito.

Antes de fechar a panela, regue com um fio de qualquer tipo de gordura (azeite, óleo, até manteiga pode). Isso ajuda a manter as vitaminas na raiz. Cozida, ela está pronta para ser consumida, ou para se transformar em outro preparo.

Selar para brilhar
TÉCNICA: SELAR

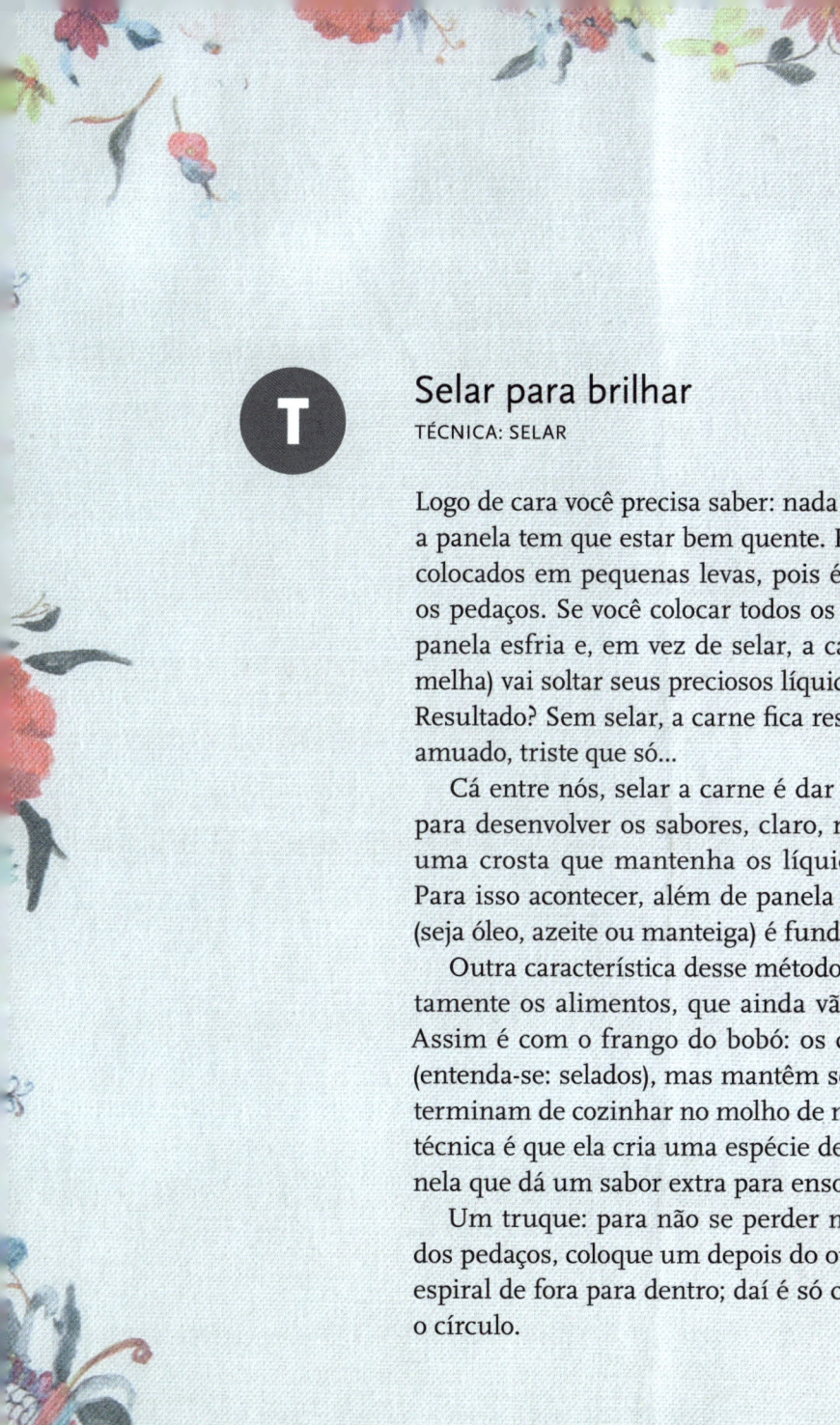

Logo de cara você precisa saber: nada de fogo baixo para este método, a panela tem que estar bem quente. E os cubos de frango devem ser colocados em pequenas levas, pois é preciso que haja espaço entre os pedaços. Se você colocar todos os cubos de uma vez, o fundo da panela esfria e, em vez de selar, a carne (seja ela de frango ou vermelha) vai soltar seus preciosos líquidos e cozinhar no próprio vapor. Resultado? Sem selar, a carne fica ressecada e o frango, branquinho, amuado, triste que só...

Cá entre nós, selar a carne é dar aquela douradinha. Isso serve para desenvolver os sabores, claro, mas principalmente para criar uma crosta que mantenha os líquidos naturais em cada pedaço. Para isso acontecer, além de panela quente, um pouco de gordura (seja óleo, azeite ou manteiga) é fundamental.

Outra característica desse método é que ele não cozinha completamente os alimentos, que ainda vão passar por outro cozimento. Assim é com o frango do bobó: os cubos de frango são dourados (entenda-se: selados), mas mantêm seus próprios líquidos, e depois terminam de cozinhar no molho de mandioca. O outro bônus dessa técnica é que ela cria uma espécie de queimadinho no fundo da panela que dá um sabor extra para ensopados, como o bobó.

Um truque: para não se perder na hora de ir virando cada um dos pedaços, coloque um depois do outro na panela, formando uma espiral de fora para dentro; daí é só começar pelo primeiro e seguir o círculo.

UI

Mói, mói, mói
UTENSÍLIO INDISPENSÁVEL: MOEDOR
DE SAL & DE PIMENTA

Pimenta-do-reino é quase como o sal: vai em quase todas as preparações salgadas. E a pimenta mais gostosa é a... moída na hora. Não tem comparação com as que já vêm moídas! E não é que o sal marinho moído também é uma maravilha? Tem menos iodo e sódio, e mais textura. Um moedor daqueles profissionais, de madeira, grandes, para cada pimenta é um excelente investimento. Já para o de sal, melhor que seja de plástico, pois ele enferrujaria as engrenagens de metal. Ah, sim, o pimenteiro precisa ter lâmina de inox, para quebrar as sementes sem danificar o utensílio. Você vai usar praticamente toda vez que cozinhar.

T

Fundo que vale o investimento
TÉCNICA: DEGLAÇAR

Depois de selar, vamos deglaçar — ou seja, transformar os queimadinhos do fundo da panela em sabor da melhor qualidade. Na verdade, é *déglacer*, mas a gente dá aquela aportuguesada amiga. Você já entendeu que a técnica consiste em desprender e dissolver os resquícios do fundo da panela em que um alimento foi selado, grelhado ou refogado — ou do fundo da assadeira em que uma carne foi assada. Isso dá um sabor especial ao preparo, que tempero nenhum é capaz de reproduzir.

O tal queimadinho precisa de um ácido para desgrudar. Na cozinha francesa, é o vinho. Mas, olhe que prático: aquele pouquinho de caldo de limão que ficou na tigela do tempero do frango é suficiente, misturado a outro tanto de água. Daí é só raspar bem com uma colher de pau até que o líquido tenha se transformado num molho.

E

Congele a mandioca
ECONOMIZE

Não é todo dia que a gente vai à feira para comprar mandioca, depois lavar a terra, descascar, lavar de novo. Deixe a vida mais prática: compre um pouco mais e faça todo esse processo de uma vez só. O que não for servir imediatamente, congele. Mas ainda crua, porque depois a raiz vai direto do congelador para a panela com água.

Bobó de frango— que pode ser de camarão

MAIS PRÁTICO E ACESSÍVEL, NO DIA A DIA O BOBÓ PODE SER PREPARADO COM PEITO DE FRANGO CORTADO EM CUBOS. O QUÊ? NÃO ABRE MÃO DO CAMARÃO? É SÓ SUBSTITUIR: O MODO DE PREPARO É IGUALZINHO

SERVE 4 pessoas TEMPO DE PREPARO 1 hora

500 g de peito de frango sem pele e sem osso
500 g de mandioca descascada
1 pimentão vermelho
1 tomate maduro
1 cebola
3 dentes de alho
1 pimenta dedo-de-moça
½ xícara (chá) de leite de coco
   (cerca de 120 ml), de preferência caseiro
caldo de 1 limão
4 colheres (sopa) de azeite de oliva
1 colher (sopa) de azeite de dendê
¼ de xícara (chá) de folhas de coentro
sal a gosto

1. Corte a mandioca em pedaços médios e transfira para uma panela de pressão. Cubra com água, regue com 1 colher (sopa) de azeite de oliva, tampe e leve ao fogo médio. Quando começar a apitar, abaixe o fogo e deixe cozinhar por 25 minutos.
2. Enquanto a mandioca cozinha, prepare os outros ingredientes: corte o frango em cubos médios de cerca de 2,5 cm, transfira para uma tigela e tempere com o caldo de limão; descasque e pique fino a cebola e o alho; lave, seque, retire as sementes e corte o pimentão e o tomate em cubinhos; lave e seque as folhas de coentro; retire as sementes e fatie fino a pimenta dedo-de-moça (para deixar o bobó mais apimentado, fatie com as sementes).
3. Após os 25 minutos, desligue o fogo e deixe toda a pressão sair antes de abrir a panela. Reserve a água do cozimento e transfira a mandioca para o copo do liquidificador. Junte 1 xícara (chá) da água do cozimento e bata até formar um creme liso. Reserve.
4. Leve ao fogo médio uma panela grande. Quando estiver quente, regue com 2 colheres (sopa) de azeite e doure os cubos de frango aos poucos, sem cobrir todo o fundo da panela — se colocar todos numa tacada só, em vez de selar e dourar, vão cozinhar no próprio líquido. Vire os cubos com uma pinça para dourar por igual. Transfira para outra tigela e repita com o restante do frango (não descarte o caldo de limão).
5. Mantenha a panela em fogo médio e faça a deglaçagem: regue com 1 xícara (chá) da água do cozimento da mandioca e o caldo de limão em que o frango foi temperado; misture bem, raspando os queimadinhos formados no fundo. Transfira esse caldo para a tigela com o frango, passando por uma peneira.
6. Diminua o fogo para baixo e, na mesma panela, adicione o azeite restante, a cebola e o pimentão. Refogue por 2 minutos, mexendo de vez em quando, até murchar. Junte o tomate e misture até desmanchar os cubinhos. Por último, adicione o alho e a pimenta dedo-de-moça. Refogue por mais 1 minuto.
7. Acrescente o creme de mandioca ao refogado e misture bem. Quando ferver, volte o frango (com o caldo) para a panela, misture e deixe cozinhar por cerca de 2 minutos. Junte o leite de coco, o azeite de dendê e misture bem. Prove e tempere com sal a gosto.
8. Desligue o fogo, salpique com as folhas de coentro e sirva a seguir, acompanhado de arroz branco.

CUIDADO: UMA VEZ QUE PROVAR O CASEIRO, VOCÊ NUNCA MAIS VAI QUERER OUVIR FALAR DE LEITE DE COCO INDUSTRIALIZADO. SEM CONTAR QUE É FÁCIL, FÁCIL DE FAZER

Leite de coco caseiro

FAZ 2 xícaras (chá) TEMPO DE PREPARO 10 minutos

2 xícaras (chá) de coco fresco ralado
2 xícaras (chá) de água filtrada

1. Num liquidificador, junte o coco e a água e bata até virar um líquido branco (cerca de 5 minutos). Por ser natural, ele não terá a espessura nem a cor superbranca dos industrializados.

2. Num pano de prato limpo (ou fralda de pano nova), coe a mistura sobre uma tigela, espremendo bem com as mãos para extrair todo o leite. Agora é só usar em preparos como moquecas, molhos, vitaminas ou doces.

Subverta seus costumes

Que tal preparar um café da manhã com mandioca, no lugar do pão? Olha que jeito gostoso de começar o dia! Essa substituição é tão comum em alguns lugares do país, e chega a ser exótica em outros. Coisas de uma nação grande como a nossa, que tem costumes tão diversos. Mas por que não aproveitar e emprestar um pouco de outras regiões para variar o cardápio de uma maneira saudável? Agora quer saber o que fica irresistível com mandioca cozida? Clara em neve, batida com açúcar! Dá até para virar sobremesa.

Bolinho de mandioca

RENDE 12 bolinhos
TEMPO DE PREPARO 15 minutos + 30 minutos para assar

MEIO BOM-BOCADO, MEIO QUEIJADINHA, MEIO MANÉ PELADO. COM CERTEZA: UM BOLINHO QUE FICA PERFEITO COM CAFÉ, E É TOTALMENTE COISA NOSSA.

1½ xícara (chá) de mandioca sem casca, ralada grosso
2 ovos
¾ de xícara (chá) de açúcar
¼ de xícara (chá) de óleo
1 xícara (chá) de queijo meia cura ralado fino (cerca de 70 g)
1 xícara (chá) de coco ralado seco (cerca de 100 g)
manteiga em temperatura ambiente para untar
farinha de trigo (ou amido de milho) para polvilhar

1. Preaqueça o forno a 180 °C (temperatura média).
2. Coloque a mandioca ralada numa tigela e cubra com ½ xícara (chá) de água.
3. Com um pedaço de papel toalha, unte 12 forminhas de muffins com uma camada fina de manteiga. Polvilhe com farinha de trigo (ou amido de milho) e chacoalhe para espalhar. Bata sobre a pia para retirar o excesso.
4. Quebre 1 ovo por vez numa tigelinha e transfira para uma tigela grande — se um não estiver bom, você não perde toda a receita. Junte o açúcar e o óleo e misture bem com um batedor de arame, até ficar um creme liso.
5. Com as costas de uma colher, aperte a mandioca numa peneira para retirar a água. Junte a mandioca na mistura de ovos, acrescente o coco e o queijo ralados. Misture com a colher, apenas para incorporar os ingredientes — o resultado é uma massa mais líquida com pedaços de mandioca, queijo e coco.
6. Coloque a massa às colheradas nas forminhas preparadas, sem ultrapassar a borda (o bolinho cresce). Não aperte a massa nas forminhas. Se a massa na tigela começar a se separar, misture antes de transferir para as forminhas.
7. Leve ao forno preaquecido para assar por cerca de 30 minutos, até dourar. Retire do forno e deixe esfriar antes de desenformar.

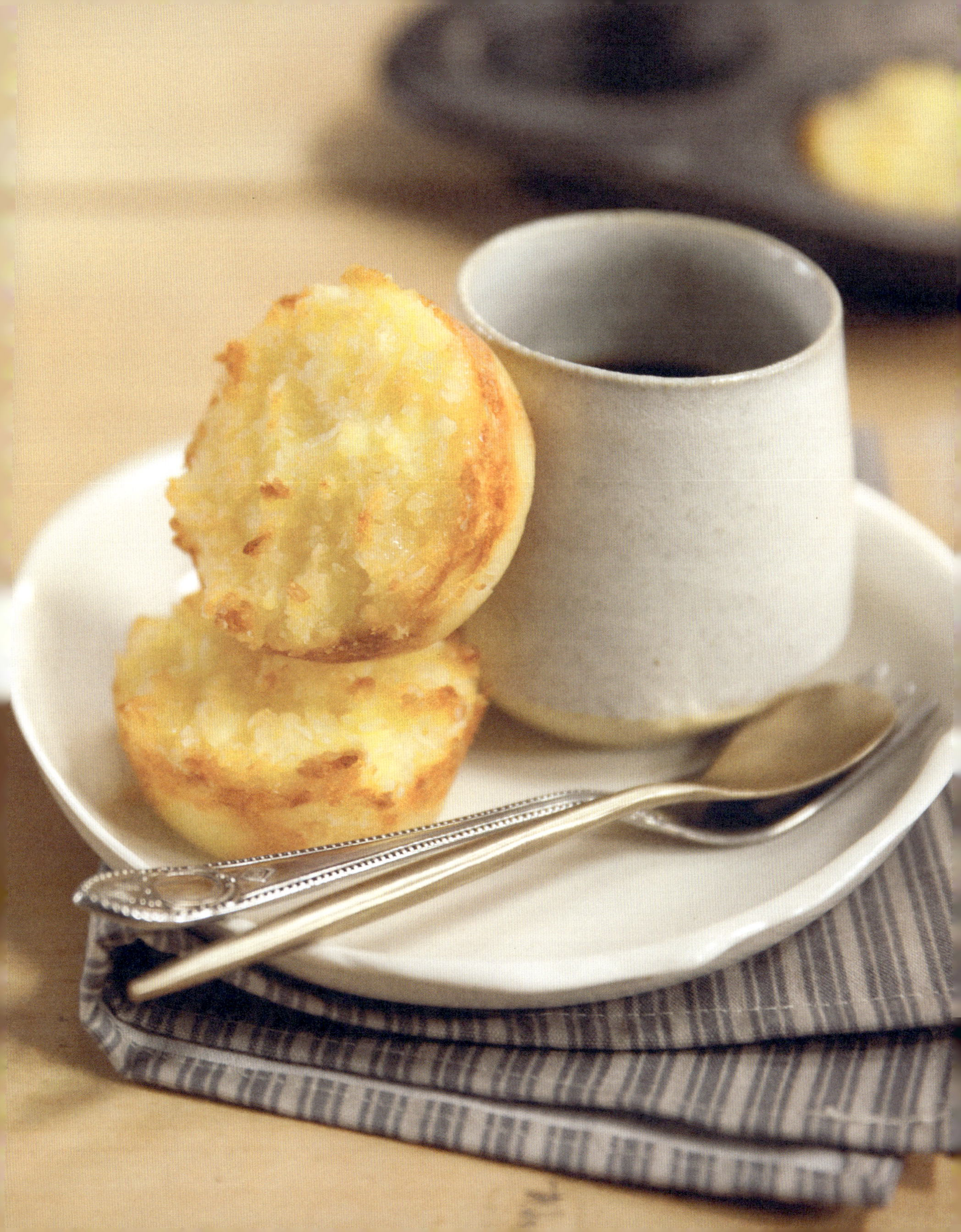

MESMO COM ESTE NOME POUCO SINGELO, O PRATO CRIADO PELOS TROPEIROS SE TORNOU UM CLÁSSICO. NÃO TINHA COMO SER DIFERENTE: O SABOR É DE ALTO NÍVEL E O PREPARO É FÁCIL—VAI TUDO EM UMA PANELA SÓ, E NEM PRECISA DE ACOMPANHAMENTO

Vaca atolada

SERVE 4 pessoas
TEMPO DE PREPARO 15 minutos + 1 hora para cozinhar

1½ kg de costela bovina
3 mandiocas pequenas
2 cebolas médias
2 dentes de alho
2 tomates
3 colheres (sopa) de farinha de trigo
1 colher (sopa) de vinagre
1 litro de água fervente
2 colheres (sopa) de óleo
folhas de salsinha fresca a gosto

1. Faça o pré-preparo: pique fino as cebolas; descasque e pique os dentes de alho; descasque, retire as sementes e corte os tomates em cubinhos.
2. Numa tigela, tempere as costelas com sal e pimenta-do-reino. Salpique a farinha e misture.
3. Leve uma panela de pressão com o óleo ao fogo médio. Quando aquecer, doure as costelas, em etapas, por cerca de 2 minutos de cada lado. Não amontoe no fundo da panela! Transfira para um recipiente.
4. Na mesma panela, abaixe o fogo e refogue a cebola, mexendo bem, por cerca de 3 minutos. Regue com ¼ de xícara (chá) de água e raspe bem o fundo da panela (esse fundinho vai dar sabor ao molho). Junte os tomates, o vinagre, e cozinhe por 5 minutos. Retorne as costelas à panela e regue com 3 xícaras (chá) de água, de preferência fervente. Tampe a panela e, quando começar a apitar, conte 30 minutos.
5. Enquanto isso, descasque e corte as mandiocas em rodelas de cerca de 2 cm.
6. Desligue o fogo e, quando toda a pressão sair, abra a panela. Se quiser acelerar, coloque a panela sob água corrente fria (ou levante a válvula com um garfo, mas saiba que isso costuma encurtar a vida útil da panela de pressão).
7. Junte a mandioca e complete com ¾ de xícara (chá) de água. Deixe cozinhar por 30 minutos, mexendo de vez em quando para não queimar. Quando a mandioca estiver macia, está pronto. Na hora de servir, salpique folhas de salsinha fresca.

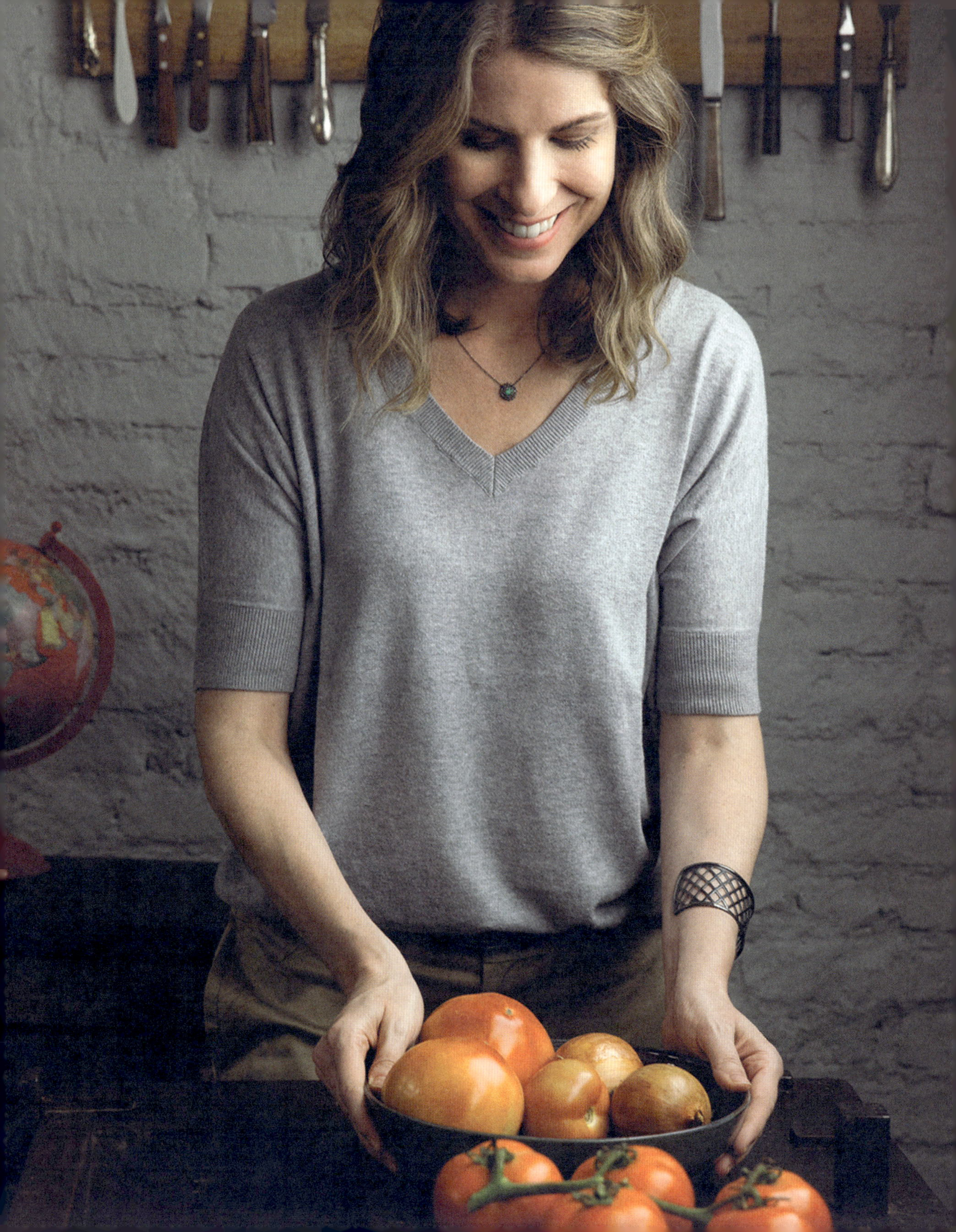

CAP. 8 — TOMATE

Too much tomate?

Para muita gente, prático mesmo é comprar molho de tomate pronto, em caixinha — ou enlatado. É o seu caso? Então a gente vai rever esse conceito aí. Se não for, não pule estas linhas, porque tem um monte de truque bom para aproveitar melhor esse alimento. Ah, sim: o tomate é o ingrediente da vez. E tem tanta coisa para falar sobre ele!

Tomate nunca é demais: rende saladas variadas, pode ser recheado e assado, faz uma porção de tipos de molho... Mas não é qualquer tipo que serve para preparar um molho saboroso, sabia?

Por isso, vamos conhecer as principais variedades comercializadas no Brasil e descobrir qual é boa para salada e qual usar para fazer molho. Aliás, verdade seja dita, uma lata de tomate pelado italiano não é uma variedade encontrada na natureza, mas é indispensável na cozinha — o tomate plantado do Brasil é muito aguado e, consequentemente, tem menos sabor (e também costuma ser mais ácido). Já vou logo alertando: a lata de tomate pelado não tem nada a ver com molho de tomate enlatado, que, sinceramente, não dá. "Leia o rótulo, leia, minha filha", diria a minha mãe. O problema não é a comida industrializada e, sim, a ultraprocessada.

Então vamos preparar um molho que mistura tomates frescos com uma lata de tomate pelado. E vai ficar pronto num piscar de olhos. Existem muitas receitas de molho, mas basicamente dois tipos de cozimento: longo, que produz aquele molho bem adocicado, típico de cantina; ou curto, mais fresco, um teco mais ácido, mas ideal para a cozinha do dia a dia.

Molho feito, vamos às almôndegas caseiras, que são assadas. Acha que acabou por aí? Vamos ver também uma salada de tomate que surpreende. Acha impossível? É sério! Uma técnica simples vai deixar a textura dos tomates crus bem diferente. E mais: como prevejo que você vai riscar a lata de molho de tomate pronto da lista do supermercado, já deixei aqui uma receita para a etapa seguinte da sua vida na cozinha: fazer um ketchup caseiro!

É A FESTA DO TOMATE

Como tem tomate, não? Que bom, assim a gente pode escolher o preferido e também variar sabor, textura e tamanho. O que se deve levar em conta, na hora de comprar, é o preparo da vez, pois alguns tomates são melhores para salada e outros, para molho. A saber:

O mais comercializado no país é o **carmem**, também conhecido como "longa vida". A desvantagem é o sabor, um pouco aguado. Pode ser usado em saladas ou recheado, no forno. Para molho, além de não ter muito sabor, fica meio alaranjado, culpa do gene que melhora sua conservação.

Outro bastante comum é o **tomate caqui**. Não é adocicado, tem boa acidez e frescor, por isso, não é bom para molhos, mas vai muito bem em saladas e é ótimo para fazer vinagrete para o churrasco. É firme e dura bem na geladeira (aliás, pessoalmente, gosto de tirar o tomate umas horas antes, porque fica mais saboroso em temperatura ambiente).

O mais legal do tipo **holandês** é a apresentação: vem em ramos, do jeito como é colhido. Fica lindo assado! Na hora de comprar, olhe os ramos: têm que estar bem verdes. É um tipo com baixa acidez e doçura acentuada. Por causa do tamanho, fica gracioso na salada.

Levemente achatado nas extremidades, o famoso **débora** é um tomate melhorado que deriva do santa cruz—outros parentes são o santa clara, carina, delta, kombat. Esse último diz tudo: são tomates de combate, que servem para salada e molho, apesar de serem um pouco ácidos. O débora é usado para fazer tomate seco, aquele ícone gastronômico da década de 1980. É mais carnudo que o caqui e o carmem, porém, tem mais semente e água que o italiano.

Justamente porque tem menos semente e água do que o débora, o **italiano** é o melhor para fazer molhos: tem polpa sólida, adocicada, com pouca semente. Para reconhecer na gôndola: o formato é alongado, oval, e ele é mais sensível. Mas não nos enganemos: mesmo sendo do tipo italiano, são plantados no Brasil, país de terra rica, mas que produz tomates aguados...

O minitomate mais conhecido por aqui é o **cereja**, com intenso sabor adocicado e alto teor de água. Ótimo para fazer espetinhos de canapés e saladas em geral.

O **sweet grape** parece uma evolução do cereja: é mais doce, mais carnudo. Alongadinho, parece um mini-italiano. *Grape* é "uva" em inglês, e, de fato, esse tomate parece uma versão da uva thompson, sem semente.

Cereja

Débora

Italiano

Sweet grape

Caqui

Holandês

T

Pelado. Nu!
TÉCNICA: PELAR TOMATE — BRANQUEAR OU CONGELAR

Hora de colocar os tomates para trabalhar. O molho pede tomates descascados. Mas a casca do tomate é uma questão: de tão fina, é chamada de pele. Como pelar? Jogue esse assunto na roda e vai ver que tem gente que faz assim, tem gente que faz assado. Ou melhor, branqueado ou congelado. Seja qual for o método, os dois são mais eficientes do que usar a faca ou o descascador.

BRANQUEAR
Lembra da técnica para pré-cozinhar e deixar a cor da couve-flor mais vibrante, que aparece no capítulo do frango? É a mesma que a gente vai usar aqui. Neste caso, ela serve apenas para soltar a pele do tomate. Lave os tomates e, com a ponta da faca, risque um xis na base de cada um — isso vai ajudar a pele a se soltar depois. Leve ao fogo uma panela com água suficiente para cobrir os tomates. Enquanto a água esquenta, prepare uma tigela com gelo, cubra com água e deixe na bancada. Quando a água da panela ferver, coloque os tomates: a pele vai começar a abrir e esse é o sinal para retirar com uma escumadeira e transferir um a um para a tigela com gelo. Uma resfriadinha e pronto; o choque térmico vai facilitar o trabalho. Descasque o tomate feito banana!

CONGELAR
Sabe aquele tomate que está quase passando do ponto? Tem salvação! Retire o "olho" do fruto e congele por até 3 meses. Tire do congelador 40 minutos antes de começar a cozinhar. Parece mágica: é só puxar a pele com os dedos. Juro! Aliás, se você é do tipo que consegue se programar e se lembrar de colocar os tomates no congelador no dia anterior, esta dica é boa para você: dá para tirar a pele sem aferventar nem dar choque térmico. Um detalhe: não dá para tirar as sementes, pois cortar o tomate congelado seria um desafio. Solução? Passe no ralador.

T

Com ou sem semente?
TÉCNICA: TIRAR A SEMENTE DO TOMATE

Para fazer o molho, tirar as sementes do tomate é opcional. Quer dizer, se eles não estiverem muito maduros, melhor tirar, pois elas são mais ácidas. (No entanto, vai embora junto com as sementes uma outra camada de sabor, o umami — conhecido como o quinto sabor.)

O jeito mais prático é cortando o tomate na metade, no sentido horizontal; segure uma das metades e, usando o dedão como se fosse uma pá, retire as sementes. Como eles vão para o liquidificador, você pode cortar em cubos grosseiramente, mas não deixe de retirar um miolo que prende aquele "olho" do tomate.

Se preferir, veja a técnica em vídeo no Canal Panelinha do YouTube.

Molho de verdade em 6 minutos

Com os tomates já pelados, é hora de partir para uma receita que é fundamental no seu repertório: o molho de tomate caseiro. A deste capítulo é especial, pois a gente consegue o melhor sabor no menor tempo de cozimento. São apenas 6 minutos! Para dar certo, observe alguns pontos.

O TOMATE
Tudo começa com a escolha da variedade. O ideal para molho é o italiano, mais doce, com menos sementes e de pele mais fina. Mas, se onde você mora não tem, a segunda melhor opção é o débora. Seja qual for o tipo, os frutos devem estar maduros.

A LATA DE TOMATE
Os tomates pelados em lata ajudam a encorpar o molho, que tende a ficar aguado se feito apenas com os tomates nacionais (já que o nosso italiano não é tão italiano assim...). Não confunda com molho pronto, que é um alimento não só industrializado, mas ultraprocessado — contém realçador de sabor, espessante, sódio e vários ingredientes com nome de produtos químicos (coisa boa não é!).

MENOS ACIDEZ
Nos molhos de cozimento longo, a acidez vai indo embora com o tempo (e, muitas vezes, com a ajuda da cenoura). Nesta versão rápida, a pitada de açúcar é que ajuda a amenizar a acidez e equilibrar o sabor.

SEGREDO DE CHEF 1
Nosso molho poderia ter cebola e alho refogados; vai do gosto do freguês. A versão que vou sugerir é menos temperada, mas vai ao fogo com ½ cebola, apenas descascada, e que sai de cena no fim do cozimento. É um segredo que aprendi num livro da Marcella Hazan, autora famosa sobre cozinha italiana. A cebola perfuma na medida, sem deixar pedacinhos.

SEGREDO DE CHEF 2
Para finalizar o preparo, vai 1 colherada de manteiga, depois de desligar o fogo, para deixar uma textura ainda mais aveludada. Se você for congelar o molho, deixe para colocar a manteiga depois de descongelar; só funciona na hora de usar mesmo.

QUESTÃO ESTÉTICA
Na receita a seguir, você vai notar que peço para bater os tomates no liquidificador antes de refogar. Já explico aqui o motivo: ele vai ficar alaranjado se for da panela para o liquidificador, pois o óleo emulsiona o tomate. Prefiro a versão avermelhada, sempre.

Molho rápido de tomate

SERVE 4 porções   TEMPO DE PREPARO 20 minutos

MOLHO DE TOMATE É A BASE DA SABOROSA COZINHA ITALIANA. QUANTO MAIS LENTO O COZIMENTO, MAIS GOSTOSO ELE FICA. MAS NOSSA COZINHA É PRÁTICA, POR ISSO O PREPARO CHEGA À MESA EM MENOS DE MEIA HORA — E FICA DELICIOSO!

4 tomates italianos maduros
1 lata (400 g) de tomate pelado em cubos (com o líquido)
10 folhas de manjericão
3 colheres (sopa) de azeite
2 colheres (sopa) de manteiga
½ cebola
1 pitada generosa de açúcar
1 colher (chá) de sal
1 pitada de pimenta-do-reino moída na hora

1. Lave e retire a pele dos tomates: leve uma panela média com água ao fogo alto. Enquanto isso, corte um xis na base de cada tomate e prepare uma tigela com água e gelo. Assim que a água ferver, coloque os tomates; quando a pele começar a soltar, retire com uma escumadeira e transfira os tomates para a tigela com gelo — o choque térmico faz com que a pele se desprenda. A partir do corte em xis, puxe e descarte a pele.
2. Numa tábua, corte os tomates em pedaços e transfira para o copo do liquidificador (se quiser, retire e descarte as sementes). Junte o tomate pelado (com o líquido) e bata até ficar liso.
3. Corte ao meio uma cebola e descasque apenas a metade. Reserve a outra para outra preparação. Lave e seque as folhas de manjericão.
4. Coloque 3 colheres (sopa) de azeite numa frigideira grande e leve para aquecer em fogo médio. Junte metade do manjericão e deixe fritar por apenas 2 minutos.
5. Acrescente o tomate batido, tempere com o sal, a pimenta-do-reino e o açúcar. Misture, junte a cebola (sem picar) e deixe cozinhar por 6 minutos.
6. Desligue o fogo, acrescente o restante do manjericão e a manteiga — ela deixa o molho ainda mais aveludado —, e misture até derreter. Sirva a seguir.

E Congele o molho de tomate
ECONOMIZE

Ter um molho de tomate natural no freezer é como encontrar dinheiro no bolso da calça, sabe? Dá uma alegria! Tem um jeito de congelar que é bem inteligente porque não ocupa espaço e é fácil de descongelar. Primeiro, escreva em saquinhos plásticos de fechamento hermético (com caneta permanente) o conteúdo e a data; coloque o molho até a metade e use um canudinho para sugar o ar; feche completamente o saquinho e leve ao congelador numa assadeira. Depois de congelado, o molho fica plano, e a assadeira sai do freezer. Quando quiser usar, basta abrir e quebrar a "folha" de molho direto na panela. Dura até 6 meses no congelador.

Almôndegas assadas

A TRADICIONAL RECEITA GANHA
100 GRAMAS DE NOVIDADE:
PERNIL SUÍNO. E, EM VEZ DE FRITAS,
ELAS SÃO ASSADAS. SIRVA COM
MOLHO DE TOMATE NO ALMOÇO
DE DOMINGO, OU COM SALADINHA
FRESCA NO MEIO DA SEMANA. COM
CERVEJA, VIRA PETISCO!

faz 25 almôndegas tempo de preparo 25 minutos + 15 minutos no forno

Isso é que é almôndega!

Se ainda não incluiu almôndegas no cardápio de casa, tenho certeza de que, depois de ler este trecho, vai introduzir imediatamente. A não ser que todos por aí sejam vegetarianos... As bolinhas de carne são amadas pelas crianças, vão bem até em temperatura ambiente com salada e, para os solteiros, é petisco dos bons. Com molho de tomate, ficam perfeitas!

UM TOQUE
O segredo desta receita é que ela leva carne de vaca e um tantinho de carne suína. Totalmente demais, né?

LIGA CAMPEÃ
O primeiro passo é hidratar o miolo do pão com leite para criar uma espécie de colinha que ajuda a fazer as bolas de carne. Tecnicamente, essa cola se chama liga secundária, e a gente usa quando a proteína não é suficiente para dar estrutura. Esta, feita à base de amido, se chama panade. Ela segura a parte gordurosa da mistura básica porque absorve os sucos naturais durante a cocção. Os tipos mais usados de panade são pão embebido em leite, farinha, arroz cozido e batata cozida.

DICA DA *NONNA*
Jogar a almôndega de uma mão para outra, ou mesmo bater e jogar a carne na tigela, melhora a liga porque o choque ativa o colágeno da carne. Isso ajuda a almôndega a não se desmanchar na hora de fritar ou assar. As *nonnas* não têm tempo para fazer figuração, não, meu bem.

400 g de patinho moído
100 g de pernil suíno moído
2 pães franceses
¼ de xícara (chá) de leite
2 dentes de alho
½ xícara (chá) de queijo parmesão ralado fino (cerca de 40 g)
1 ovo
salsinha fresca picada a gosto
sal e pimenta-do-reino moída na hora a gosto

1. Preaqueça o forno a 200 °C (temperatura média). Unte uma assadeira grande com azeite. Retire as carnes da geladeira e mantenha em temperatura ambiente enquanto prepara os outros ingredientes.
2. Retire o miolo dos pães e misture com o leite numa tigela grande — essa misturinha, chamada panade, ajuda a estruturar a massa da almôndega.
3. Descasque e pique fino o alho. Lave, seque e pique fino a salsinha.
4. Quebre o ovo numa tigelinha e junte ao miolo de pão umedecido. Acrescente as carnes, o alho e tempere com sal e pimenta-do-reino moída na hora a gosto. Misture bem com as mãos, até formar uma massa homogênea.
5. Forme uma bolota de carne e arremesse contra a tigela algumas vezes — esse choque ativa o colágeno da carne e evita que as almôndegas desmanchem na hora de fritar ou assar.
6. Por último, misture o queijo ralado e a salsinha.
7. Para modelar as almôndegas, unte as mãos com azeite e faça bolinhas do tamanho de uma bola de pingue-pongue, ou de golfe. Distribua as almôndegas na assadeira, deixando um espaço de cerca de 1 cm entre elas.
8. Leve ao forno preaquecido para assar por 15 minutos ou até as almôndegas começarem a dourar — não deixe muito tempo no forno, elas podem ressecar. Sirva a seguir.

Igual, mas diferente
TÉCNICA: SALGA SECA

Fico com a impressão de que você me lê desconfiadíssimo! Como surpreender com uma saladinha de tomate, não é mesmo? A receita a seguir prova e comprova: eles passam por um processo de desidratação que muda completamente sua textura (nada a ver com o tomate seco). Confie, confie.

O processo se chama salga seca; conhece essa técnica? Consiste em aplicar o sal sólido diretamente no alimento para desidratá-lo. Para a salada, corte o tomate em gomos (não sei você, mas acho mais gostoso comer tomates cortados em gomos quando o preparo é salada), transfira para uma peneira, apoiada sobre uma tigela, e... sal grosso neles! Depois de 24 horas, o sal terminou seu trabalho: os tomates soltaram seus líquidos na tigela e ficaram mais carnudos.

Nem se preocupe com o sal; é só tirar o excesso chacoalhando gomo a gomo na pia, ou mesmo dando uma enxaguada rápida. Em tempo: usei os tipos carmem e débora, que contêm bastante água, mas a técnica vale para qualquer tomate.

UI

Mil e uma utilidades
UTENSÍLIO INDISPENSÁVEL: PENEIRA

Já pensou em uma cozinha sem peneira, que perrengue? Ela serve para tanta coisa! Desidratar o tomate, tirar o amargo da berinjela (veja no capítulo das ervas frescas), escorrer, peneirar farinha para deixar a massa do bolo mais delicada, dar uma lavadinha em grão-de-bico enlatado. Serve até para escorrer pequenas porções de macarrão. Confesse: você nem imaginava que ela era tão indispensável assim. Invista em uma boa peneira, de pelo menos 20 cm de diâmetro. A de inox é melhor que a de náilon: além de durar muito tempo, não pega cor, nem gosto (alô, beterraba!).

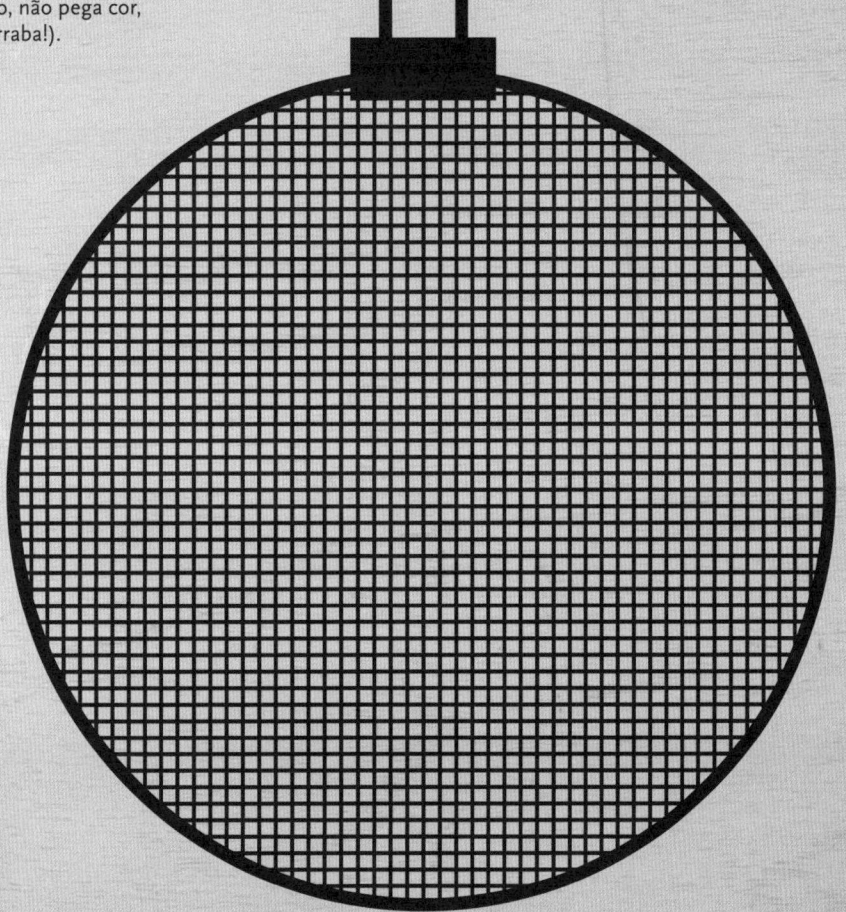

Salada de tomate com segurelha

SERVE 6 pessoas TEMPO DE PREPARO 15 minutos + 24 horas para desidratar os tomates

4 tomates maduros
2 colheres (sopa) de sal grosso
2 colheres (sopa) de segurelha
azeite a gosto para servir

1. Lave bem os tomates em água corrente. Corte cada tomate em 8 gomos: primeiro corte uma tampa, vire para baixo na tábua e corte em cruz e, depois, em xis, formando as 8 partes.
2. Transfira os gomos de tomate para um escorredor de macarrão ou uma peneira. Salpique o sal grosso e metade da segurelha, misture para envolver bem todos os gomos com o sal.
3. Coloque o escorredor (ou peneira) sobre uma tigela, cubra os tomates com filme e leve à geladeira por 24 horas — o filme evita que os tomates peguem gosto de outros alimentos que estejam no refrigerador.
4. Na hora de servir, retire a tigela da geladeira. Descarte a água que saiu dos tomates e chacoalhe delicadamente cada gomo para retirar o excesso de sal grosso.
5. Transfira os tomates para uma travessa, regue com azeite e o restante da segurelha. Sirva a seguir com salada de folhas verdes.

PARECE UMA SALADA DE TOMATE COMO OUTRA QUALQUER, MAS NÃO É. UMA TÉCNICA MUDA TUDO! DESIDRATADOS, OS GOMOS GANHAM NOVA TEXTURA, ALÉM DE UM TEMPERO QUE NÃO É DOS MAIS COMUNS. VOCÊ VAI (SE) SURPREENDER

JÁ QUE O MOLHO DE TOMATE
COMPRADO PRONTO FOI RISCADO
DA SUA LISTA DE COMPRAS,
QUE TAL EXCLUIR TAMBÉM
O KETCHUP? ESTA RECEITA É MAIS
SAUDÁVEL E MUITO MAIS GOSTOSA
QUE A INDUSTRIALIZADA

faz 3½ xícaras (chá) (cerca de 1 kg)   tempo de preparo 45 minutos

Ketchup caseiro

1 kg de tomate débora
2 latas de tomate pelado em cubos
   (com o líquido)
1 talo de salsão
1 cebola
3 dentes de alho
2 colheres (sopa) de azeite
1 colher (chá) de coentro em pó
1 colher (chá) de sementes de erva-doce
1 colher (chá) de gengibre em pó
1 colher (chá) de cravo-da-índia em pó
3 colheres (chá) de sal
pimenta-do-reino moída na hora a gosto
½ xícara (chá) de água
½ xícara (chá) de vinagre de vinho branco
½ xícara (chá) de açúcar mascavo

1. Leve ao fogo alto uma panela com água até a metade. Enquanto isso, lave os tomates. Com uma faca, corte um xis na base de cada um. Prepare uma tigela com água e gelo. Quando a água na panela começar a ferver, coloque o tanto de tomates que couber e deixe aferventar até que a pele comece a se soltar. Com uma escumadeira, retire e transfira os tomates para a tigela com gelo — o choque térmico faz com que a pele se desprenda mais facilmente. A partir do corte em xis, puxe a pele e descarte. Repita com todos os tomates.
2. Numa tábua, divida os tomates ao meio, descarte as sementes e corte em cubinhos. Descasque e pique fino a cebola e o alho. Lave e fatie o talo do salsão e descarte as folhas.
3. Descarte a água e leve a panela ao fogo médio. Regue com o azeite e refogue a cebola por cerca de 3 minutos, até dourar. Junte o alho e o salsão e refogue por mais 1 minuto. Misture o coentro em pó, as sementes de erva-doce, o gengibre em pó, o cravo-da-índia em pó, o sal e a pimenta-do-reino.
4. Adicione os tomates picados e o enlatado com o líquido. Regue com a água e misture. Quando ferver, deixe cozinhar por cerca de 20 minutos, até reduzir à metade.
5. Desligue o fogo e transfira o molho para o liquidificador. Bata até ficar liso, pressionando bem a tampa com um pano de prato — isso evita que o vapor empurre e abra a tampa.
6. Volte o molho para a panela, junte o açúcar e o vinagre e leve ao fogo médio. Quando ferver, abaixe o fogo e deixe cozinhar por cerca de 10 minutos, mexendo de vez em quando, até engrossar — lembre que, quando esfriar, o molho vai engrossar mais.
7. Transfira para vidros esterilizados com fechamento hermético e deixe esfriar em temperatura ambiente. Quando estiver frio, tampe e mantenha na geladeira por até 3 semanas.

CAP. 9 — PÃO

Pão para já!

A origem da palavra *companheiro* é linda. Vem do latim, *cum panis*: a pessoa com quem dividimos o pão. Mas companheiro é também aquela pessoa em quem a gente confia, com quem dividimos as nossas ideias, vitórias, derrotas — ou aquele que nos ajuda na sova do pão, porque, companheiro, dá uma canseira! O pão é um alimento muito simbólico, e não poderia ficar de fora deste nosso "curso de culinária" dos básicos da cozinha

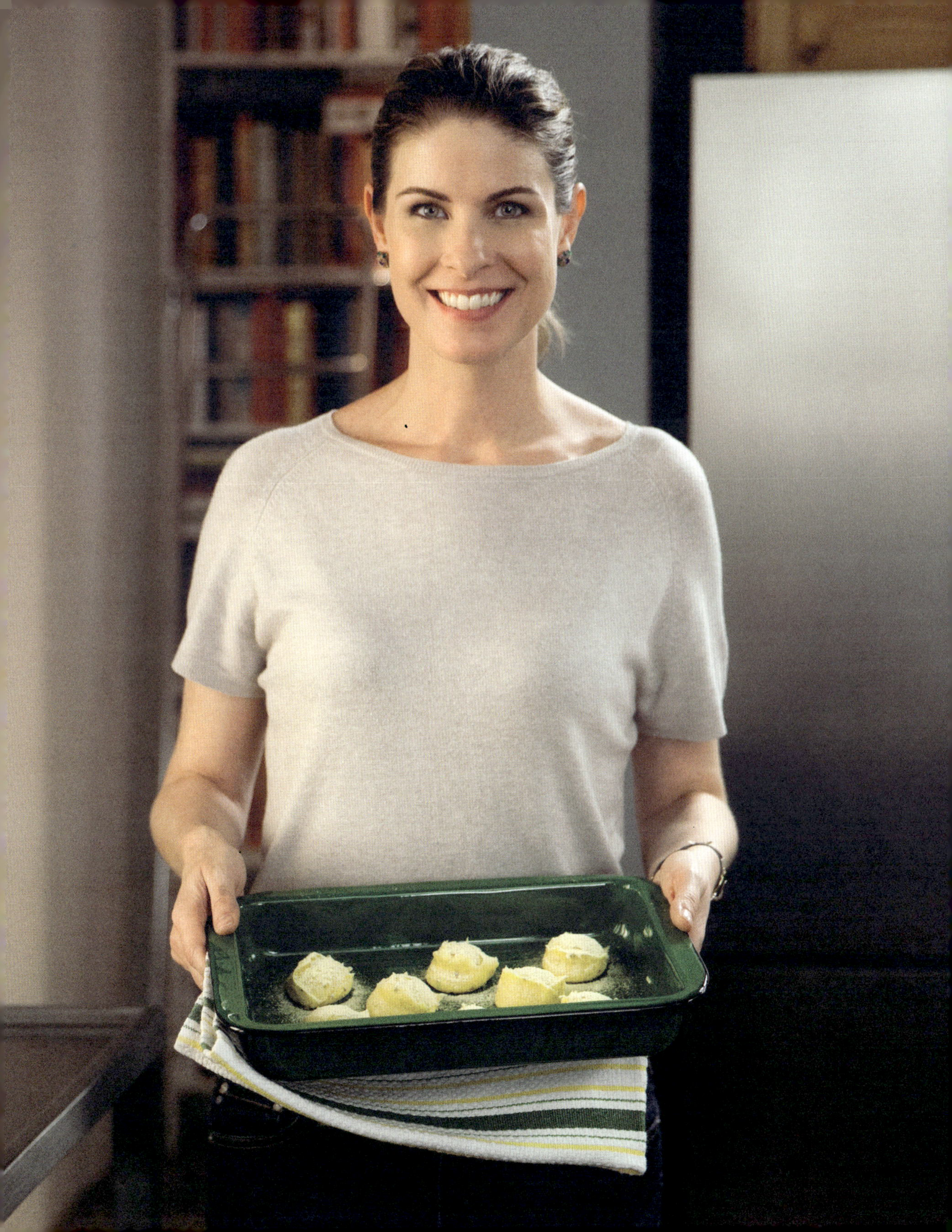

Mas aí vem uma questão de ordem prática: quem tem paciência de esperar 24 horas só para o pão fermentar?

Não trabalhamos com problemas; apresentamos soluções: escolhi duas receitas que não precisam de fermentação, oras. Você vai terminar este capítulo sabendo fazer uma deliciosa broinha de milho, bem brasileira, e o chapati, um pão achatado, feito na chapa, como eram feitos os pães originalmente, antes de o fermento existir. Com essas duas receitas, dá para aprender técnicas interessantes, como sovar a massa (na bancada e dentro da tigela!); abrir a massa com rolo; assar no forno, na chapa e até na chama. Tem até como modelar pão usando bico de confeiteiro.

Como o chapati é perfeito para petiscar, selecionei também duas receitas de pastas que vão muito bem com ele: uma de abacate (pode chamar de guacamole desconstruído, risos), outra de grão-de-bico (um homus a jato). Aqui a gente divide o pão e as receitas!

O PÃO ORIGINAL

Nada melhor do que o primeiro pão do mundo para inaugurar suas atividades na panificação. Tem gente que começa, se apaixona, e não para nunca mais! Se você não tem muito jeito na cozinha, garanto que acerta este preparo.

A receita é bem explicadinha, mas é preciso prestar atenção em alguns pontos: a farinha integral precisa ser bem fina; caso a que você encontrou para comprar não seja, passe na peneira, porque, se tiver farelos, não vai funcionar. A água é colocada aos poucos e, dependendo da farinha, vai menos do que uma medida inteira. Mexa com a ponta dos dedos e, mesmo que a massa esteja grudenta, não coloque mais farinha, senão o pão vai ficar pesado. Assim que os ingredientes estiverem bem agregados, você pode fazer um intervalo de 10 minutos. Esse pequeno descanso faz com que a farinha absorva melhor a água. Não é obrigatório, mas ajuda.

O chapati tem muitas vantagens: é 100% integral, não precisa fermentar, e é assado na chapa — parece brincadeira de criança quando as bolhas começam a se formar. Dá para finalizar ali mesmo, na chapa — leia-se frigideira —, ou diretamente na chama, mas apenas até inflar.

Esse pão cai bem em qualquer horário: quentinho no café da manhã, ou no happy hour, acompanhado de picles, saladinha de tomate (que tal a do capítulo do tomate?) e pastinhas mil. Vale de ricota, de abacate, coalhada seca. Homus é imbatível. Daí a gente faz como na Índia, onde ele aparece em todas as refeições: usa o pão como talher, para pegar a comida. Ah, para manter os pãezinhos macios, conserve em um saco plástico fechado por até 3 dias.

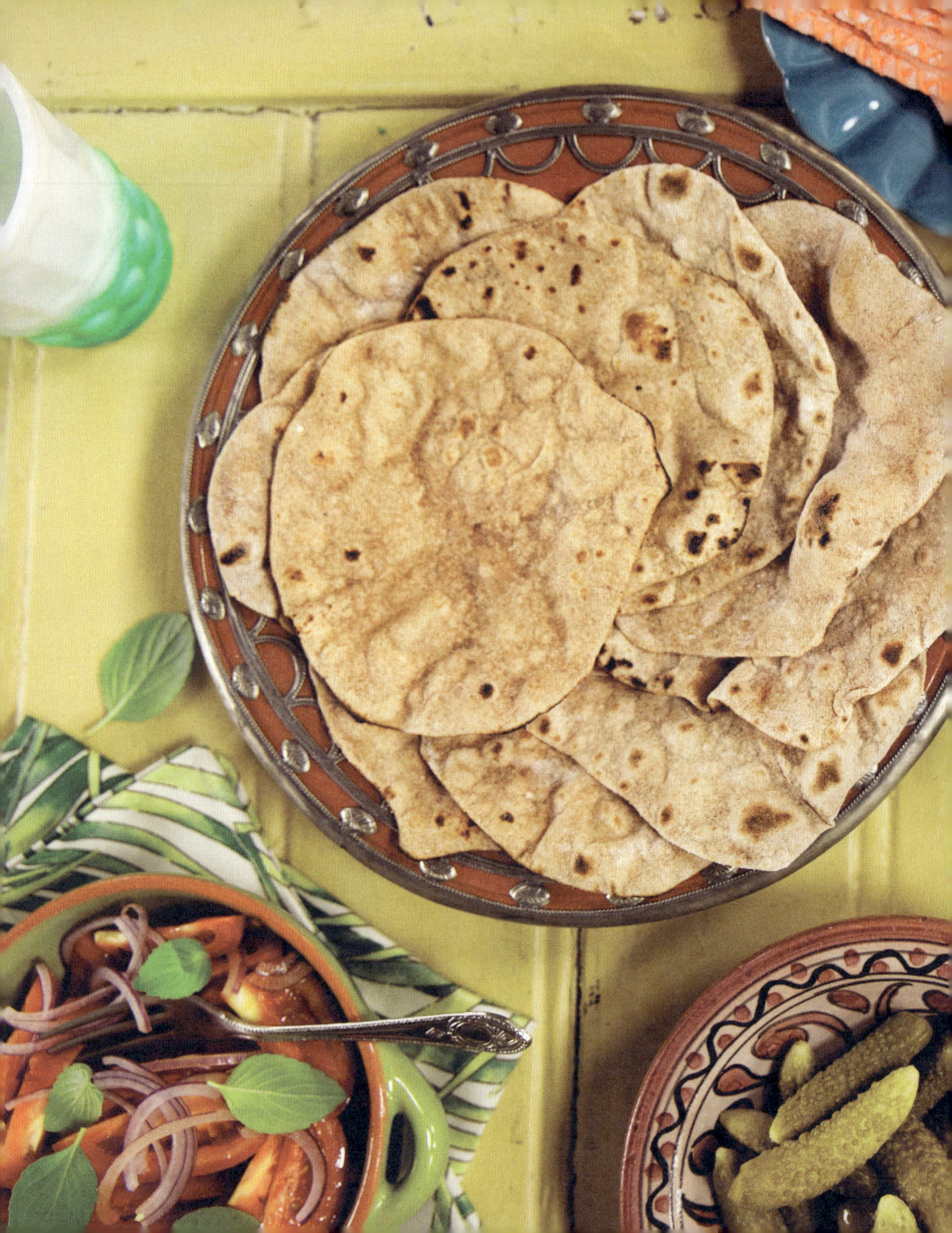

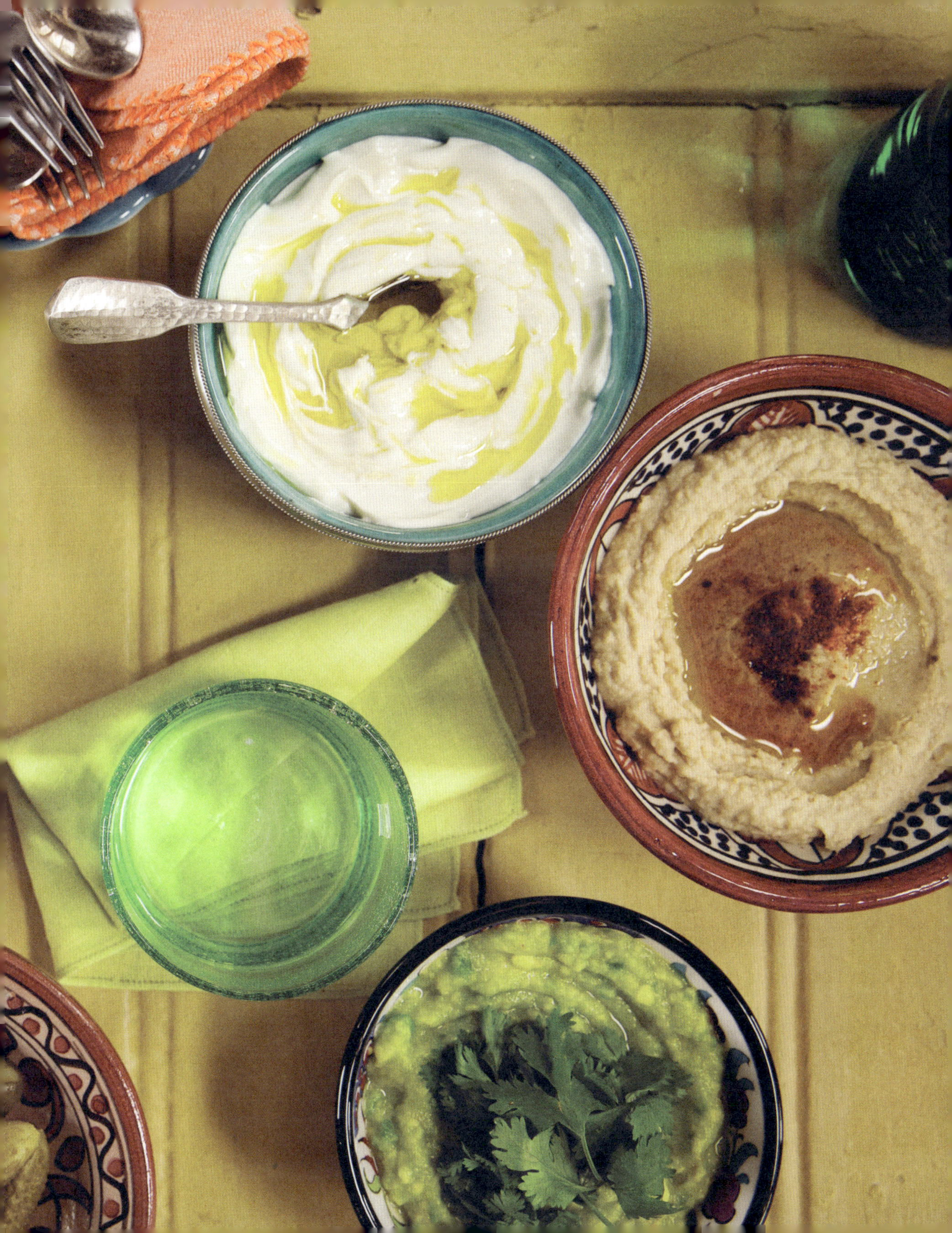

Amassa essa massa
TÉCNICA: SOVAR

Na hora de sovar, dê atenção total à tarefa. Trabalhar muito bem a massa é importante para deixar a textura homogênea e, mais ainda, para formar as cadeias de glúten, que fazem o pão ficar leve e macio. Então dobre, amasse, estique, dobre e amasse novamente. Faça movimentos repetidos, com ritmo—a sova adora movimentos mecânicos. Otimize o exercício: use o peso do corpo sobre os braços e aproveite para se apoiar naquele "gordinho" das mãos, sabe?, é a parte lateral inferior e externa da palma (que desafio essa localização!). Sove por, pelo menos, 5 minutos, observando se a massa vai ficando mais elástica, mais macia e homogênea. O ideal, mesmo, é conseguir manter a sova por 10 minutos.

NA BANCADA
É preciso enfarinhar a superfície de trabalho para que a massa não grude. Melhor usar farinha branca, mas, antes disso, limpe muito bem a bancada—tem gente que finaliza com álcool 70%, que é para não ter dúvida.

NA TIGELA
Luiz Américo Camargo, autor de *Pão nosso*, também da Editora Panelinha, é expert em fazer pão em casa. Ele explica que a sova caseira, com quantidades de ingredientes pequenas, pode ser feita dentro de uma tigela. E convence a gente com um argumento definitivo: não suja a bancada! Animou?

Dois segredinhos: não desperdice um grama de farinha; vá soltando com os dedos aqueles grudadinhos na parede da tigela e incorpore à mistura. O outro é colocar um pano de prato embaixo da tigela para evitar que ela fique dançando descaradamente na sua frente enquanto você sua na sova.

T

Rolando, rolando
TÉCNICA: ABRIR MASSA COM ROLO

A massa pronta vira uma cobrinha, que é cortada em 10 pedaços pequenos. Cada pedaço vira uma bolinha, que vai ser aberta com um rolo. O objetivo é aplainar e esticar até que ela fique o mais fina possível — mais que pão árabe.

É preciso passar farinha na bancada e no rolo, pois, quanto mais fina a massa fica, mais ela gruda. O utensílio rola da massa para cima. E da massa para cima. E da massa para cima de novo. Porém, antes de voltar o rolo, você roda o sentido da massa e vira o disco de lado.

Rolou um tédio? Não se deixe abater: você pode girar o rolo, em vez da massa. Faça no sentido de uma cruz, posicionando o rolo, de partida, sempre no meio. E vai do meio da massa para cima, depois do meio para baixo, para um lado, para o outro. O cuidado maior é não rasgar o pão.

UI

Para não dar rolo
UTENSÍLIO INDISPENSÁVEL: ROLO

Para fazer o chapati, você vai precisar de um rolo de massa. Senão vai dar rolo. Sim, você até pode usar uma garrafa de vinho cheia, mas até quando? E se um dia faltar? E se alguém beber o vinho? Garanta seu rolo e seu chapati. E o utensílio também serve para abrir massa de torta, de macarrão e de biscoito; dá até para triturar castanhas, tipo nozes, sabia? O melhor deles é o de mármore, pesado, que ajuda a fazer menos força — mas é bem mais caro. Então pode ir no de bambu ou no de silicone, materiais mais fáceis de higienizar.

Chapati (pão indiano)

FAZ 10 pãezinhos   TEMPO DE PREPARO 10 minutos + 5 minutos para sovar a massa + 20 minutos para abrir e assar os pães

O QUE PODE SER MAIS SIMBÓLICO DO QUE O PRIMEIRO PÃO? ESTE, INDIANO, É UM DOS MAIS ANTIGOS DO MUNDO, NÃO LEVA FERMENTO E É FEITO NA CHAPA. SIRVA COM PASTINHAS E DIVIDA COM AS SUAS MELHORES COMPANHIAS

1 xícara (chá) de farinha de trigo integral
½ colher (chá) de sal
1 colher (sopa) de óleo
½ xícara (chá) de água
farinha de trigo branca para polvilhar

1. Numa tigela grande, misture a farinha de trigo integral com o sal. Regue com metade da água e misture com a mão, até formar uma farofa grossa.
2. Adicione o óleo e misture com as pontas dos dedos.
3. Aos poucos, junte o restante da água, sovando a massa com a mão. Aperte, amasse, estique e amasse novamente, dentro da tigela, por cerca de 5 minutos, até atingir uma textura macia e elástica. Se preferir sovar na bancada, polvilhe a superfície com uma camada bem fina de farinha de trigo. Mas evite juntar mais farinha na massa. Ela fica bem molenga inicialmente e, à medida que vamos sovando, fica no ponto.
4. Polvilhe uma bancada de trabalho com farinha de trigo e faça um rolinho com a massa. Com uma faca (ou espátula) divida em 10 porções. Enrole com as mãos cada pedaço, como se fosse um brigadeiro. Abra a bolinha com o rolo de macarrão, até formar um disco fino — se a massa começar a grudar no rolo ou na bancada, polvilhe mais farinha.
5. Enquanto abre os discos, aqueça uma frigideira (de preferência antiaderente) em fogo médio, sem untar. Quando estiver quente, coloque o disco de massa e deixe o pão assar por cerca de 20 a 30 segundos, até começar a formar bolhas. Vire o pão e deixe por mais 15 segundos na frigideira. Enquanto isso, acenda outra boca do fogão.
6. Tire o pão da frigideira com uma pinça e coloque diretamente na chama da outra boca do fogão para inflar e chamuscar levemente. Transfira o pão para um prato e repita com os outros discos. Você também pode finalizar os chapatis na frigideira: basta deixar cozinhar por mais tempo depois de virar.
7. Sirva a seguir. O chapati vai bem no café da manhã ou no happy hour com pastinhas. Para manter os pãezinhos macios, conserve em um saco plástico por até 3 dias.

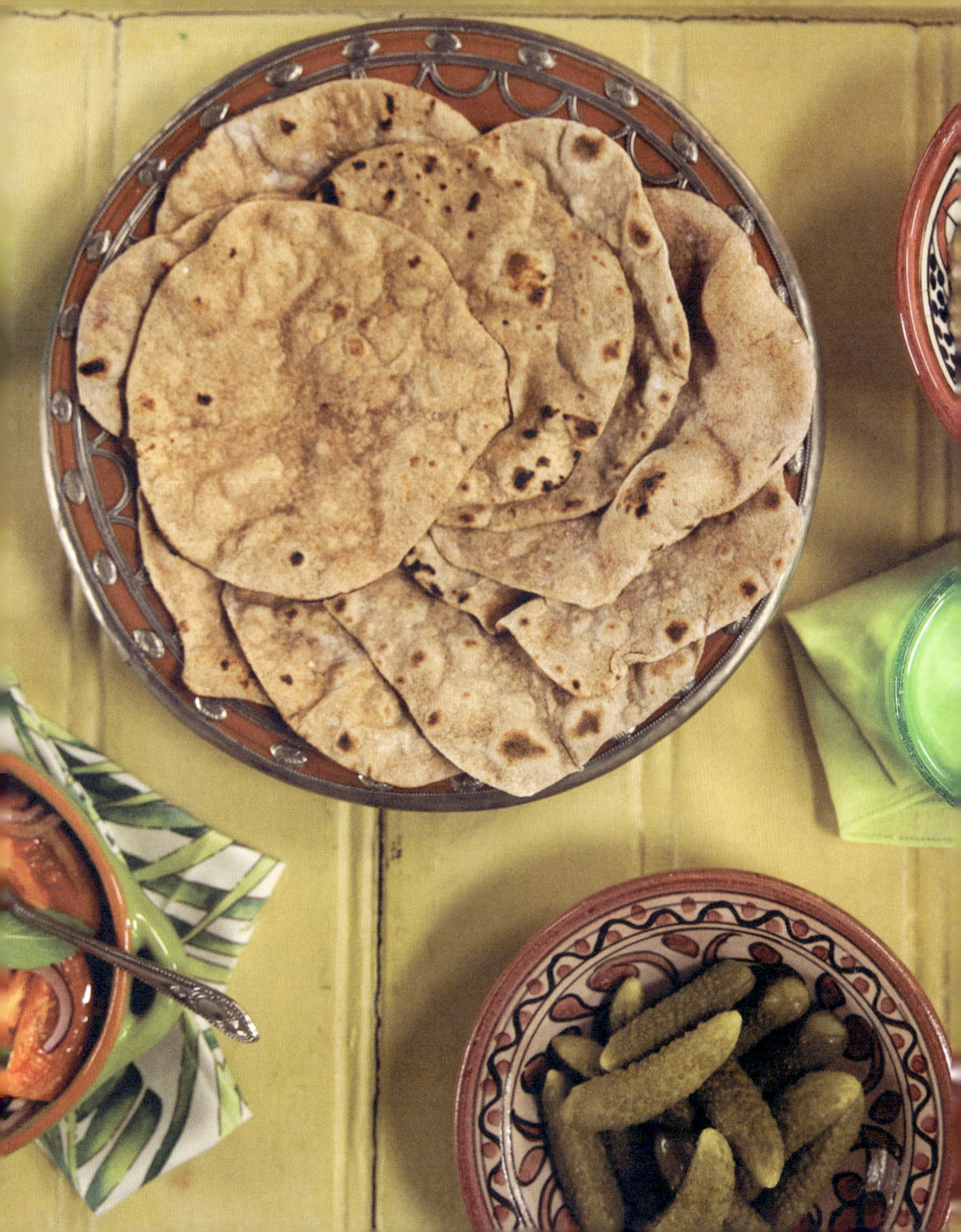

Homus a jato

SERVE 6 pessoas   TEMPO DE PREPARO 10 minutos

SE É DIA DE FESTINHA, ALMOÇO DE FAMÍLIA OU ENCONTRO DE AMIGOS EM CASA, INVISTA NA VERSÃO EXPRESS DA FAMOSA PASTA DE GRÃO-DE-BICO. SIRVA COMO PETISCO — COM O CHAPATI, ENTÃO, QUE DELÍCIA!

1 lata de grão-de-bico cozido
3 colheres (sopa) de tahine (pasta de gergelim)
1 dente de alho descascado
caldo de ½ limão
água filtrada para dar ponto
sal a gosto

1. Passe o grão-de-bico por uma peneira e deixe escorrer bem a água.
2. Transfira para uma tigela, junte o alho, o caldo de limão e o tahine.
3. Bata com um mixer (se preferir use o processador) até ficar liso — adicione água aos poucos e vá batendo para ficar na consistência desejada (mais rústica ou mais lisa e cremosa). Tempere com sal a gosto, misture bem e sirva a seguir ou leve à geladeira.

½ abacate
1 dente de alho
1 colher (chá) de azeite
caldo de ½ limão
sal e pimenta-do-reino moída na hora a gosto
folhas de coentro (ou salsinha) para decorar

TEM UM ABACATE NA FRUTEIRA E UMA CERVEJINHA NA GELADEIRA? PREPARE UMA PASTINHA SALGADA QUE É SÓ SUCESSO: NATURAL, SAUDÁVEL, SABOROSA E MUITO, MUITO RÁPIDA. USE O CHAPATI COMO TALHER E, PRONTO, TÁ MONTADO O HAPPY HOUR

1. Bata o dente de alho com uma pitada de sal no pilão. É ótimo para desestressar. Se preferir, pique bem fininho com uma faca, junte uma pitada de sal e continue picando, até formar uma pastinha.
2. Num prato, amasse a polpa de meio abacate com um garfo. (A outra metade, guarde na geladeira com o caroço para não pretejar.) Junte a pasta de alho e o caldo de limão.
3. Misture bem os ingredientes, verifique o sabor e tempere com mais sal, pimenta e um fio de azeite. Se quiser, junte umas folhas frescas de coentro ou de salsinha. Transfira para uma tigela e sirva a seguir com torradinhas de pão integral.

Pasta de abacate

SERVE 4 pessoas TEMPO DE PREPARO 10 minutos

É broa, Brasil

Depois de um mergulho num pão internacional tão cheio de história, cai bem voltar para o que é nosso; como quando a gente volta para casa depois de uma longa viagem. O gosto conhecido atende pelo nome de broinha de milho, um preparo tão brasileiro! Apostei naquela versão oca por dentro — sabia que a técnica usada para o preparo dela é a mesma da massa choux, que faz profiteroles e bomba de chocolate?

O curioso dessa massa de pão é que ela é preparada na panela. A mistura precisa ser aquecida para que a gordura (da manteiga) se incorpore melhor aos líquidos e, depois, à massa. Sem essa técnica, ela poderia se separar da massa e escorrer na hora de assar. O ponto certo para desligar o fogo é quando uma camada fina se forma no fundo da panela; este é o sinal de ok da massa: vai ficar oca depois de pronta. Se a mistura ficar muito úmida, vira um pão achatado.

Aí vem a sova. Com esse tipo de massa, precisa ter muito, muito muque. Ainda bem que para quase tudo tem jeito. Para a sova da broa, tem: a gente pede ajuda para a batedeira! Preste atenção na hora de colocar os ovos: se eles forem direto para a massa ainda quente, vão cozinhar.

A broa leva erva-doce, tá? A combinação de erva-doce com fubá é clássica, mas é opcional, pois muita gente não gosta. Uma alternativa é colocar raspinhas de limão. E a outra é fazer do meu jeito: colocar os dois!

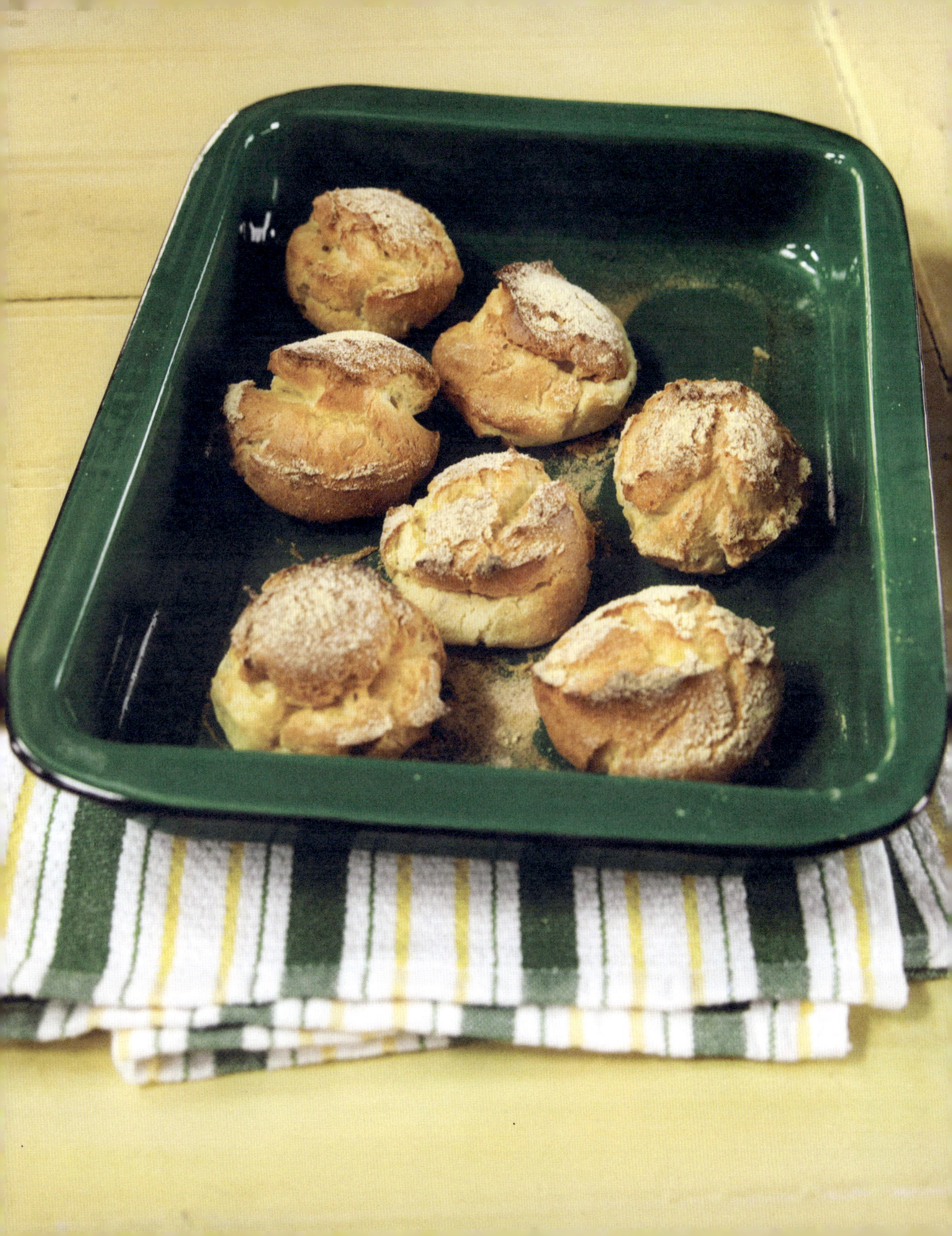

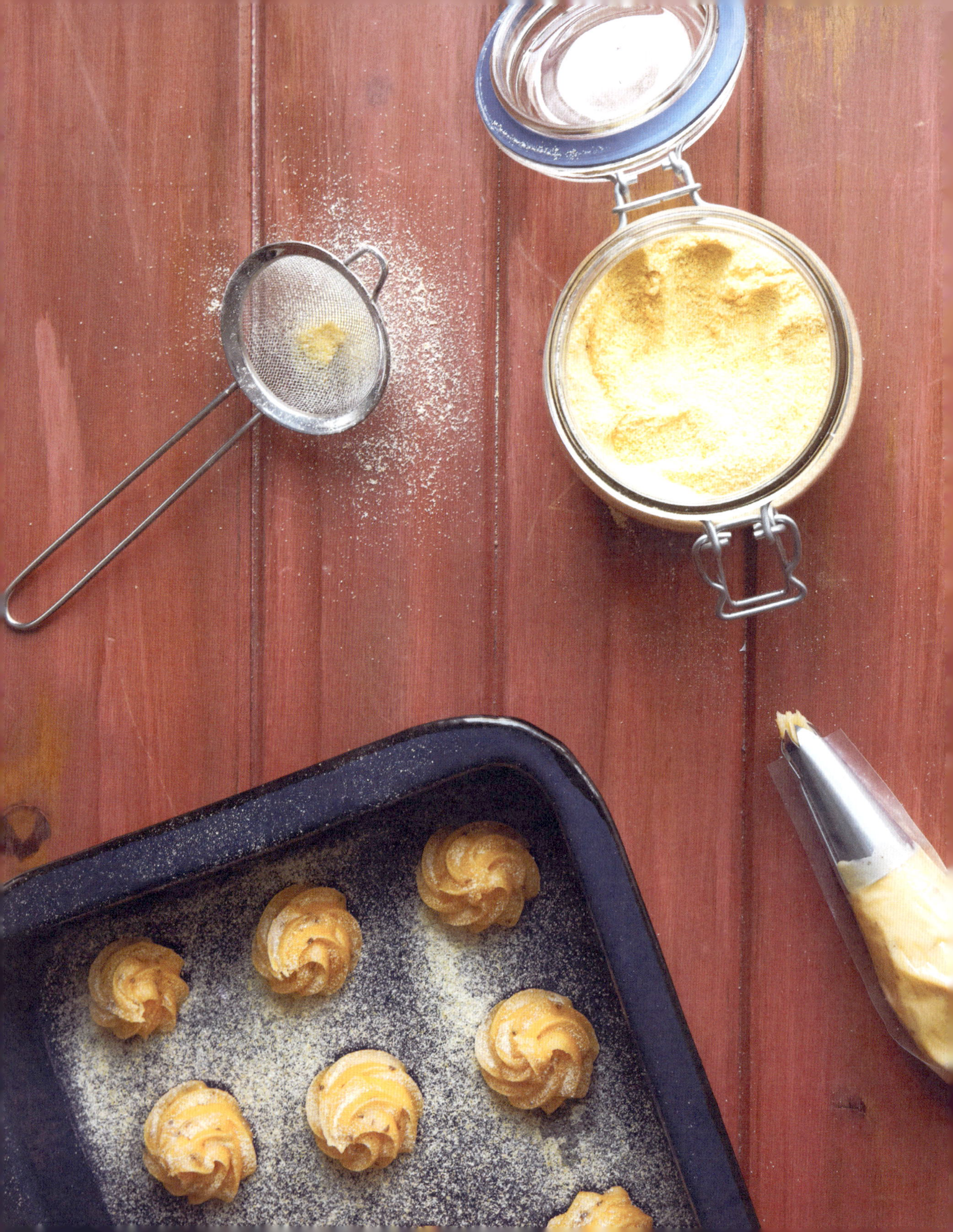

Modela, bela
TÉCNICA: SACO DE CONFEITEIRO

Quando uma massa é molenguinha, como a da broa, a gente modela às colheradas. Quer um método mais profissional? Use o boleador de sorvete. Ainda mais profissa? Pode usar um bico de confeiteiro.

Para fazer em casa: coloque o bico pitanga dentro do saco de confeiteiro e corte a ponta do plástico para que o bico se encaixe corretamente. Dobre a boca do saco para fora, como se fosse uma gola. Preencha até ¾ da capacidade, desvire e torça bem o saco, logo acima da massa, para que ela fique compacta. A 1 cm de distância, aperte o saco de confeiteiro fazendo um círculo, direto na assadeira. Pare de apertar e puxe. Você escolhe o tamanho de cada porção.

Como as broas ficam ocas, podem ser recheadas depois de prontas — com creme de ricota, por exemplo. Para isso, use, novamente, o saco de confeiteiro, mas agora sem o bico. Você pode rechear abrindo a broa pela lateral, ou fazendo um furo na base (aí fica recheio surpresa!). Adoro essa ideia, para servir como petisco num jantar, que acha? Fica bem retrô, e simpático demais da conta, como diriam os mineiros, especialistas em broa.

Broinha de fubá

RENDE 15 broinhas
TEMPO DE PREPARO 20 minutos + 40 minutos de forno

QUENTINHA, ESTA ESPECIALIDADE MINEIRA VAI BEM COM CAFÉ A QUALQUER HORA DO DIA. RECHEADA, POR QUE NÃO SERVIR COMO ENTRADA? IH, RIMOU!

⅓ de xícara (chá) de fubá mimoso
¾ de xícara (chá) de farinha de trigo
½ xícara (chá) de leite
½ xícara (chá) de água
2 colheres (sopa) de açúcar
75 g de manteiga sem sal
3 ovos
½ colher (chá) de sal
1 colher (chá) de erva-doce (opcional)
raspas de 1 limão taiti (opcional)

1. Preaqueça o forno a 220 °C (temperatura alta). Unte uma assadeira grande com manteiga (se for antiaderente, apenas polvilhe com fubá).
2. Numa panela média, junte o leite, a água, o açúcar, a manteiga, as sementes de erva-doce e o sal. Leve ao fogo médio.
3. Assim que começar a ferver, adicione a farinha e o fubá e mexa bem com uma espátula para formar uma massa lisa. Deixe cozinhar por cerca de 2 minutos, sem parar de mexer, até formar uma camada fina de massa seca no fundo da panela.
4. Desligue o fogo e transfira a massa para a tigela da batedeira. Bata em velocidade baixa, por 5 minutos, para esfriar — esse passo é muito importante para evitar que os ovos cozinhem ao serem adicionados.
5. Adicione um ovo de cada vez, batendo bem entre cada adição. Depois do último, deixe bater por cerca de 2 minutos, até formar uma massa brilhante.
6. Com um boleador de sorvete, retire uma porção de massa e transfira para a assadeira (você também pode moldar as broinhas utilizando 2 colheres de sopa). Repita com toda a massa, deixando um espaço de 3 cm entre as broinhas.
7. Polvilhe as broinhas com fubá e leve para assar em forno preaquecido a 220 °C (temperatura alta) por 15 minutos, até crescerem — nessa etapa inicial, o forno precisa estar bem quente para formar vapor e deixar a broinha oca.
8. Após os 15 minutos iniciais, diminua a temperatura do forno para 180 °C (temperatura média) e deixe assar por mais 25 minutos, até as broinhas ficarem douradas e firmes.
9. Retire do forno e sirva a seguir. Por serem ocas, também ficam ótimas recheadas.

Faça hoje, asse amanhã
ECONOMIZE

Toda essa movimentação na cozinha para comer broa do dia anterior? Não precisa, ufa! Você pode guardar um pouco da massa na geladeira, daí é só tirar 1 hora antes, modelar e assar na hora. Broa de ontem, assada hoje, quentinha! Dura até 2 dias refrigerada.

Que filé!

CAP. 10 — FILÉ-MIGNON

Vai ter comemoração? Chame o filé-mignon: ele faz um ótimo trabalho pelo anfitrião quando o assunto é cardápio de festa. Mas, ô carne cara! Tem jeito de aproveitar melhor? Ah, se tem!

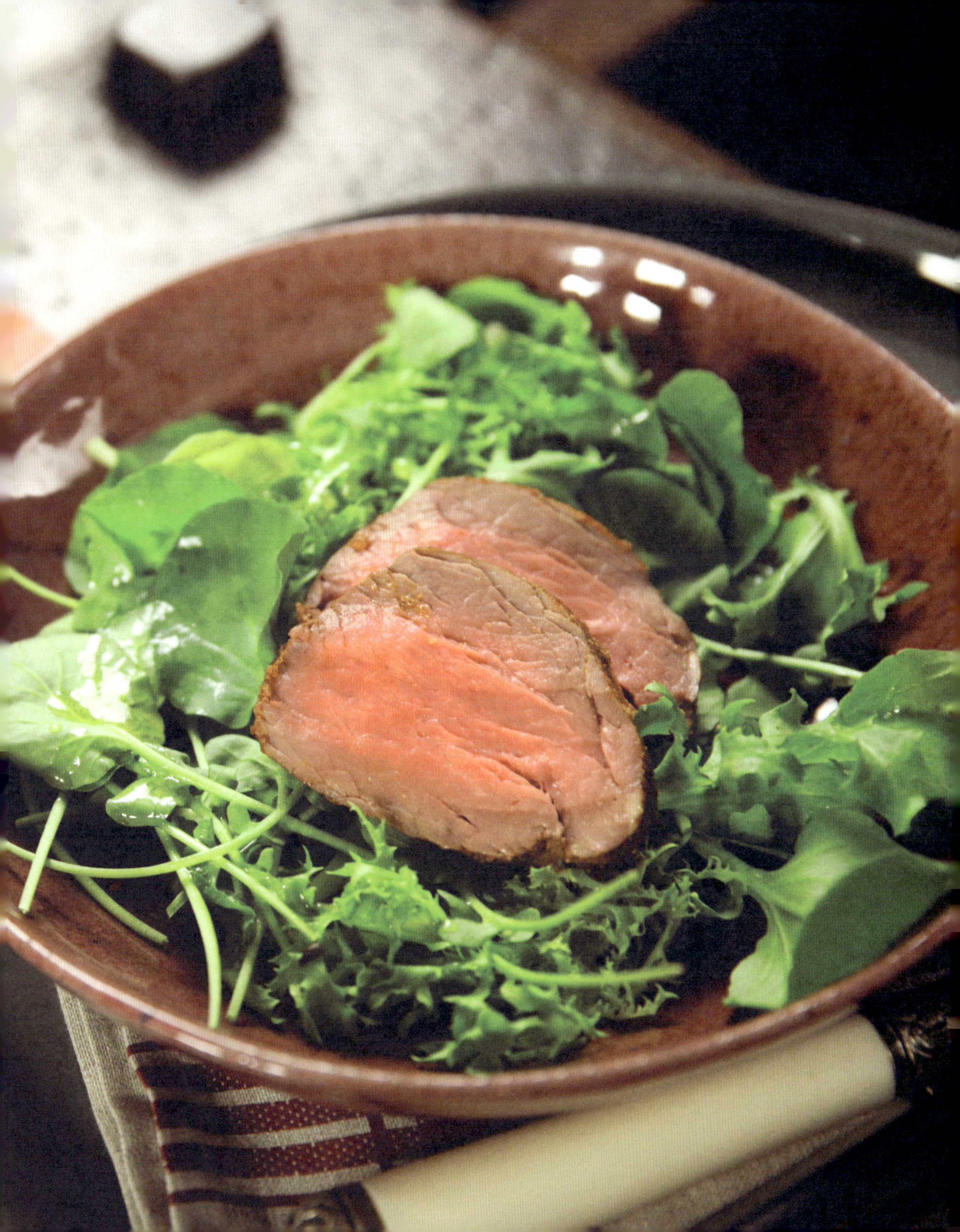

Uma carne nobre, tenra, que quase não tem gordura e toda elegante: melhor pedida não há se a ocasião reúne convidados em volta da mesa. Mas, e se for um tradicional picadinho, pode?

Pode. Sou da opinião de que a gente tem mais é que valorizar o que é nosso. Mas não é só por isso que o picadinho, prato tão informal, tem credencial para entrar no cardápio de uma comemoração. Além de a carne ser nobre, o prato é irresistível. Porque bairrismo na cozinha não cola. Já pensou ter que deixar de fora o clássico rosbife só porque ele é inglês? *No, no, no!* Ele se garante num grau que, até servido frio, com salada, faz bonito num almoço festivo. Mas haja cifrão na carteira! Por isso é que, neste capítulo, além de aprender a fazer essas duas receitas dignas de comemoração, você também vai conhecer como porcionar a peça inteira de filé (sai mais em conta) e pelo menos três técnicas novas para dar sabor à carne. Não se assuste: neste ponto do livro, aposto que você está mais afiado que faca de açougueiro.

Aliás, prepare a faca, que tem muito trabalho pela frente. Além dos dois preparos, elegi um terceiro, que combina com um dia qualquer da semana, em que você precisa resolver o almoço e adoraria poder usar apenas uma panela: o bife com molho de limão e grão-de--bico é a pedida certa, pois é feito todo numa só frigideira.

E

Compre a peça inteira, porcione & congele
ECONOMIZE

Se você disser apenas: "E o filé-mignon, hein?", assim, sem aviso, em qualquer ambiente, deve ouvir ao menos duas coisas de volta. A primeira é: "Que delícia", e a segunda: "Pena que é tão caro". As duas reações são justas. O filé é caro mesmo. Imagine que de um animal de 300 kg saem apenas duas peças de 1,5 kg cada (o peso médio da carne já limpa). E todo mundo acha uma delícia porque essa é a carne mais tenra do boi, já que fica num lugar que o animal praticamente não movimenta.

 Tudo isso é para dizer o seguinte: o jeito mais econômico de aproveitar o filé-mignon é comprando logo uma peça inteira. Pode pesquisar: inteira, o quilo é mais acessível do que em porções. Se você souber como porcionar em casa, está feito o bom negócio. Como você vai aprender a fazer isso logo nas próximas linhas, o negócio ficou melhor ainda—porque, além de tudo, os escalopes, medalhões, picadinhos, e até o miolo inteiro, podem ser congelados.

Vamos por partes
TÉCNICA: PORCIONAR O FILÉ

Pode ficar animado, porque tem tanta coisa boa para fazer com o filé... Mas vamos devagar. Para começar, as apresentações.

AS PARTES DA PEÇA
O corpo, cilíndrico, é chamado de **miolo**. Na extremidade maior ficam a **cabeça**, dobrada como uma vírgula, e a **lateral** — que aparece, como dizer?, de lado, querendo se soltar. Já onde a carne afina, fica o que a gente chama de **ponta**. Com uma faca afiada e fazendo cortes precisos — nada de serrilhar —, você orgulhosamente separa essas partes da carne.

Faça assim: da ponta para o miolo, quando o diâmetro estabiliza, passe a faca! Pronto, já temos a ponta separada. Do outro lado da peça, onde o miolo se junta com a cabeça, pode cortar, de uma vez — deixe a faca paralela ao miolo. Para cortar a lateral, vale a mesma regra.

Acabou? Ainda não. Depois de tirar a cabeça e a lateral da peça inteira de mignon, você vai ver a outra ponta do miolo — exatamente como a do primeiro corte. Novamente, é só cortar essa ponta onde o diâmetro estabiliza.

A FÁSCIA
Em tempo: o filé quase não tem gordura, mas tem a fáscia, uma película branca que fica entre os músculos. Se não retirada, ela endurece a carne durante o cozimento. Você pode pedir ao açougueiro que limpe a peça. Mas dá para retirar a fáscia em casa. Corte uma pontinha dessa película, como se fosse descascar a carne. Como ela é bem firme, você vai segurar essa ponta com uma mão e, com a faca na outra, arrastar a lâmina por baixo da fáscia. Para preservar a carne ao máximo, o segredo é angular o fio da faca para cima. Repita esse procedimento, tira por tira, até limpar toda a carne.

AGORA, OS CORTES

Nem precisa ser freguês de açougue gourmet para saber que o **rosbife** vem do miolo, certo? Sem lateral, nem pontas, nem cabeça. Do miolo também saem cortes tradicionais da culinária francesa, de formato bem redondinho. Facílimos de fazer; basta cortar no tamanho certo:

O **chateaubriand** tem cerca de 4 cm de altura e 400 g, o maior dos filés, que vem servido em pé.

O **turnedô** é um pouquinho menor, tem cerca de 3 cm, e aparece no clássico turnedô à la Rossini, que leva foie gras.

O **medalhão**, apesar de ser um corte considerado bem generoso, é menor que os dois últimos, pois tem "apenas" 2 cm de altura e cerca de 120 g.

O **bife**, bifinho do dia a dia, pelo qual a gente paga uma fortuna no mercado, é uma fatia de 1 cm do miolo do mignon.

CABEÇA, LATERAL E PONTA

Os **escalopes** são bifes cortados na transversal, extraídos da ponta e da lateral. Na tábua, verifique o sentido das fibras e passe a faca! Note que a cabeça do filé tem o formato mais desafiador, de biquinho: corte ao meio, sem chegar até o fim, e abra feito borboleta — como o filé é uma carne muito macia, fica na forma que a gente quiser.

O **paillard**, aquele bife fininho e amplo que você viu no capítulo do frango, é feito de escalopes batidos.

E o **picadinho**? Geralmente, é feito das pontas, da lateral e da cabeça. Corte em bifes; os bifes, em tiras; e as tiras, em cubos. Mas, para uma ocasião especial, vale cortar a peça toda. Atenção: como esta carne é muito macia, os cubos não precisam ser muito pequenos.

Falando nisso, na hora de escolher receitas para o filé-mignon, leve em conta que esta é uma carne de cozimento rápido. Seria um erro usá-la para um ensopado que fica horas na panela. Cozimento longo é bom para carnes mais duras, como músculo, lagarto e tantas outras.

UI **Para facilitar a vida**
UTENSÍLIO INDISPENSÁVEL: FACA DE CHEF

Quando você tem pelo menos uma faca boa e a mantém afiada, cozinhar fica bem mais fácil e prazeroso. Então, se tiver que escolher apenas uma, aposte na faca de chef, que tem 20 cm e serve para alimentos grandes também. Preste atenção em alguns pontos quando for escolher a sua: quanto mais pesada a faca, melhor, pois ajuda no corte e você faz menos força; a lâmina precisa ser mais grossa na parte superior, afinando conforme chega ao fio; e deve ser muito firme — as flexíveis são até perigosas. O ideal é que seja forjada, ou seja, a lâmina entra no cabo. É mais segura e também mais higiênica.

E, já que você vai investir, melhor manter o utensílio em dia, cuidando, por exemplo, de não deixar a faca dentro da pia. O melhor é usar-lavar-secar. E pode incluir mais uma etapa: passar na chaira, para manter o fio. E então guardar, preferivelmente num lugar específico, e não largada na gaveta — perde o fio. Ah, a chaira apenas mantém o fio; se a faca ficar cega, tem que afiar na pedra.

T **Passe na farinha**
TÉCNICA: SINGER

Para preparar o nacionalíssimo picadinho, a gente vai usar uma técnica atrás da outra. Afine o sotaque, porque essas técnicas são francesas! Sabe o que é singer? (Diga: sangê.) É envolver cada cubo de carne com farinha de trigo. Serve para dar um sabor a mais na hora de dourar a carne, mas, principalmente, para engrossar o molho. É o primeiro passo do preparo do picadinho. Quer dizer, o segundo: antes disso você deve secar bem a carne, seja com papel toalha, seja com pano de prato, ou vai formar um mingau! Prefiro os panos — aliás, uso panos brancos exclusivamente para secar alimentos e deixo os coloridos para secar louça e mãos.

De água para molho
TÉCNICA: GUISAR

Vamos guisar? Ou melhor: vamos cozinhar a carne picada num líquido que vai se transformar em molho? Não, não é um ensopado, termo mais genérico que serve para carnes em pedaços grandes ou pequenos, além de grãos, legumes e verduras. Nosso picadinho é guisado, mesmo. Mas primeiro a gente tem que selar a carne (que já foi polvilhada de trigo), e aproveita para deglaçar os sabores que ficam naqueles queimadinhos do fundo da panela (você viu essas duas técnicas na receita do bobó, que está no capítulo da mandioca, lembra?). Com o fundo totalmente aproveitado, é hora de voltar a carne à panela e adicionar o líquido que vai cozinhá-la, além de ganhar sabor e encorpar durante o cozimento, até virar molho. Ele deve estar fervente ao ser adicionado, para diminuir o tempo total do cozimento e não endurecer a carne com o choque térmico. A quantidade de líquido varia de acordo com o tipo de carne: as mais duras pedem mais líquido, pois demoram mais para cozinhar. Como o filé-mignon cozinha muito rápido, tem que ser na medida certinha. Então, recapitulando: para fazer um picadinho você vai secar, singer, selar, deglaçar e guisar a carne. Esse prato está mais para *picadã, mon amour*!

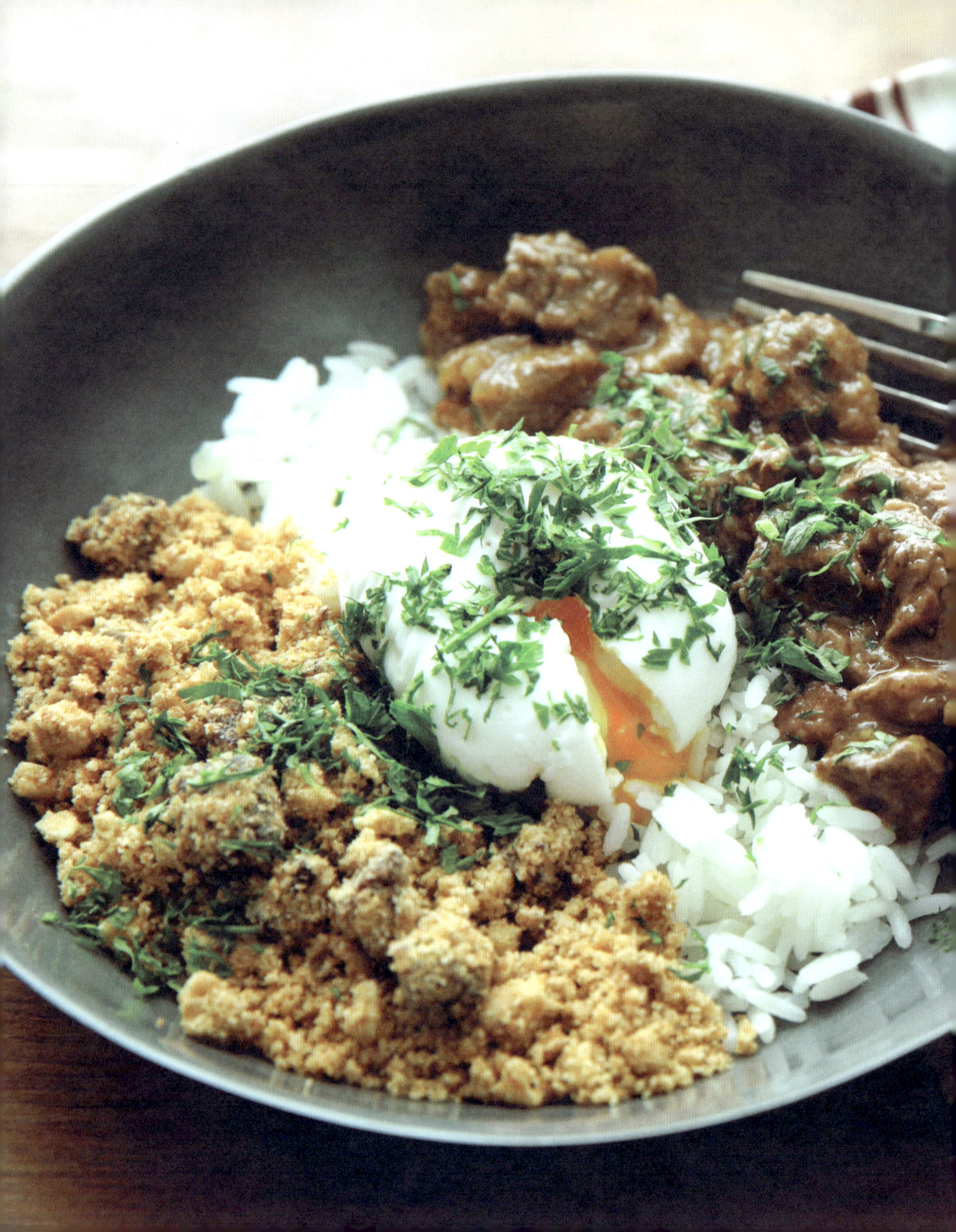

ESTE PRATO DE NOME SINGELO
ESCONDE TÉCNICAS FRANCESAS
SOFISTICADAS — MAS FÁCEIS
DE FAZER, CLARO! PREPARE UM
BRASILEIRÍSSIMO PICADINHO PARA
UMA COMEMORAÇÃO: É SUCESSO
DE PÚBLICO E CRÍTICA

Picadinho de filé-mignon

serve 6 pessoas
tempo de preparo 40 minutos

1 kg de filé-mignon em cubos
2 cebolas
3 dentes de alho
4 colheres (sopa) de farinha de trigo
70 g de bacon em cubinhos
¼ de xícara (chá) de extrato de tomate (cerca de 130 g)
2 colheres (sopa) de molho inglês
caldo de ½ limão
5 colheres (sopa) de azeite
¼ de xícara (chá) de salsa
3 xícaras (chá) de água
sal e pimenta-do-reino moída na hora a gosto

1. Descasque e pique fino a cebola e o alho. Leve um pouco mais de 3 xícaras (chá) de água para aquecer numa chaleira.
2. Caso compre uma peça inteira de mignon, corte em bifes; em seguida, corte os bifes em tiras, e as tiras, em cubos. Com um pano de prato limpo, seque bem a carne.
3. Transfira para uma tigela larga ou travessa e polvilhe os cubos com a farinha — essa técnica, chamada singer, serve para engrossar o molho.
4. Leve uma panela grande ao fogo médio. Quando aquecer, regue com 2 colheres (sopa) de azeite e doure cerca de $1/3$ dos cubos, sem cobrir todo o fundo — se colocar toda a carne de uma vez, ela vai resfriar a panela e cozinhar no próprio líquido, em vez de dourar. Tempere com sal e pimenta-do-reino a gosto e mexa aos poucos para dourar por igual.
5. Transfira os cubos para uma tigela e mantenha a panela em fogo médio. Doure o restante da carne em mais duas etapas, regando com 1 colher (sopa) de azeite antes de cada leva.

6. Após retirar os últimos cubos, regue a panela com 1 xícara (chá) da água quente e o caldo de limão. Com uma colher de pau, raspe bem o fundo da panela para dissolver o queimadinho que se formou, apenas até limpar a panela, cerca de 1 minuto. Transfira esse caldo para a tigela da carne, passando por uma peneira.
7. Volte a panela ao fogo médio e regue com o azeite restante. Junte o bacon e deixe dourar, mexendo de vez em quando. Adicione a cebola e refogue até murchar. Acrescente o alho e misture por mais 1 minuto.
8. Adicione o extrato de tomate e misture bem. Volte a carne, com o caldo, para a panela e mexa apenas para aquecer. Regue com mais 2 xícaras (chá) da água fervente e misture o molho inglês. Quando começar a ferver, deixe cozinhar por mais 6 minutos.
9. Enquanto isso, lave, seque e pique a salsinha. Desligue o fogo, prove, e ajuste o sal e a pimenta-do-reino. Salpique a salsinha e sirva a seguir, acompanhado de arroz branco, ovo frito ou ovo pochê.

PARA A FAROFA DE BANANA-PASSA & CASTANHA-DE-CAJU

500 g de farinha de mandioca torrada
200 g de manteiga
1 xícara (chá) de castanha-de-caju torrada
1 xícara (chá) de banana-passa picada
sal a gosto

1. Numa tábua, pique a castanha-de-caju.
2. Em uma frigideira grande, derreta a manteiga em fogo médio. Junte a banana-passa picada e mexa bem por 2 minutos, até perfumar a cozinha.
3. Em seguida, junte a castanha-de-caju e misture novamente.
4. Adicione a farinha de mandioca aos poucos, misturando bem. Tempere com sal, desligue o fogo e sirva a seguir.

Roast beef!
TÉCNICA: ASSAR CARNE

O rosbife vem do inglês, *roast beef*: carne assada. E é assim que a gente vai prepará-la: no forno. A definição de assar é cozinhar com ar quente e seco num ambiente fechado. Assim que as camadas externas se aquecem, os sucos naturais dos alimentos se transformam em vapor e assam a carne por dentro. A alta temperatura vai selar a carne (por isso não precisa selar na frigideira, sacou?) e manter os líquidos dentro dela. E também serve para desenvolver sabores, resultado da combinação de aminoácidos e açúcares gerada pelo calor.

Para que tudo isso aconteça, na prática, além de preaquecer o forno — neste caso, a 220 °C (temperatura alta) —, você precisa deixar a carne fora da geladeira por até meia hora, para ela não chegar muito gelada ao forno quente (isso iria desestabilizar a temperatura e atrapalhar a contagem do tempo).

AGORA, SIM
Forno quente, carne temperada na assadeira, é só fazer a conta. Nos primeiros 15 minutos, o rosbife assa na temperatura máxima. Aí a gente vira a carne (uma vez só) e abaixa a temperatura (para 180 °C, temperatura média) e conta mais 15 minutos para cada ½ quilo — é o segredo para o rosbife ficar vermelhinho por dentro. E então eu, que nunca te peço nada, peço isto: sinta o aroma!

MAIS UM MINUTINHO
Alto lá com essa faca! Ainda não terminou: assados em geral precisam descansar de 5 a 10 minutos fora do forno, ainda na assadeira, cobertos com papel-alumínio. Durante esse período, os sucos vão se redistribuir pela carne e a temperatura vai se uniformizar e beneficiar a textura, o aroma e o sabor. Encare essa etapa como a última fase de cozimento. E pronto!

Pêra! Tempera

Não vamos ao forno assim, sem cerimônia. Antes, temperemos a carne crua. Mas só na hora de colocar na assadeira. O sal é obrigatório, mas não deve ir sozinho. Nada é mais tradicional que a mostarda em pó para esta preparação, mas você pode usar canela em pó, pimenta-do-reino, pimenta-da-jamaica, cominho, ervas. Vale até fazer uma combinação — a gente foi de mostarda com páprica defumada. Um fio de azeite ajuda a espalhar os temperos na carne, mas também serve para dar mais uma camada de sabor e, principalmente, ajuda a selar e, portanto, a manter os líquidos dentro da carne (tudo pelo sabor!).

T de truque
TÉCNICA: MOLHO DE SALADA

O rosbife é tão precioso que vale como prato principal, quente ou até frio, como a gente vai fazer aqui, servido com uma salada cheia de presença. Também fica ótimo como entrada, antes de um risoto, que acha? (O bom é que, como ele vai frio para a mesa, você pode preparar no dia anterior e se concentrar apenas no risoto no dia da festa.)

A gente escolheu a opção número 1, certo? Para deixar as folhas verdes apetitosas, o segredo é um bom molho. A proporção deve ser sempre de 1 para 3. Ou seja, 1 parte de ácido para 3 de gordura. O ácido pode ser vinagre ou suco de limão — ou tangerina, como o molho deste capítulo. Ela dá um perfume todo especial! Um azeite extravirgem de boa qualidade faz toda a diferença, e sal e pimenta-do-reino moída na hora são essenciais. Entrego mais dois segredinhos: adicione um pouco de geleia de laranja e uma colherada dos líquidos que ficaram na assadeira do rosbife. Emulsione bem (chacoalha-chacoalha-chacoalha no pote de vidro com tampa) e pronto. Os sabores cítricos adocicados da laranja ficam fantásticos com a carne assada!

Rosbife com salada de verdes & molho de tangerina

UMA SALADA É UMA SALADA. MAS, ACOMPANHANDO UM ROSBIFE, É UM PRATO PRINCIPAL FÁCIL DE PREPARAR, E QUE FAZ BONITO ATÉ EM ALMOÇO COMEMORATIVO!

serve 4 pessoas (ou 6 pessoas como entrada)   tempo de preparo 30 minutos + 30 minutos no forno

PARA O ROSBIFE

1 peça de 600 g de filé-mignon limpo (para rosbife)
1½ colher (chá) de mostarda amarela em pó
1½ colher (chá) de páprica defumada
2 colheres (sopa) de azeite
sal e pimenta-do-reino moída na hora a gosto

PARA O MOLHO DA SALADA

⅓ de xícara (chá) de caldo de tangerina (cerca de 1 unidade)
1 xícara (chá) de azeite
1 colher (chá) de geleia de laranja
1 colher (chá) do caldo da assadeira
sal e pimenta-do-reino moída na hora a gosto

1. Preaqueça o forno a 220 °C (temperatura alta). Retire a peça de filé-mignon da geladeira e deixe em temperatura ambiente por 15 minutos, enquanto o forno aquece. Prepare também as folhas para a salada.
2. Numa tigelinha, misture a páprica com a mostarda em pó. Tempere a carne com sal, pimenta-do-reino e a misturinha de especiarias. Regue com o azeite e espalhe com as mãos para temperar bem a carne.
3. Transfira a carne para uma assadeira e leve para assar em forno alto por 15 minutos. Após esse tempo, diminua a temperatura para 180 °C (temperatura média) e deixe no forno por mais 15 minutos, para assar a carne com o interior bem vermelhinho (malpassada). Se quiser ao ponto, deixe assar por mais 5 minutos.
4. Retire a assadeira do forno e cubra a carne com papel-alumínio. Deixe repousar por 10 minutos, antes de cortar — nesse período os sucos vão se redistribuir pela peça, deixando a carne mais suculenta. Enquanto isso, prepare o molho da salada.

Junte todos os ingredientes num pote de vidro com tampa. Feche e chacoalhe bem para misturar. Caso prefira um molho mais ácido, junte 1 colher (sopa) de vinagre de vinho branco ou tinto.

Dica de cardápio

Deu água na boca esse cardápio festivo, não? No site Panelinha tem uma porção de risotos que ficariam ótimos com essa entrada perfumada. Pode ser o de cogumelos, ou o de beterraba (vermelho, lindo!). Que tal o de alho-poró com (ou sem) linguicinha? Humm, tem receita dele aqui, no capítulo do arroz.

Vapor perfumado

Não posso ver uma casca de laranja dando sopa que logo penso no vapor mágico, um aromatizador de ambiente que tem tudo a ver com a cozinha. Com a casca da tangerina usada no molho, não foi diferente. Para fazer em casa: leve ao fogo uma panela com as cascas da laranja ou tangerina, mais umas colheradas generosas de açúcar, uma rama de canela, 2 ou 3 cravos-da-índia. Assim que o açúcar caramelizar, com cuidado para não se queimar, coloque água até a metade da panela. Esse vapor perfuma a cozinha e se espalha pela casa — e parece que a vida fica mais doce.

Bife com molho de limão & grão-de-bico

DE UMA SÓ FRIGIDEIRA SAI ESTE PRATO INTEIRO, ACREDITA? DE QUEBRA, VAI DE GRÃO-DE-BICO EM LATA, QUE DEIXA O PREPARO AINDA MAIS PRÁTICO E RÁPIDO

SERVE 1 pessoa   TEMPO DE PREPARO 20 minutos

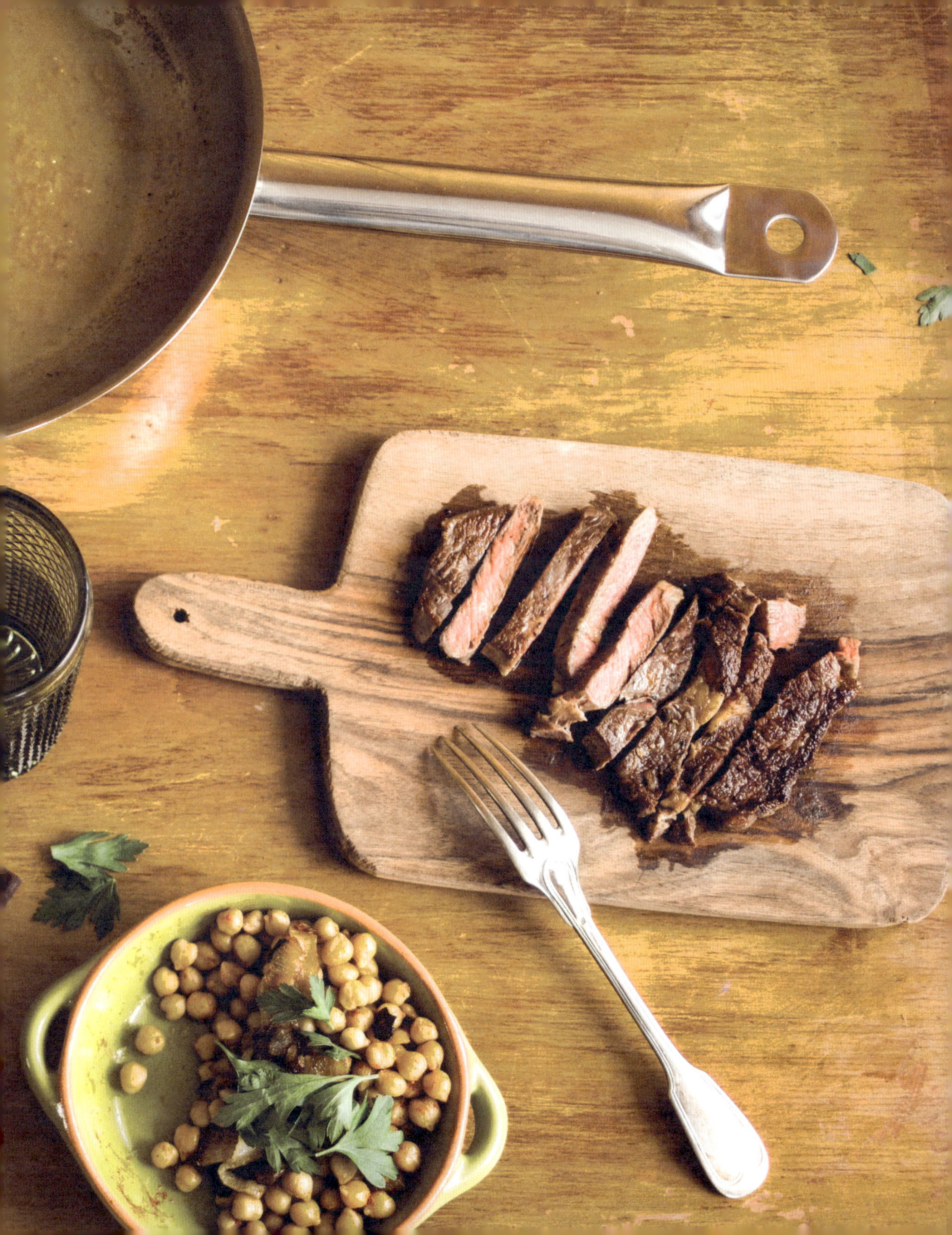

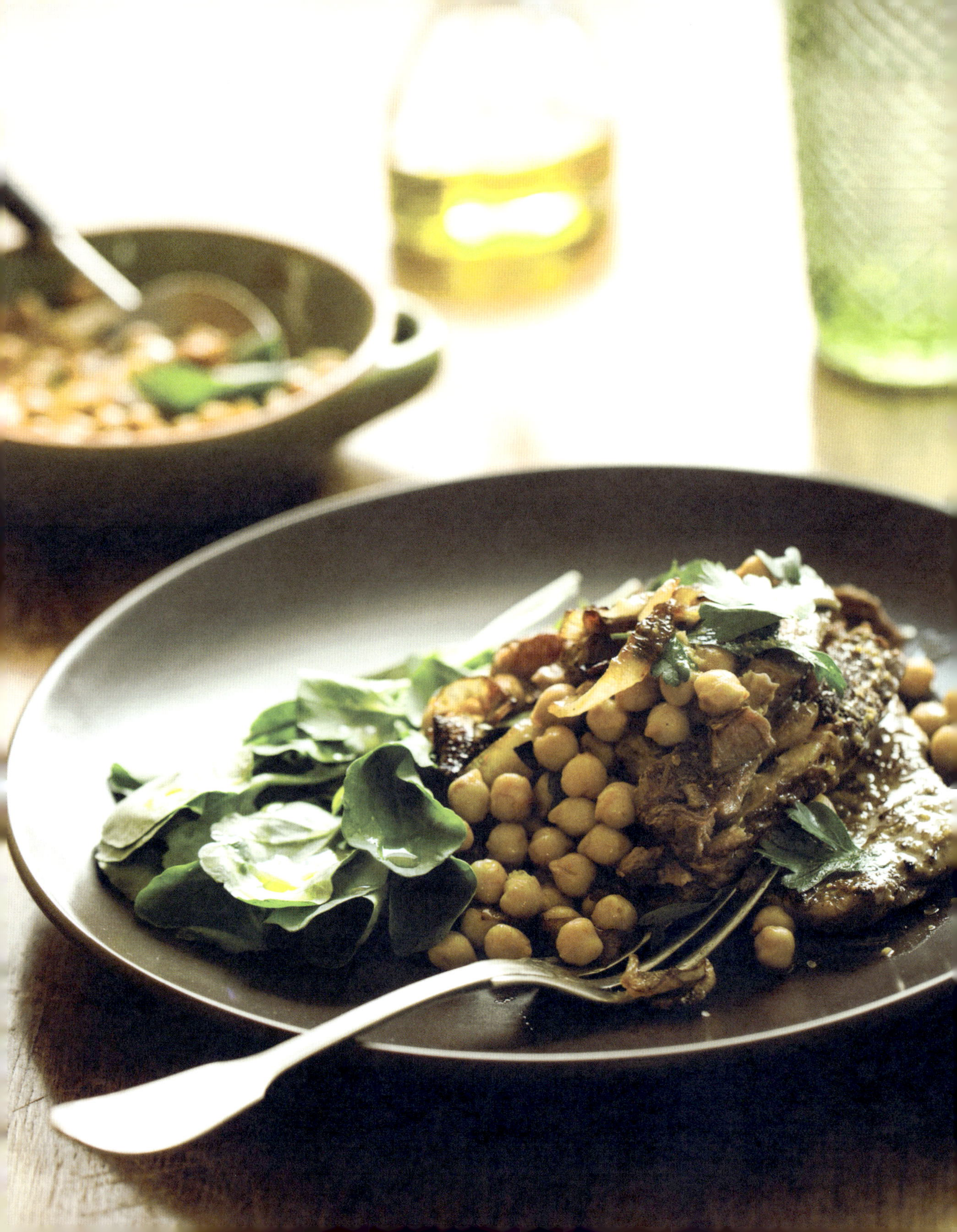

PARA O GRÃO-DE-BICO

¾ de xícara (chá) de grão-de-bico (meia lata)
½ cebola
1 colher (sopa) de azeite
1 pitada de açúcar
½ colher (chá) de páprica doce
1 pitada de cominho em pó
sal a gosto

PARA OS BIFES

2 bifes de contrafilé
1 colher (chá) de azeite
⅓ de xícara (chá) de água
raspas de 1 limão-siciliano
2 colheres (sopa) de caldo de limão-siciliano
1 colher (sopa) de manteiga gelada
sal e pimenta-do-reino moída na hora a gosto
1 maço de agrião baby

1. Sob água corrente, passe o grão-de-bico por uma peneira. Deixe escorrer bem. Enquanto isso, numa tábua, descasque e corte a cebola em metades, e as metades, em fatias de 0,5 cm.
2. Leve uma frigideira grande ao fogo médio. Quando esquentar, junte o azeite e a cebola, tempere com uma pitada de sal e açúcar e refogue, mexendo sempre, por cerca de 3 minutos, até dourar.
3. Junte o grão-de-bico, a páprica e o cominho e misture. Deixe cozinhar por 2 minutos, mexendo de vez em quando. Transfira para uma tigela e reserve a frigideira para o preparo dos bifes.

1. Coloque a manteiga no congelador. Lave, seque e reserve o agrião. Tempere os bifes com sal.
2. Leve a frigideira ao fogo alto. Quando aquecer, junte o azeite e, assim que começar a soltar uma fumacinha, coloque os bifes. Deixe dourar, sem mexer, até que se soltem do fundo da frigideira — isso leva uns 2 minutos. Vire os bifes e deixe dourar por mais 2 minutos. Desligue o fogo, transfira os bifes para uma travessa e cubra com papel-alumínio.
3. Leve a frigideira ao fogo alto novamente, regue com a água e raspe com uma espátula, soltando todo o queimadinho que se formou no fundo da panela — é ele que dá o sabor do molho. Quando o fundo estiver limpo, e o caldo bem escuro, baixe o fogo, misture o caldo de limão e deixe cozinhar por 2 minutos.
4. Desligue o fogo (sim, desligue!), junte a manteiga gelada e faça movimentos circulares com a panela — assim a manteiga emulsifica e engrossa o molho. Atenção: não dá pra aquecer o molho novamente, pois vai perder a consistência. Tempere com sal e pimenta-do-reino a gosto, regue sobre o bife. Finalize polvilhando com as raspas de limão-siciliano. Sirva a seguir, acompanhado da salada de agrião e do grão-de-bico.

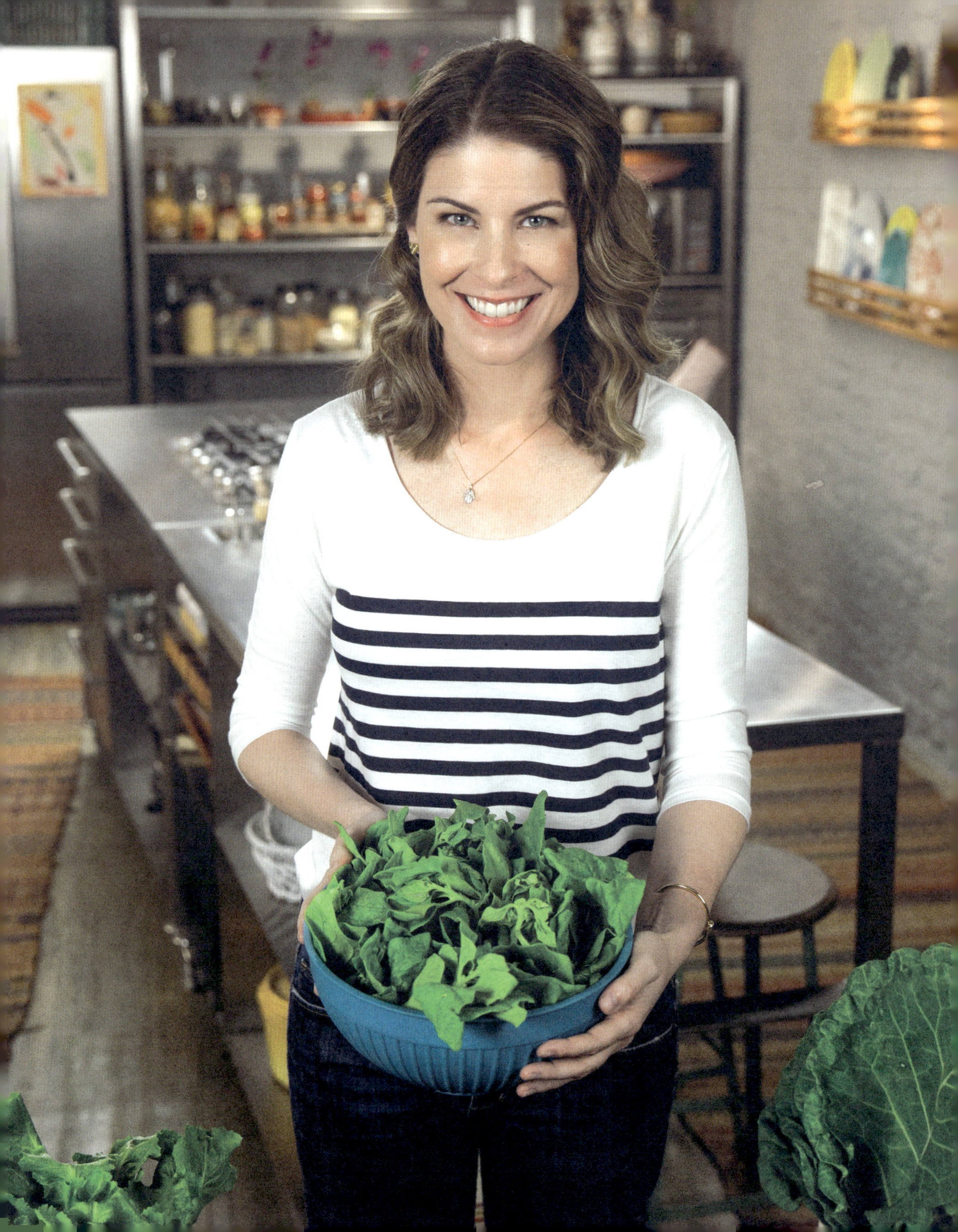

CAP. 11 — ESPINAFRE O super
VEGETAL

Graças ao Popeye, ele ganhou fama de superalimento, quando ainda nem se falava em alimentação funcional. O espinafre é um curingão na cozinha: além do maço fresco lá da feira, dá para estocar no freezer a versão congelada do supermercado. Ou seja, toda a força do vegetal, com quase nada de esforço! Somos práticos ou o quê?

Olha, se passados dez capítulos
ainda não atingi meu objetivo —
que é fazer você se alimentar melhor
preparando a própria comida —,
acho que, desta vez, vai

Quem não gostaria de saber fazer um tradicional creme de espinafre ou um chiquérrimo suflê de espinafre? O creme acompanha qualquer grelhado, e o suflê, assado em tamanho família, pode substituir a quiche no famoso combo quiche e salada. O melhor é que, além de apetitosas, essas receitas podem ser preparadas com espinafre comprado congelado.

Esse, aliás, é um bom exemplo de como aproveitar o que a indústria alimentícia tem a oferecer de bom, sem cair no conto da comida pronta. Claro que tem gente que só come besteira e é magro. Mas essa é a exceção. Todas as sociedades que não levam cozinhar a sério, que vivem de comida pronta, alimentaram a obesidade da população a índices irreversíveis. Existe uma enorme diferença entre comida industrializada e ultraprocessada, que é a temperada na fábrica, não no fogão. E tempero pronto, seja em cubinho, seja em pasta, não é comida.

No Brasil, a falta de intimidade com a cozinha tem muito a ver com questões históricas e econômicas. Procurando bem, ainda dá para encontrar gente achando que cozinhar é "coisa de empregada doméstica" — triste resquício do Brasil escravista. Tem também quem prefere se alimentar de comida preparada com margarina e tempero pronto (ou qualquer outra escolha ruim feita por quem cozinhou), só para não precisar lavar um maço de espinafre. De algumas décadas para cá, quando as mulheres precisaram abandonar a cozinha para ganhar espaço no mercado de trabalho, não só deixaram de cozinhar, como também pararam de transmitir conhecimentos e habilidades culinárias para as gerações seguintes. Até mesmo a nossa evolução econômica virou uma armadilha para a alimentação: menos gente passa fome, é verdade, mas migramos da desnutrição para o consumo desenfreado dos produtos ultraprocessados — que tem gente que acha que é comida pronta. Biscoito recheado e até refrigerante são símbolo de status para quem sempre viveu à margem da fome. Uma pena.

É por isso que digo que cozinhar é como ler e escrever — todo mundo deveria saber. Não precisa ser chef. Mas é essencial conhecer o básico, preparar uma refeição simples, que seja saudável e dê prazer. Esse é meu jeito de me manifestar, provando que você não precisa ser refém da indústria alimentícia, e ainda pode aproveitar o que ela tem de bom.

Mostarda japonesa

Escarola

Rúcula

Agrião

Agrião

Couve-manteiga

Brócolis

Almeirão

Couve-de-bruxelas

RIQUEZA VERDE

Pois é, se na época do Popeye nem se falava em alimentação funcional, hoje, macacos me mordam!, muita gente parece estar mais interessada nas questões nutricionais do que em colocar a mão na massa. Essa turma sabe que os vegetais verde-escuros são riquíssimos em vários nutrientes. Mas, minha gente, não é só isso que conta, né? Eles são, antes de qualquer coisa, saborosos! E tem tanta opção que até falta desculpa para não incluir ao menos uma folha no cardápio.

O que seria do tão falado suco verde sem a **couve-manteiga**? Sem falar que, sem ela, a feijoada fica tão tristinha... Mais para a frente, no último capítulo, você confere uma receita irresistível de nhoque de banana que é servido com couve rasgada. Imperdível!

Crus, o **almeirão** e a **catalônia** são amargos. Tem gente que gosta de fatiar bem fininho e servir com arroz e feijão. Eu prefiro quando são refogadas com alho.

Os **brócolis**, seja o japonês ou o comum, ficam deliciosos assados (o que evita aquele odor típico de quando são cozidos em água), e as folhas, picadas e refogadas, podem ser aproveitadas num macarrão na manteiga, ou mesmo no arroz (experimente!).

Escarola e **repolho** também ficam ótimos assados, sabia? A **couve-de-bruxelas** não aparece muito na nossa cozinha, mas vai muito bem com mostarda de Dijon para acompanhar uma carne.

A **mostarda japonesa** pode ser apenas escaldada e, depois de escorrida, vai para o prato com um fio de azeite, que delícia!

Agrião e **rúcula** são supercomuns na salada — quando quiser fazer uma frescurinha, compre as versões baby.

E chegamos ao **espinafre**, nosso ingrediente astro: até ele tem versão baby, que pode ser servida crua, em saladas, porque não "amarra a língua", ao contrário do irmão mais velho.

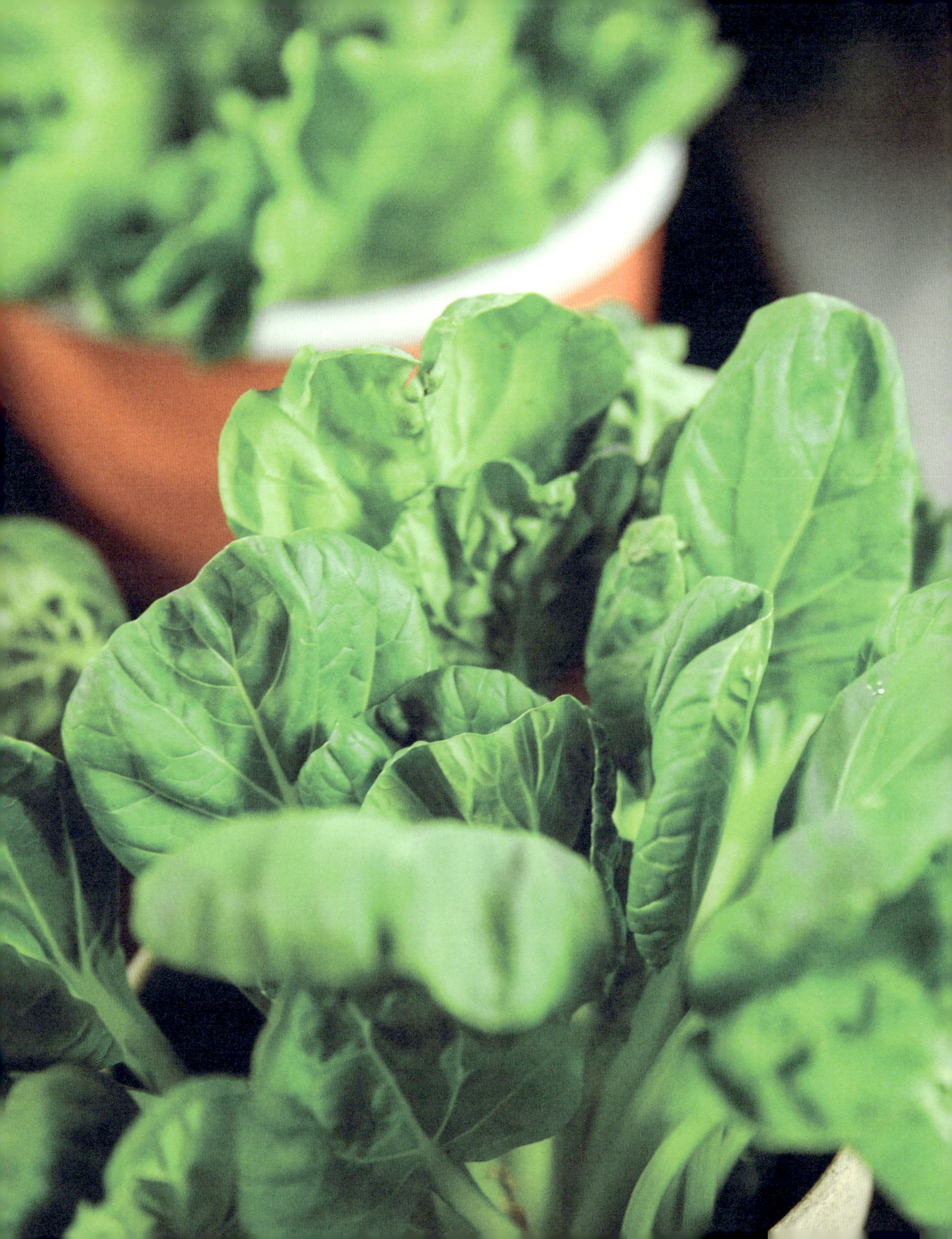

E

Congele o espinafre — ou compre congelado
ECONOMIZE

Congelado, o espinafre vai do freezer para a panela. Não poderia ser mais prático. Estoque uns saquinhos no congelador e, num dia de despensa vazia, tire da manga as fantásticas receitas deste capítulo. Uma curiosidade: muitas pessoas me perguntam como faz para congelar o espinafre. Achei curioso porque, se tem à mão um maço de espinafre fresco, não precisa do congelado! Como ele não rende muito, raramente sobra. Mas, ok, se você notar que vai perder um belo maço fresco, melhor congelar. Faça assim: destaque as folhas e descarte os talos. Lave, branqueie (a técnica está no capítulo do frango), esprema bem para tirar a água e coloque a porção toda num saquinho próprio para ir ao freezer. Se preferir, pique com a faca e congele em forminhas de gelo.

T

Diga: ru!
TÉCNICA: ROUX

Oh là là, lá vamos nós com mais uma técnica culinária francesa. Esses gênios! Eles inventaram um jeito mais que saboroso para engrossar molhos brancos. Tudo começa com o roux (pronuncia-se ru): aqueça a manteiga (sem sal) e acrescente a farinha de trigo de uma vez só, mexendo até formar uma pasta—a proporção é de um para um. Depois disso, é preciso cozinhar uns 5 minutos para que o gosto da farinha de trigo crua desapareça. A noz-moscada também dá uma ajudinha—é o tempero ideal para preparações doces e salgadas que levam leite. Essa é a base do molho bechamel, que vai fazer nosso creme de espinafre ficar daquele jeito de bom!

Ah, dica de economia doméstica: o roux pode ser preparado e armazenado na geladeira por até 4 dias, uma prática muito comum em restaurantes. Mas tem uma regra: ou você mistura o roux frio em líquido quente, ou roux quente em líquido frio.

Tem tempo para um saiba mais? Então deixa eu contar que, na verdade, existem quatro tipos de roux, com sabores e poder espessante diferentes. Quanto mais claro, mais suave o sabor e mais forte o poder de engrossar o caldo. O que muda a cor é o tempo de cozimento. O mais comum é o branco (bechamel!); depois vem o amarelo e o escuro (ou marrom), que dão aos pratos um sabor amendoado/tostado, e o negro, raramente usado, cujo poder espessante é mínimo.

Os celíacos respiram aliviados, pois ele não é a única opção: na culinária chinesa, por exemplo, os molhos são engrossados com uma misturinha de água e amido de milho. Outro *case* de sucesso é o manjar branco, em que o amido é dissolvido em leite de coco frio—inseri a receita aqui no capítulo, para você praticar seus dotes culinários no quesito espessante.

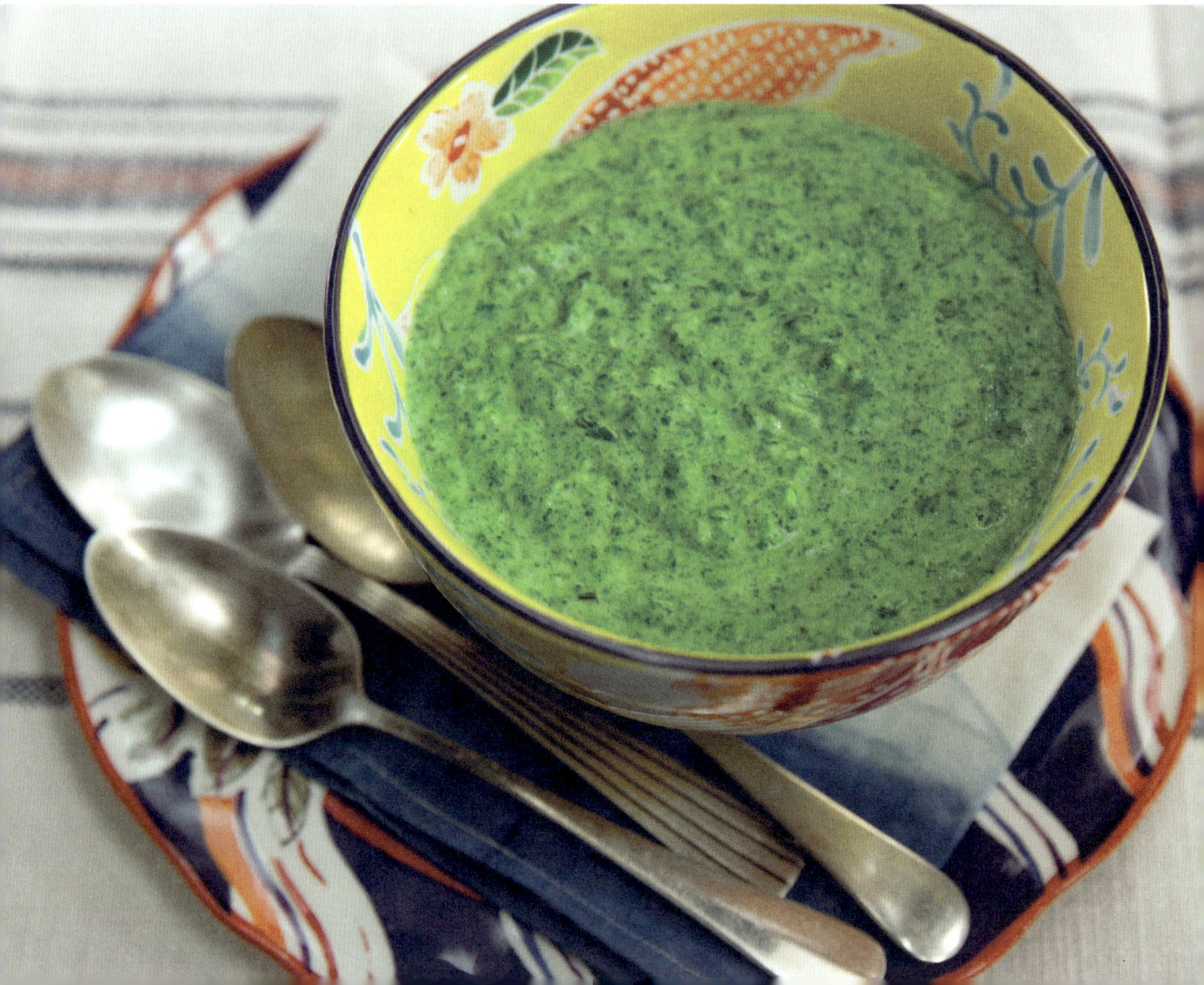

Creme de espinafre

ESPINAFRE CONGELADO NUM MOLHO BECHAMEL SUPERSABOROSO: O ALIMENTO PREFERIDO DO POPEYE EM VERSÃO ACOMPANHAMENTO PERFEITO PARA GRELHADOS

SERVE 4 porções TEMPO DE PREPARO 30 minutos

300 g de espinafre congelado fatiado (uma embalagem)
3 xícaras (chá) de leite
4 colheres (sopa) de manteiga
4 colheres (sopa) de farinha de trigo
noz-moscada ralada na hora a gosto
sal e pimenta-do-reino moída na hora a gosto

1. Leve uma panela média com a manteiga ao fogo baixo. Quando derreter, junte a farinha e mexa bem por 2 minutos, até ficar levemente dourada.
2. Adicione o leite gelado de uma só vez e mexa vigorosamente com um batedor de arame para não empelotar. Quando a mistura de farinha dissolver, aumente o fogo para médio. Tempere com noz-moscada e cozinhe, sem parar de mexer, até engrossar (cerca de 10 minutos).
3. Acrescente o espinafre e mexa bem para descongelar e aquecer, até que o creme fique uniforme. Tempere com sal a gosto.
4. Cozinhe em fogo médio, sem parar de mexer, por mais 10 minutos (ou até o creme atingir a consistência desejada). Sirva a seguir com bife ou filé de carnes, aves ou peixes.

Manjar branco cremoso

serve 10 pessoas
tempo de preparo 20 minutos + 4 horas na geladeira

UMA VERSÃO MAIS CREMOSA (E MENOS GELATINOSA!) DA TRADICIONAL SOBREMESA. SIRVA EM COPOS OU TACINHAS, PARA FICAR MODERNINHO, MAS NÃO DEIXE A VELHA E BOA CALDA DE AMEIXA DE FORA

PARA O CREME
1 litro de leite
¾ de xícara (chá) de leite de coco (cerca de 200 ml), de preferência caseiro
½ xícara (chá) de açúcar
⅓ de xícara (chá) de amido de milho

PARA A CALDA
300 g de ameixa seca
2 xícaras (chá) de água
½ xícara (chá) de açúcar
1 canela em rama
3 anises-estrelados

1. Numa caçarola média, misture o leite com o açúcar e leve ao fogo alto para ferver. Enquanto isso, dissolva o amido no leite de coco.
2. Assim que o leite ferver, junte o amido dissolvido com o leite de coco e misture bem com um batedor de arame. Diminua o fogo para médio e continue mexendo até engrossar, por cerca de 5 minutos — a consistência é de um mingau grosso.
3. Distribua o creme em copos (ou tacinhas) sem completar todo o volume — deixe cerca de ⅓ livre para colocar a calda. Leve à geladeira por, no mínimo, 4 horas para firmar (se preferir, faça na noite anterior). Enquanto isso, prepare a calda.

1. Numa panela pequena, junte a água com o açúcar e misture para dissolver. Acrescente a ameixa, a canela e o anis. Leve ao fogo médio e deixe cozinhar por 10 minutos, até formar uma calda fina e as ameixas ficarem macias.
2. Transfira a calda para uma tigela (ou compoteira) e deixe esfriar em temperatura ambiente (se estiver fazendo no dia anterior, depois de fria, cubra com filme e leve para a geladeira).
3. Na hora de servir, retire os copos com o manjar da geladeira, e coloque um pouco da calda com ameixas sobre cada um.

Aceita um assoprado?
TÉCNICA: FAZER SUFLÊ

Se suflê é francês também? Chique desse jeito, claro que é! *Soufflé* quer dizer "assoprado". É justamente isso que acontece no forno: a preparação cresce como um sopro! E depois a gente corre para servir porque logo, logo, o suflê muuurcha, tadinho. Mas vale o espetáculo — toda vez — e o sabor — sempre. Dica de amiga: se você fez o creme de espinafre, já está com meio caminho andado; separe uma xícara dele. Mas isso não basta para garantir o sucesso do preparo. Veja o que faz toda a diferença a seguir (nem preciso mais bater na tecla do forno preaquecido, né?).

O RECIPIENTE CERTO
O tradicional é o ramequim, aquela tigela redonda refratária, com a parede bem reta, e canelada por fora. O formato é importante, pois o suflê precisa escalar as paredes da fôrma. Não precisa ser um ramequim, mas precisa ter 90 graus entre a base e a parede do recipiente — além de poder ir ao forno, claro. E do forno para a mesa! Existem tanto as tigelinhas de porção individual como as tamanho família (que a gente vai usar aqui).

TEM QUE UNTAR
Tem? Tem, mas apenas as laterais, já que a gente não vai desenformar. Mas, sem polvilhar, a massa não cresce a contento. Por isso, além de manteiga, vai uma misturinha de queijo ralado e farinha de rosca — a gente faz o que pode e o que não pode para ajudar essa massa aerada a subir pelas paredes!

QUAL QUEIJO?
Pode ser emmenthal, pode ser parmesão. Mas o meia cura dá conta do recado, viu? E é um bom jeito de dar uma abrasileirada na receita.

CLARA EM NEVE PERFEITA

Lá vem aquela cobrança com as claras em neve. Se você leu o capítulo do chocolate, onde explico a técnica, sabe do que estou falando. Elas merecem atenção—e não tem como ser diferente: o "sopro" do suflê funciona justamente por causa do ar contido nas claras batidas. Elas precisam ter estrutura, mas devem ficar elásticas—muito firmes, ressecam a massa. O segredo é verificar o biquinho no garfo da batedeira depois de desligada: ficou de pé? Então está no ponto. Para não perder o ar das claras, o segredo é misturá-las na massa delicadamente, mas com ritmo, fazendo movimentos de baixo para cima. A espátula de silicone ajuda bastante nessa etapa de incorporação.

TRUQUE

Do forno correndo para a mesa! Ou não tão urgente: na hora de servir, você pode colocar folhas verdes em cima do suflê, assim ele fica escondido na tigela e, além de ser uma boa surpresa para os convidados, disfarça o processo de murchar. Que a gente não é bobo nem nada, *madame*.

UI — Pão-duro com orgulho
UTENSÍLIO INDISPENSÁVEL:
ESPÁTULA DE SILICONE

A princípio, você não acha que preciiisa de uma espátula de silicone. Mas, meu amigo, minha amiga, você precisa. Para começo de conversa, ela não é abrasiva, então não machuca as panelas que levam camada antiaderente, olhe que alívio. Outra vantagem é que ela funciona como um pão-duro mais eficiente do que os originais, que estrearam no mercado na versão plástico rígido—as espátulas de silicone raspam o fundo do tacho que é uma beleza! Outra: para incorporar alimentos, como no caso das claras em neve do suflê, a espátula é mais adequada do que a colher de pau—e, ao contrário desta, ela não pega gosto, portanto, não precisa ter as específicas para doces e salgados.

QUICHE COM SALADA
É COISA DO PASSADO.
APOSTE NO SUFLÊ COM SALADA,
QUE VAI À MESA
EM TAMANHO FAMÍLIA—
FICA CHIQUE QUE SÓ ELE!

Suflê de espinafre

SERVE 4 pessoas TEMPO DE PREPARO 40 minutos + 30 minutos para assar o suflê

150 g de espinafre congelado fatiado
1½ xícara (chá) de leite
2 colheres (sopa) de manteiga
2 colheres (sopa) de farinha de trigo
noz-moscada ralada na hora a gosto
3 gemas de ovos
5 claras de ovos
½ xícara (chá) de queijo meia cura ralado fino
1 maço de espinafre baby
1 colher (sopa) de farinha de rosca
manteiga para untar o ramequim
sal grosso e pimenta-do-reino moída na hora a gosto
azeite a gosto

1. Leve uma panela média com a manteiga ao fogo baixo. Quando derreter, junte a farinha de trigo e mexa bem por 2 minutos, até ficar levemente dourada.
2. Adicione o leite de uma só vez e mexa vigorosamente com um batedor de arame para não empelotar. Quando a mistura de farinha dissolver, aumente o fogo para médio. Tempere com noz-moscada e cozinhe, sem parar de mexer, até engrossar (cerca de 10 minutos).
3. Acrescente o espinafre e mexa para descongelar e aquecer, até o creme ficar uniforme. Tempere com sal a gosto. Cozinhe em fogo médio, sem parar de mexer, por mais 10 minutos. Desligue e deixe esfriar.
4. Preaqueça o forno a 180 °C (temperatura média). Unte com manteiga apenas as laterais de um ramequim (tigela canelada) grande de 18 cm de diâmetro. Faça uma misturinha de 1 colher (sopa) do queijo ralado com a farinha de rosca e polvilhe por toda a lateral untada.
5. Transfira o creme para uma tigela grande. Junte as gemas, o restante do queijo ralado e misture bem com uma espátula.
6. Na batedeira, bata as claras até o ponto neve. Atenção para o ponto: se as claras ficarem muito firmes, o suflê vai ressecar.
7. Junte ao creme de espinafre $1/3$ das claras batidas e misture bem com a espátula. O restante das claras, misture fazendo movimentos circulares, de baixo para cima, delicadamente, para não perder todo o ar incorporado.
8. Transfira a massa para o ramequim preparado e leve ao forno preaquecido para assar por cerca de 30 minutos. Enquanto isso, lave e seque as folhas de espinafre baby.
9. Retire do forno, coloque as folhas sobre o suflê, tempere com sal, pimenta-do-reino e azeite a gosto. Sirva a seguir.

BEM FRESCO

Espinafre é mesmo versátil. Vai no recheio da panqueca ou da torta, misturado com lentilha, refogado com uva-passa, servido como salada. O Panelinha tem mais que um maço — cru — de boas receitas com a verdura.

Uma das minhas preferidas é a que leva ovo. Aliás, sempre que você ler num cardápio: "à fiorentina", pode saber que o prato leva espinafre e ovo. É uma combinação clássica. Como senti falta de cozinhar com espinafre fresco, saquei da manga esta receita aqui: torradas à fiorentina. Além de linda e saborosa (a torrada é perfumada com alho), é bem nutritiva. Bom avisar que... espinafre murcha muito e não rende! Conte um maço para cada duas pessoas.

Para que qualquer preparo com espinafre fresco fique bem gostoso, use só as folhas, sem os talos. Prefira manteiga para refogar — ou faça como os franceses (eles de novo!), que cozinham em água fervente, escorrem e temperam. Se quiser — mas não precisa, viu? —, pode fazer uma frescurinha de restaurante francês também: eles dobram cada folha de costas, deixando o eixo central no topo, e puxam para cima a extremidade onde havia o talo. Uma fibra inteiriça se desprende junto, e deixa a folha com textura ainda mais gostosa.

Básico do básico
TÉCNICA: FRITAR OVO

Existe uma categoria de cozinheiro diametralmente oposta à do chef. É aquele tipo que "não sabe nem fritar um ovo", conhece? Pois é. Mas é agora que ele aprende. Até porque o ovo frito bem-feitinho conta pontos para a moda fiorentina de servir o espinafre.

   Comece aquecendo a frigideira. A gordura pode ser óleo, azeite, manteiga; o suficiente para untar bem a panela. O fogo deve estar baixo, para não esturricar a clara (a não ser que você goste). Quebre o ovo numa tigelinha primeiro. Na hora de transferir o ovo, faça isso bem rente à frigideira, delicadamente. Se gosta de gema bem mole, um truque: coloque a clara primeiro, espere uns segundos e só então coloque a gema. Gema dura? Uma questão de tempo: depois de frito, desligue o fogo e tampe a frigideira por 1 ou 2 minutos para que o ovo termine de cozinhar no próprio vapor. Enquanto ele frita, tempere com sal e pimenta-do-reino moída na hora (ou tempere a gordura antes de colocar o ovo, assim a clara permanece branquinha). Um jeito diferente de servir é virando, ainda na frigideira, a clara sobre a gema, em três partes, como se fosse um embrulho — fica parecendo um ovo pochê. Outra opção é ir arrumando a clara ainda crua com a espátula, dando o formato de que você gosta.

Torradas à fiorentina

O NOME ENTREGA: VAI TER ESPINAFRE COM OVO FRITO! EM CIMA DA TORRADA, ELES SE TRANSFORMAM NUM PRATO SIMPÁTICO, SABOROSO E SUPERNUTRITIVO

SERVE 2 pessoas   TEMPO DE PREPARO 20 minutos + 10 minutos para o espinafre ficar de molho

1 maço de espinafre
3 colheres (sopa) de manteiga
2 ovos
2 fatias de pão italiano
1 dente de alho
sal e pimenta-do-reino moída na hora a gosto

1. Separe as folhas dos talos do espinafre. Lave as folhas em água corrente e em seguida deixe de molho em água com 1 colher (chá) de vinagre ou Hidrosteril por 10 minutos. Retire as folhas da água com cuidado, para que as sujeirinhas fiquem no fundo da tigela.
2. Numa frigideira grande, derreta 2 colheres (sopa) de manteiga em fogo médio e junte o espinafre, mexendo por cerca de 5 minutos, para que as folhas cozinhem por igual — o espinafre vai murchar e soltar água. Tempere a gosto com sal e pimenta-do-reino, misture bem e desligue o fogo.
3. Leve ao fogo médio outra frigideira (de preferência antiaderente). Quando aquecer, acrescente as fatias de pão e deixe alguns minutos de cada lado para dourar. Retire as fatias da frigideira, corte uma ponta do dente de alho e esfregue a parte sem casca em cada uma das fatias.
4. Volte a frigideira para o fogo médio e derreta 1 colher (sopa) de manteiga. Quebre um ovo por vez numa tigelinha e transfira para a frigideira (com cuidado para não quebrar as gemas). Tempere a gosto com sal e pimenta-do-reino e deixe fritar por cerca de 3 minutos, até a que a clara esteja cozida, mas a gema ainda mole.
5. Enquanto os ovos fritam, divida o espinafre sobre as 2 fatias de pão. Separe os ovos com uma espátula e coloque cada um sobre uma das porções de espinafre. Sirva a seguir.

CAP. 12 — PEIXE

Tá pra peixe!

O ingrediente da vez é o peixe, que foi parar em três pratos diferentes, com métodos de cozimento distintos — todos eles facílimos de fazer

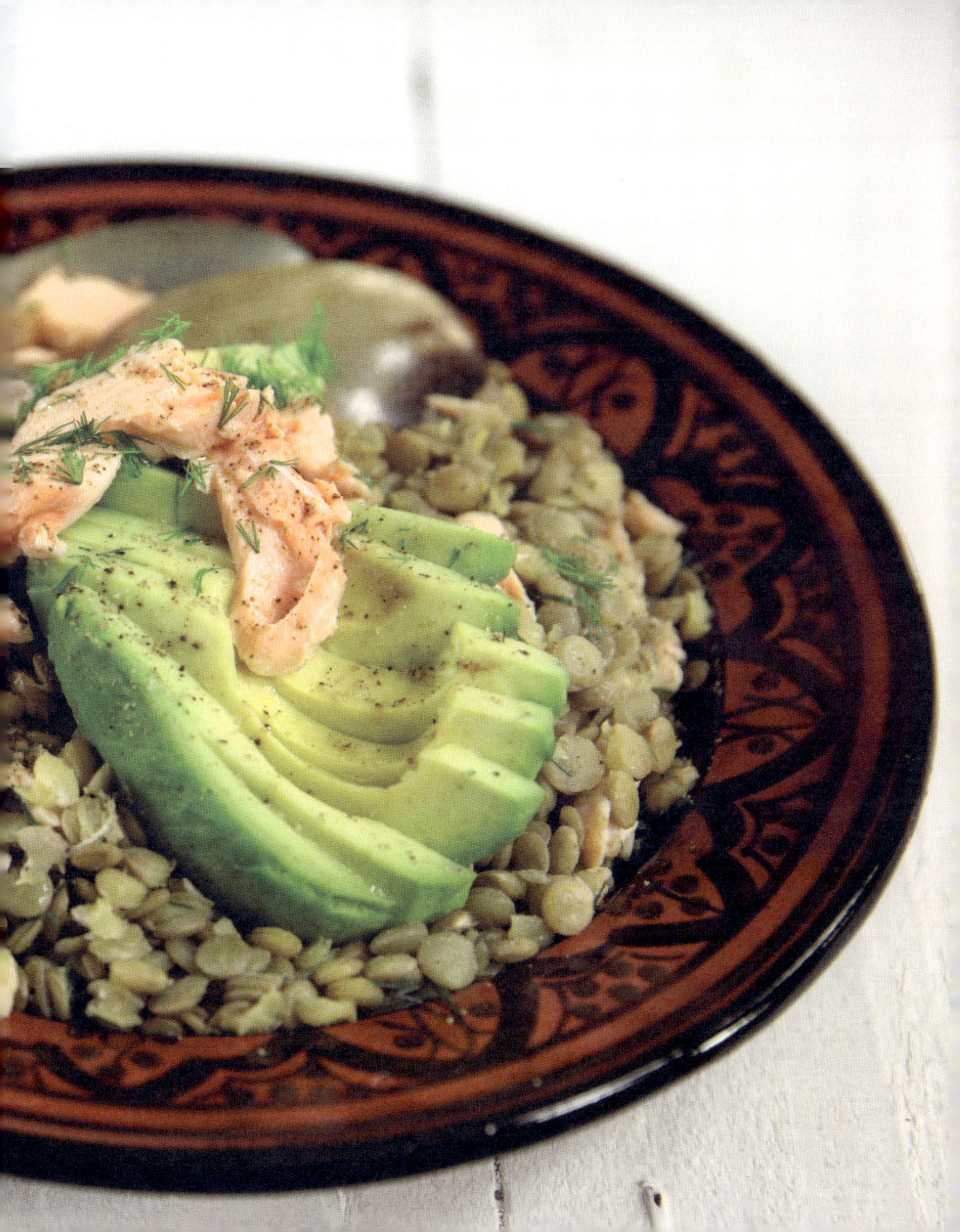

Quem ainda não tem muita intimidade com as panelas morre de medo de cozinhar peixe

Por isso é que deixei este assunto para os finalmentes! Agora que você já sabe o básico, vai poder sair se mostrando por aí com as receitas deste capítulo. Ô se vai! O ingrediente é o peixe, mas os métodos de cozimento também são destaque. O primeiro deles é o vapor — com o qual você também prepara legumes de um jeito bem fácil e saudável: a água fica no fundo da panela, o cesto próprio vai com o alimento em cima, e é só esperar o vaporzinho cozinhar tudo lentamente. Depois tem o escaldado e o escalfado. Vou fazer suspense: conto a diferença entre os dois só nas próximas páginas!

Mas vou entregar logo as receitas, que é para você não escapar da minha isca: vamos preparar um salmão no vapor, que vai ser servido com pimentão chamuscado, sem óleo nem nada — duas técnicas perfeitamente contraditórias; acho que é por isso que eles combinam tanto. Depois a gente vai de salmão escaldado, feito num caldo francês chamado court bouillon, que tempera e perfuma a carne — aqui, em versão prática, servido numa salada de babar de boa, que leva lentilha e abacate. Por fim, ainda tem um robalo escalfado, receita italiana de preparo simples, mas elegante até dizer chega, e de sabor surpreendente.

Nenhum dos preparos requer habilidades de chef com diploma e doutorado, prometo. Quero mostrar justamente o contrário: sabendo manipular e conhecendo técnicas diferentes de cozimento, você vai ver como peixe é fácil e rápido de fazer.

Existe uma pequena, porém real, chance de você não gostar de peixe e ainda estar lendo este texto. Mergulhe neste capítulo mesmo assim, pois as técnicas também servem para outras preparações. Dessa forma, as possibilidades na cozinha se multiplicam e sua alimentação vai ficar mais variada, e mais saudável.

Mas, se você ama peixe, tem ainda mais: uma receita de roseta de peixe com cuscuz marroquino. É linda, leve, romântica! Daquelas que dão vontade de ir correndo para a cozinha.

Para começo de conversa
TÉCNICA: TIRAR A PELE DO PEIXE E REDUZIR A ALBUMINA

E então você se vê com seu corte de peixe em cima da tábua, e meio que não sabe por onde começar. Eu ajudo: se você vai escaldar ou assar o peixe, pode deixar a pele intacta. Mas, para o cozimento a vapor, nosso próximo passo aqui, o ideal é tirar a pele do peixe ainda cru. Requer alguma firmeza, mas é procedimento simples. Na tábua própria para carnes, apoie o peixe com a pele para baixo e, usando uma faca afiada, faça um corte entre a pele e a carne. Em seguida, com a ponta de uma faca pequena ou tesoura, faça um furo no centro dessa pequena parte, agora exposta, de pele. Ali vai ser seu apoio: encaixe um dedo para puxar a pele na sua direção, enquanto a faca faz a força contrária, meio na diagonal, separando a carne dela. Passe uma água no peixe em seguida — e, se for grelhar, já sabe: tem que secar bem.

NO CASO DO SALMÃO
Sabe quando você vai comer salmão cozido e ele tem uma espécie de película branca por cima? Aquilo é a albumina. Dá para reduzir fazendo um soro. Deixe o salmão de molho em ½ litro de água com 2 colheres (sopa) de sal. Apenas 10 minutos são suficientes, acredita? O soro também ajuda a salgar o peixe por igual. Depois do tempo indicado, vale passar uma água para tirar o excesso de sal.

Suave...
TÉCNICA: COZINHAR A VAPOR

Uma panela com um fundo d'água fervente, um cesto apoiado em cima e pronto: cozinhar só com o vapor é a garantia de alimentos com a cor e o sabor preservados, além dos nutrientes. Mas o método não é apenas saudável: é também excelente para cozinhar alimentos delicados, como o nosso ingrediente curinga, o peixe.

CADA COISA NO SEU LUGAR
A regra principal deste método é que a água, ou seja qual for o líquido que você estiver usando, não deve encostar no alimento — alguns cestos improvisados de cozimento a vapor são baixos e o líquido, quando ferve, acaba invadindo o território.

NOTA 10 EM FÍSICA
Talvez não precise, mas acho melhor avisar antes: não adianta salgar a água, pois o sal não evapora. Deixe para temperar depois — ou antes, como no caso do salmão, que vai passar no soro que reduz a albumina e ainda tempera o peixe.

A VEZ DOS LEGUMES
O vapor é ótimo para cozinhar verduras e legumes, que vão para o prato com seus nutrientes intactos. (Os brócolis, por exemplo, ficam uma delícia no vapor. Mas, se você tampar a panela, eles perdem o verde-verdejante.) O ideal é cortar os legumes em pedaços grandes: isso diminui a área de contato com o vapor, preservando ainda mais os nutrientes.

VAPOR AROMATIZADO
A gente costuma pensar em água para fazer o vapor. Mas o líquido pode ser um caldo, ou vinho, ou sucos com ervas aromáticas. O vapor não salga a comida, mas pode perfumar. As combinações são infinitas. Três ideias de lambuja:
    Salsão + hortelã + pimenta + semente de coentro + cravo + vinho.
    Gengibre + capim-cidreira + anis-estrelado + limão-siciliano.
    Tomilho + alho + canela + louro + suco de laranja.

UI

Salve o cestinho!
UTENSÍLIO INDISPENSÁVEL:
RECIPIENTES PARA COZINHAR A VAPOR

Sabe aquele utensílio que, se você não tem, parece que não faz falta, mas, se tem, não para de usar? Os cestos para cozinhar a vapor funcionam mais ou menos assim. E o bom é que tem opção para todos os gostos. Os cestinhos de bambu são supertradicionais; existem em tamanhos diferentes e podem ser empilhados, assim dá para cozinhar mais de um alimento ao mesmo tempo — a panela wok é perfeita para apoiá-los. O único porém é que eles pegam gosto com o tempo, então precisa separar os que você usa para carnes e para legumes. Onde encontrar? Em lojas de produtos orientais. Nessas mesmas lojinhas há as cestinhas com "pétalas" de inox, que fecham como se fossem flor. Vantagem: não pegam gosto e ocupam menos espaço. Desvantagem: costumam ter pezinhos baixos e ficam muito perto do fundo da panela. Já viu as panelas de aço inox que trazem um cesto, também de inox, acoplado? São excelentes porque o cesto fica bem alto, assim, não tem perigo de o líquido encostar no alimento. Tem até panela de pressão com cesto próprio, com direito a pezinho para não deixar o alimento encostar na água. Fã de micro-ondas? Também existe recipiente específico, de plástico, para cozinhar a vapor no micro. Ou seja, se perguntarem por que você ainda não tem um, falta até argumento.

Salmão no vapor com pimentão chamuscado

SERVE 2 pessoas TEMPO DE PREPARO 30 minutos

DOIS INGREDIENTES QUE SE COMPLEMENTAM E DUAS TÉCNICAS DE COZIMENTO PRATICAMENTE OPOSTAS. É DRAMA, É SUSPENSE, É ROMANCE. É UM SUCESSO!

2 filés de salmão sem pele
    (cerca de 250 g cada)
4 colheres (sopa) de sal
1 litro de água
1 pimentão amarelo
1 pimentão vermelho
1 cebola
1 dente de alho
folhas de manjericão, hortelã e endro
    a gosto
azeite para finalizar
sal e pimenta-do-reino moída na hora
    a gosto

1. Descasque, corte ao meio e fatie a cebola em meias-luas médias. Descasque e pique fino o alho. Corte os pimentões ao meio, no sentido do comprimento; retire e despreze as sementes e o topo; no sentido do comprimento, corte em fatias de 1 cm de largura.
2. Numa tigela, misture a água e o sal. Junte os filés de salmão e deixe de molho por 10 minutos, fora da geladeira — esse soro minimiza o efeito branco da albumina no peixe cozido e tempera os filés por igual.
3. Enquanto isso, leve ao fogo médio uma panela de ferro ou de aço inox com fundo triplo. Quando estiver bem quente, adicione os pimentões e a cebola, sem nenhum tipo de gordura, e deixe cozinhar por cerca de 5 minutos, mexendo de vez em quando, até murchar e chamuscar. Misture o alho, tempere com sal e mexa por apenas 1 minuto. Desligue o fogo e mantenha os legumes na panela enquanto prepara o vapor.
4. Coloque um pouco de água numa panela média, cerca de $1/3$ do volume, e leve ao fogo alto.
5. Retire os filés de salmão do soro, lave em água corrente e transfira para o cesto (ou peneira) de cozimento a vapor. Quando a água começar a ferver, diminua o fogo e encaixe o cesto com os filés, tampe a panela e deixe cozinhar por 7 minutos.
6. Transfira os peixes para os pratos e cubra com os pimentões chamuscados. Polvilhe com as ervas, regue com azeite e tempere com pimenta-do-reino moída na hora a gosto. Sirva a seguir.

T

Tssss! Ui
TÉCNICA: CHAMUSCAR

Chamuscar é uma técnica pouco usada, mas ela é tão saudável quanto o vapor, já que o alimento é cozido sem gordura, mas fica com aspecto de feito na chapa. Dá uma certa insegurança na primeira vez. Como assim, colocar ingredientes na panela sem óleo, nem nada? Desfaço o mistério nesta mesma frase: você precisa optar pelos ingredientes certos, que são aqueles que contêm bastante líquido, como a cebola e o pimentão (justamente os que usaremos no acompanhamento do peixe no vapor). Aí funciona que é uma beleza. Tem panela de ferro em casa? Então prefira essa — mas também dá certo na de aço inox. Os legumes ficam queimadinhos, sem nadica de nada de gordura, então, sinta-se livre para colocar um fio de um bom azeite extravirgem no prato.

E

Cozinhe no vapor & na água ao mesmo tempo
ECONOMIZE

Se você tem uma panela com cesto próprio para vapor, vai adorar esta dica: use o cesto normalmente, mas aproveite a água para cozinhar outro alimento. Pode ser, por exemplo, o peixe em cima e os legumes em baixo; ou o contrário. Outra ideia é aproveitar para comparar dois métodos de cozimento para o mesmo alimento, como fiz com o salmão, que vai nas duas preparações deste capítulo: uma posta foi sem pele para o vapor e a outra, com pele, foi escaldada na água da mesma panela — mas não era uma água qualquer, e sim um caldo bem saboroso! Veja a seguir.

Caldo esperto
TÉCNICA: ESCALDAR NO COURT BOUILLON

Os franceses inventaram um jeito ótimo de cozinhar o peixe: o caldo curto. O court bouillon é bastante usado para cozinhar peixe, inclusive as postas congeladas: vão do freezer para a panela. Ele funciona como um caldo de legumes a jato, que ainda leva vinho, e já cozinha temperando o peixe.

No nosso caso, o court bouillon é dois em um, como você leu no item anterior, sobre economia doméstica: além de servir para escaldar (que, tecnicamente, é cozinhar em líquido fervente por alguns minutos) uma posta de salmão, o caldo vai aromatizar o vapor que cozinha a outra posta no cesto.

Temperar, aromatizar... Mas como? Com cebola, cenoura, louro, salsinha, tomilho, salsão, pimenta em grão. E vinho branco. Pode ser tudo isso, ou quase tudo isso. Eles vão para a água e o peixe entra na brincadeira assim que ela levanta fervura (mas a gente logo abaixa o fogo, senão a posta vai desmontando). Não precisa de muita água, nem de muito tempo — quer dizer, na nossa versão a jato ele é escaldado por 7 minutos; na tradicional, o caldo ferve por no mínimo 10 minutos, e só então o salmão mergulha.

Salada de lentilha com salmão & abacate

SERVE 2 pessoas TEMPO DE PREPARO 55 minutos

SALMÃO, LENTILHA E ABACATE SÃO MELHORES AMIGOS E A GENTE NÃO SABIA. EXPERIMENTE ESTA SURPREENDENTE COMBINAÇÃO PARA UM ALMOÇO DESCONTRAÍDO. VAI FAZER BONITO COM OS CONVIDADOS!

PARA COZINHAR O SALMÃO
1 filé de salmão com pele (cerca de 300 g)
1 cebola
1 cenoura
½ xícara (chá) de vinho branco
3 xícaras (chá) de água
1 ramo de tomilho
1 folha de louro
1 ramo de salsinha (talos e folhas)
3 grãos de pimenta-do-reino

1. Descasque e corte a cebola em meias-luas médias; lave e corte a cenoura em rodelas grossas; lave a salsinha e o tomilho.
2. Numa panela média, junte os legumes aromáticos preparados, os grãos de pimenta e o louro. Regue com a água e o vinho e leve ao fogo médio. Assim que ferver, diminua o fogo e adicione o filé de salmão. Tampe e deixe cozinhar por 7 minutos.
3. Desligue o fogo, transfira o peixe com o caldo para um recipiente e tampe. Deixe amornar e leve para a geladeira — deixar o peixe esfriar no próprio caldo é o segredo para ele pegar bem o gosto. Enquanto isso, cozinhe as lentilhas.

PARA A LENTILHA
1 xícara (chá) de lentilha
caldo de 1 limão-siciliano
3 colheres (sopa) de azeite
sal e pimenta-do-reino moída na hora a gosto

1. Numa panela média, coloque as lentilhas e cubra com 3 xícaras (chá) de água. Leve ao fogo médio e, quando ferver, deixe cozinhar por cerca de 20 minutos — as lentilhas devem estar cozidas mas ainda firmes para não desmancharem.
2. Escorra a água da lentilha e transfira para uma tigela. Tempere com o caldo de limão-siciliano, o azeite, e sal e pimenta-do-reino a gosto. Morna, ela absorve melhor o tempero.

PARA A MONTAGEM
1 abacate
caldo de 1 limão taiti
1 maço de endro (dill)
azeite a gosto

1. Pique grosseiramente as folhas de endro. Corte o abacate ao meio, no sentido do comprimento. Despreze o caroço e retire a casca, com cuidado, para manter o formato. Apoie a parte plana de cada metade na tábua e fatie no sentido do comprimento. Aperte levemente para abrir cada metade em leque. Regue com o caldo de limão taiti para não escurecer.
2. Retire o salmão do caldo e desmanche o filé em lascas, pressionando com um garfo. Despreze a pele e o caldo.
3. Misture metade das lascas com a lentilha temperada. Junte as folhas de endro e transfira para uma travessa. Disponha as metades de abacate fatiadas e as lascas de salmão restantes sobre a salada. Se quiser, regue com mais um pouco de azeite.

Roseta de peixe com cuscuz marroquino

serve 2 pessoas   tempo de preparo 45 minutos

MARCOU AQUELE JANTAR A DOIS EM CASA? TEM QUE SER ESTA RECEITA: É PERFUMADA, ROMÂNTICA E LEVE. ALÉM DO MAIS, VOCÊ NÃO PERDE TEMPO NA COZINHA

PARA O PEIXE

4 filés de pescada-branca (cerca de 400 g)
caldo de 1 limão
sal e pimenta-do-reino moída na hora a gosto
4 cebolas pérola
1 folha de louro
½ colher (chá) de semente de coentro
2 colheres (sopa) de uvas-passas brancas
2½ xícaras (chá) de folhas de espinafre
½ xícara (chá) de vinho branco
½ xícara (chá) de água
palitos de dente para prender as rosetas

1. Lave as folhas de espinafre e escorra a água. Numa tábua, descasque e corte as cebolas ao meio.
2. Tempere os filés de peixe com o caldo de limão, sal e pimenta-do-reino moída na hora a gosto. Numa tábua, corte cada filé ao meio, no sentido do comprimento, formando 2 tiras. Junte a ponta de uma com a ponta da outra, formando uma tira bem longa. Enrole a tira sobre si mesma para fazer uma roseta e prenda com palitos de dente. Repita com os outros filés.
3. Leve ao fogo médio uma frigideira antiaderente, de 20 cm de diâmetro. Quando estiver quente, doure as cebolas (parte cortada para baixo) por cerca de 3 minutos.
4. Diminua o fogo, adicione as rosetas de peixe, com a abertura para cima. Junte também o louro, as sementes de coentro e as uvas-passas.
5. Regue com o vinho, deixe evaporar por alguns segundos e junte o espinafre. Tempere com uma pitada de sal.
6. Regue com a água e tampe. Deixe cozinhar por 10 minutos.

PARA O CUSCUZ

1 xícara (chá) de cuscuz marroquino
1 xícara (chá) de água
½ colher (chá) de sal
azeite a gosto

1. Enquanto o peixe cozinha, leve a água para ferver numa chaleira.
2. Numa tigela, coloque o cuscuz marroquino, tempere com o sal. Regue com a água e um fio de azeite e misture com um garfo. Tampe e deixe cozinhar no próprio vapor por 5 minutos.
3. Após os 5 minutos, destampe o cuscuz e solte os grãos com um garfo.

PARA A MONTAGEM

¼ de xícara (chá) de castanha-de-caju
¼ de xícara (chá) de salsinha fresca

1. Lave e seque a salsinha. Numa tábua, pique as castanhas-de-caju grosseiramente.
2. No centro de cada prato, coloque algumas colheradas de cuscuz marroquino. Por cima, espalhe metade das cebolas, do espinafre e das uvas-passas.
3. Posicione 2 rosetas de peixe e regue com metade do caldo que se formou na frigideira.
4. Polvilhe com castanha-de-caju e folhas de salsinha. Sirva a seguir.

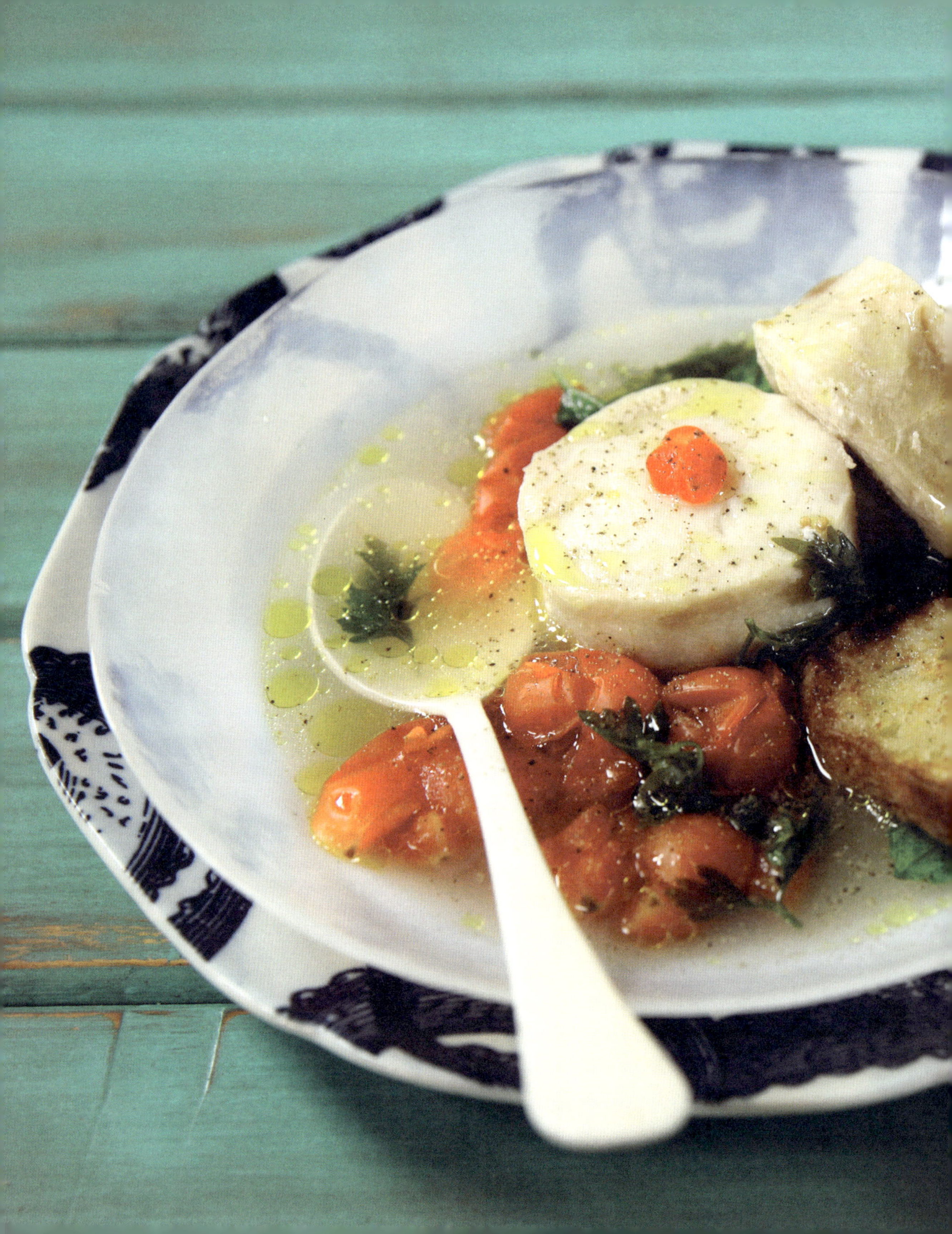

COZINHAR O PEIXE EM ÁGUA TEMPERADA. SERÁ QUE ISSO DÁ CERTO? *MAMMA MIA*, COMO DÁ! GRAÇAS AOS ITALIANOS, A GENTE PODE SE DELICIAR COM ESTA RECEITA TÃO SIMPLES, MAS DE VISUAL E SABOR CINCO ESTRELAS

FAZ 1 porção   TEMPO DE PREPARO 25 minutos

Robalo em acqua pazza

Escaldar, não, escalfar
TÉCNICA: ESCALFAR

Na última receita do capítulo, a gente usa uma técnica bem parecida com o escaldar, até no nome: vamos escalfar. O peixe vai ser cozido no líquido fervente; até aí, tudo igual. A diferença é que, neste método, o caldo usado para cozinhar o peixe também vai para o prato.

Nossa receita tem origem italiana, é a acqua pazza. Digo mais: é a fabulosa acqua pazza. Além de água, o caldo leva tomate cereja, pimenta, salsinha, um fio de azeite e sal. Só isso. Bem, ainda tem um manjericãozinho, que entra no fim do preparo, já que manjericão não gosta de calor, lembra? As postas levam apenas alguns minutos para cozinhar, com a panela tampada. Não é incrível que, com um pouco de técnica, até água e peixe se transformam num prato delicioso?

Ah, olhe esta dica: com as sementes, a pimenta fica mais picante — tirar ou não é uma escolha. Melhor, porém, tirar as sementes dos tomatinhos, isso sim! Talvez esse seja o único passo trabalhoso do preparo...

PS: Ei, você, que não gosta de peixe e chegou até aqui, sabe o que mais pode ser escalfado? Ovos em molho de tomate (no Panelinha tem uma receita que ainda leva ragu de linguiça).

2 medalhões de robalo (cerca de 100 g cada)
5 tomates cerejas
4 colheres (sopa) de azeite
½ pimenta dedo-de-moça
8 folhas de salsinha
6 folhas de manjericão picado
2 xícaras (chá) de água
½ colher (chá) de sal
sal e pimenta-do-reino moída na hora a gosto
2 fatias de pão italiano

1. Faça o pré-preparo: lave e seque o manjericão, a salsinha, a pimenta dedo-de-moça e os tomates; com uma faca, corte um X na base de cada tomatinho e esprema para extrair o excesso de sementes; descarte as pontas, retire as sementes e fatie a pimenta dedo-de-moça em rodelinhas.

2. Numa frigideira com borda alta (se preferir, você pode usar uma panela pequena), junte a água, 3 colheres (sopa) de azeite, a pimenta dedo-de-moça, as folhas de salsinha e os tomates. Tampe e leve ao fogo médio. Quando começar a ferver, junte ½ colher (chá) de sal e misture.

3. Tempere o peixe com sal e pimenta-do--reino moída na hora a gosto. Adicione os medalhões à panela, tampe e deixe cozinhar por 4 minutos.

4. Enquanto isso, leve outra frigideira, de preferência antiaderente, para aquecer em fogo médio. Regue com o restante do azeite e coloque as fatias de pão. Vire as fatias com uma espátula para dourar por igual. Desligue o fogo e mantenha os pães na frigideira para não esfriar.

5. Após os 4 minutos de cozimento, acrescente as folhas de manjericão e deixe cozinhar por mais 1 minuto. Desligue o fogo.

6. No centro de um prato fundo, coloque os medalhões, regue com 1 xícara (chá) do líquido da panela e salpique com o restante das ervas. Sirva imediatamente com as torradas de pão italiano.

CAP. 13 — BANANA

Gourmetiza, bem?

Agora que você conhece as técnicas essenciais, equipou-se com os utensílios indispensáveis e sabe preparar os básicos da cozinha nacional, pode dar uma empinada no nariz: é hora de gourmetizar a fruta mais popular do Brasil—viva a banana!

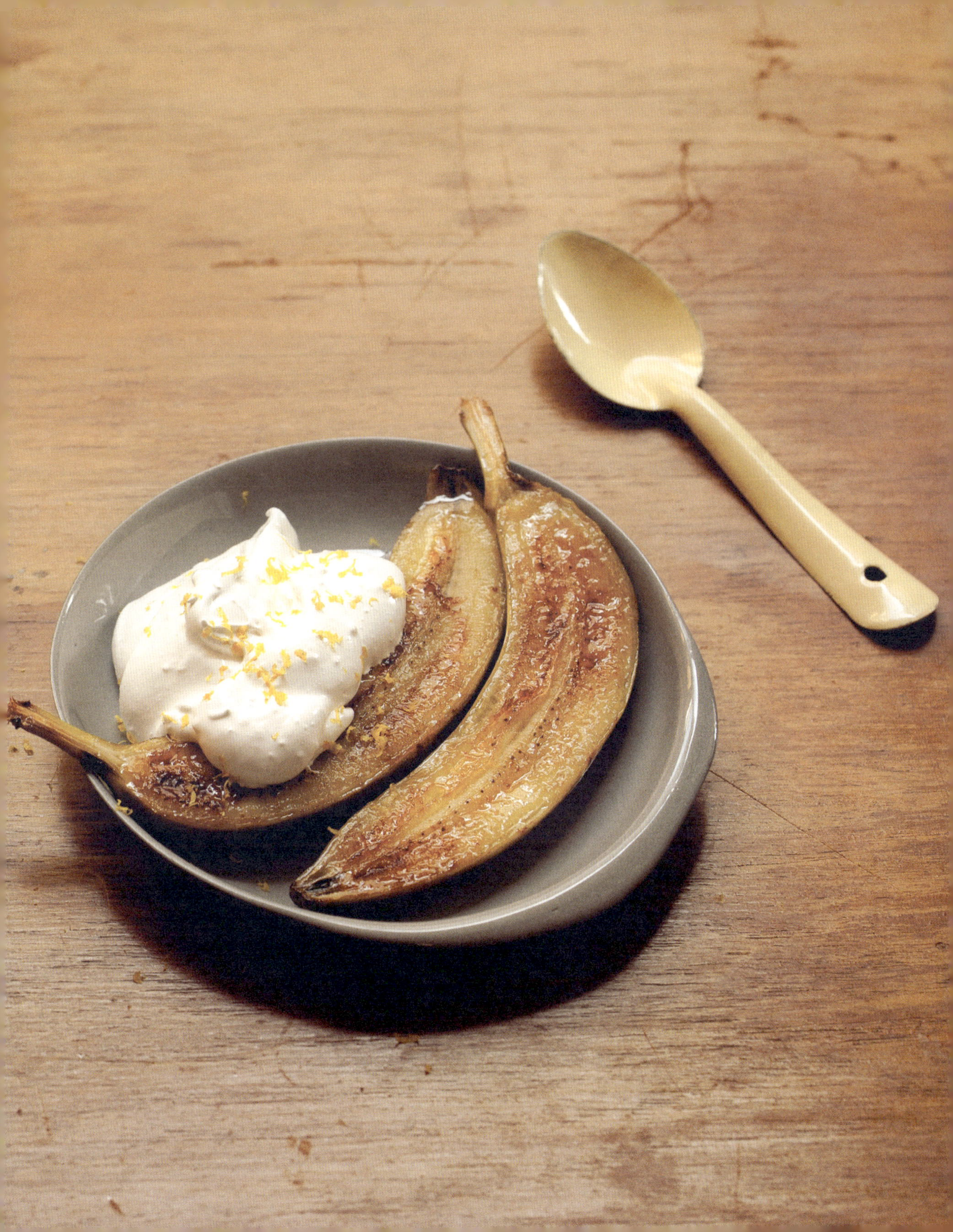

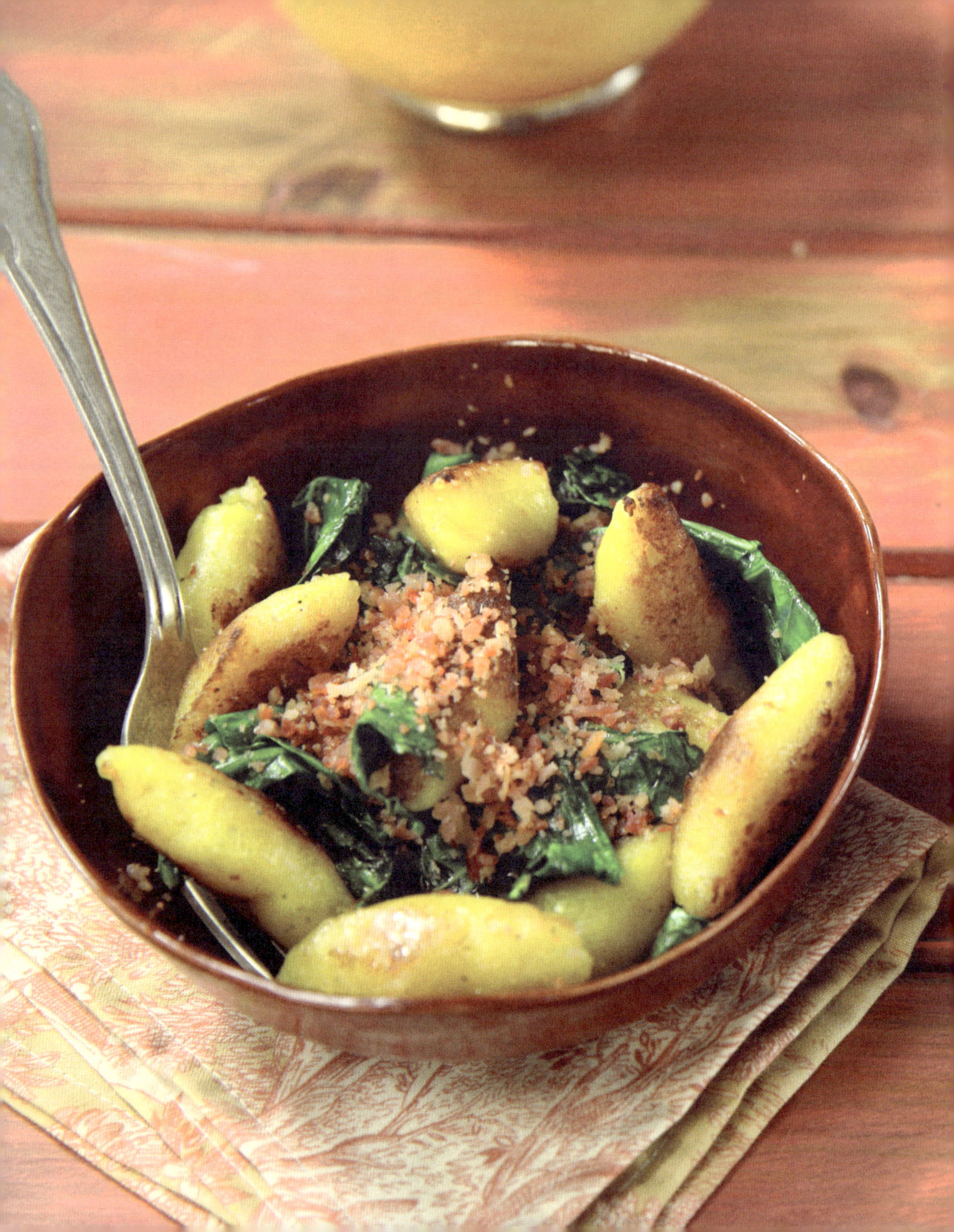

Eu sei que "desgourmetiza, bem!" virou bordão e até hashtag nas redes sociais

"O negócio, minha gente, é fazer e comer comida de verdade", bradei durante doze episódios e incontáveis posts espalhados pela internet. Até que... na hora de finalizar, escolhi uma receita de, atenção, nhoque de banana-da-terra servido com couve rústica e farofinha de bacon. Tem coisa mais gourmet? Até que tem, viu? O raio gourmetizador andou pegando de pipoca a brigadeiro, de churros a cachorro-quente. E, antes que ele me atinja, melhor deixar claro que não tenho nada contra, mas acho importante saber cozinhar também o básico e valorizar o que é nosso (é mais fácil encontrar no supermercado e ainda sai mais em conta. Com exceção da castanha-de-caju, acho).

É por isso que o último ingrediente deste nosso curso de culinária informal é a superpopular banana. Ela é versátil demais: empresta sabor, textura, cor e até uma certa brasilidade a preparações doces e salgadas. Se é para dar cara de *gurmê*, que seja com banana!

Mas, olhe, de nariz empinado, ficaremos só no nhoque, viu? Além de ser um escândalo de bom, com ele vamos aproveitar para conhecer melhor a técnica de saltear legumes. Já a outra preparação com a fruta é um clássico da cozinha da avó: um bolo de banana, daqueles que perfumam a casa toda antes mesmo de tirar a fôrma do forno. Se você nunca fez um caramelo, vai aprender a técnica de um jeito que fica difícil errar.

Ainda escolhi uma receita para dizer o meu *até breve*. O preparo é simples, mas o resultado é irresistível: banana dourada na manteiga, que ainda por cima vai ao prato com merengue. Rolou uma emoção? A gente trabalhou duro até aqui e merece cada mordida desses três preparos.

BANANA É NOSSO NEGÓCIO

É, colega, se o assunto é banana, no Brasil tem dessa fruta para todos os gostos! Veja alguns tipos bem fáceis de encontrar na feira, no hortifrúti, na quitanda e no mercado. Tem até na beira da estrada! Antes, porém, uma dica: quando precisar acelerar o amadurecimento da banana, embrulhe a penca num saco de papel junto com uma maçã, uma pera ou um tomate — a casca deles vai produzir etileno, gás que, concentrado nesse ambiente, vai apressar o amadurecimento da fruta.

No caso da **banana-da-terra**, vale o verso "banana velha é que faz comida boa". É que a gente sabe que ela está boa para consumo quando a casca fica mais para escurecida do que para amarela, como se estivesse passada mesmo. Mas, peraí, não prove ainda: não se come **banana-pão** crua, só cozida. Pão? Sim, seus outros nomes compostos são **banana-roxa**, **comprida**, **pacova**, **pacová** ou **chifre-de-boi**.

A **banana-nanica** é menor que a banana-da-terra, mas ainda assim é grande. Como pode? É que a bananeira dessa espécie é pequena, daí o nome. É úmida, adocicada, fácil de comer. Talvez por isso seja a mais popular do Brasil — em alguns lugares do país, ela pode ser chamada de **banana-d'água**, **caturra** ou **anã**.

A **banana-prata** tem vincos, é menor que a nanica, e menos doce; por isso mesmo, é ideal para usar em pratos salgados. É a banana que mais dura na fruteira.

Menor que a prata, de casca mais fina, gordinha e sem vincos, a **banana-maçã** tem um leve perfume que lembra o da maçã.

Pequenina, docinha e ideal para o lanchinho da tarde: a **banana-ouro** é só fofura.

FATIAS DE BANANA

Prova surpresa: qual das bananas é a melhor para fazer um bolo de banana?
 Tempo!
 Acertou quem respondeu: a mais úmida e adocicada. A nanica.
 Para o bolo, escolha apenas as maduras, porque ainda verdes elas são fibrosas e secas. Não existe uma regra para definir como cortar as bananas. Pode ser em rodelas, claro. Mas acho que no sentido horizontal as fatias criam um grafismo bem elegante, quase art déco, olha que fino. Cada banana rende três fatias e o jeito mais fácil de cortar é passando a faca paralela à tabua na banana já descascada, tentando ser o mais certeiro possível para que o corte fique reto. Mas, ok, ninguém é profissional de confeitaria aqui.

Açúcar + fogo
TÉCNICA: CARAMELO — MÉTODOS SECO & MOLHADO

Nosso bolo começa pelo caramelo. Já tentou fazer? É uma questão... Apesar de a teoria ser simples — caramelo = açúcar derretido —, a prática é delicada. Antes de chegar ao ponto certo, alguns cristais de açúcar ainda ficam intactos; passado o ponto, vira apenas açúcar queimado e amargo (e aí não tem jeito, tem que recomeçar do zero). E a qualquer momento: queima pra burro! Todo cuidado com a sua valiosa mão, que ele não é nenhum docinho de coco...

Qual é o ponto exato do caramelo, então? É aquele em que você obtém um líquido dourado, cheiroso que só ele, seja qual for o método de preparo. É que existem duas maneiras: a caramelização seca e o método molhado, que é o que vamos fazer.

Feito com açúcar e água, o método molhado é um pouco mais demorado, mas é mais fácil. Ele também é melhor para o bolo de banana porque a calda fica mais rala e consegue umedecer as bananas e a superfície da massa.

Esse tipo de caramelo pode ter até três texturas (fina, média e grossa), que se obtém controlando a quantidade de água adicionada. A nossa é a média: 1 xícara (chá) de açúcar para $1/2$ xícara (chá) de água.

O primeiro grande segredo é dissolver o açúcar na água: se for direto na panela, misture com o dedo até não conseguir mais enxergar nenhum grãozinho e, aí, leve ao fogo e não mexa mais; se quiser usar uma colher, misture em uma tigela e transfira para a panela delicadamente. De um modo ou de outro, não mexa mais, depois de levar ao fogo: agitar o líquido, além de fazer o açúcar queimar nas paredes da panela, vai promover a cristalização. Se isso acontecer, diminua o fogo, até que o açúcar derreta e caramelize.

Já as paredes queimadinhas precisam de cuidado imediato: passe um pincel de cerdas macias com um pouco de água na parte de dentro da panela, evitando o contato do pincel com a calda. Isso impede que o açúcar que ficou preso nas bordas queime e atrapalhe todo o processo.

De todo modo, o açúcar que fica na borda da panela pode começar a caramelar antes do líquido que está no centro. Como não podemos mexer o líquido, a solução é mexer a panela em movimentos circulares e delicados.

O segundo grande segredo é tirar do fogo antes de atingir a coloração caramelo, porque o açúcar continua cozinhando.

CARAMELIZAÇÃO SECA

Este é o método que a gente costuma usar para fazer pudim: o açúcar vai para a panela ou fôrma sem acompanhante, e calor nele! Enquanto o açúcar derrete, você vai mexendo a panela (com luva antitérmica, no caso da fôrma) com movimentos circulares, sem encostar na calda. É mais rápido, porém mais fácil de dar errado. Ok, mas não deixa de ser um ótimo atalho para quem está com pressa. Mas por que eu evito: como é uma calda um pouco mais densa, pode fazer algumas bananas grudarem no fundo da fôrma na hora de virar o bolo.

Bolo perfeito de banana caramelada

PERFEITO É UM ADJETIVO MAIS QUE PERFEITO PARA DAR NOME A ESTA RECEITA: QUANDO O AROMA DE BANANA COMEÇAR A SE ESPALHAR, ANTES MESMO DE O BOLO SAIR DO FORNO, VOCÊ VAI ENTENDER O PORQUÊ

SERVE 12 pessoas TEMPO DE PREPARO 25 minutos + 20 minutos para fazer a calda + 45 minutos para assar

VOCÊ TEM MÃO PARA BOLO, SIM

Você vai ver na receita que, com o caramelo feito, vamos dispor as bananas sobre a calda. Você usou assadeira retangular ou redonda? Eu prefiro redonda, mas isso é só questão de gosto. Muito bem, está liberado o procedimento da massa!

Tem gente dizendo por aí que "não tem mão para bolo". Duvideodó. Quem conhece a técnica, tem menos chance de errar. O bolo de banana, por exemplo, é feito pelo método cremoso, que dá elasticidade à massa, que por sua vez sustenta as bananas.

Se você bagunçar as etapas, vai errar a mão (mas não vai ficar sem mão para bolo, isso eu garanto). A regra é, primeiro, bater a manteiga (em temperatura ambiente) colocando o açúcar aos poucos, à medida que ela vai ficando pálida. Os ovos vêm em seguida. Colocar um por um e bater entre cada adição é importante para obter uma mistura homogênea, já que o ovo é um ingrediente essencial para dar estrutura ao bolo.

Você vai ver que, na receita, os ingredientes secos devem ser batidos "apenas para misturar": bater pouco evita o desenvolvimento do glúten — não, nada de dieta por aqui; é que o glúten impede o crescimento correto da massa. Se você é do tipo que realmente acredita que não tem mão para bolo, pode fazer o seguinte: bata na batedeira até a parte dos ovos e, depois, misture os outros ingredientes a mão.

O bolo vai ao forno em banho-maria, assim a calda não perde as suas características. Depois de 45 minutos, ele estará perfeito! Mas pode ser que seu forno peça mais ou menos tempo — quanto mais usar, mais vai conhecer como ele funciona. Agora, espere 5 minutos antes de desenformar. Se você tentar virar o bolo, qualquer bolo, assim que ele sair do forno, provavelmente a massa vai rachar. Mas, se ficar muito mais do que isso, pode grudar na fôrma. Depois de tanto cuidado, não é nesse ponto que você vai errar, né?

PARA A CALDA E A COBERTURA
1 xícara (chá) de açúcar
½ xícara (chá) de água
6 a 7 bananas-nanicas

PARA A MASSA
200 g de manteiga sem sal em temperatura ambiente
1 xícara (chá) de açúcar refinado
4 ovos
1¼ xícara (chá) de farinha de trigo
½ xícara (chá) de farinha de nozes
2 colheres (chá) de fermento em pó

1. Descasque e divida cada banana em 3 fatias, no sentido do comprimento.
2. Numa panela, junte o açúcar e a água e misture até o açúcar dissolver, agitando a água o mínimo possível.
3. Leve ao fogo médio, até caramelizar, por cerca de 15 a 20 minutos. Com a presença de líquido, o açúcar pode cristalizar — isso é uma mudança física normal causada pela agitação. Se acontecer, não se desespere: basta continuar com o fogo baixo, até que o açúcar derreta novamente e caramelize. Se ainda assim o açúcar nas bordas continuar queimando ou cristalizando, passe um pincel de cerdas macias com um pouco de água na parte de dentro da panela, evitando o contato do pincel com a calda. Isso impede que o açúcar queime e atrapalhe todo o processo.
4. Transfira imediatamente para uma fôrma redonda, sem fundo removível, de cerca de 30 cm de diâmetro, e gire até cobrir o fundo.
5. Com cuidado para não se queimar, disponha as fatias de bananas, com o lado plano para baixo, preenchendo o fundo da fôrma.

1. Preaqueça o forno a 180 °C (temperatura média), 10 minutos antes de começar a receita.
2. Leve uma chaleira com água ao fogo baixo (essa água será usada para fazer um banho-maria). Numa tigela, misture a farinha de trigo, a de nozes e o fermento.
3. Na batedeira, junte a manteiga e o açúcar, e bata até formar um creme fofo e esbranquiçado.
4. Junte os ovos, um a um, e bata bem entre cada adição. Em seguida, adicione os ingredientes secos e bata apenas para misturar.
5. Transfira a massa para a fôrma preparada. Coloque a fôrma dentro de uma assadeira e leve ao forno preaquecido. Regue a assadeira com a água fervente para assar o bolo em banho-maria. Feche o forno e deixe assar por 45 minutos.
6. Retire o bolo do forno e deixe esfriar por 5 minutos. Para desenformar, coloque um prato sobre a fôrma e vire de uma vez. Caso o bolo esfrie completamente na fôrma, antes de desenformar, coloque em banho-maria para que o caramelo derreta.

T

Bacon esperto
TÉCNICA: FRITAR BACON NO MICRO-ONDAS

Vamos ao nhoque de banana? O preparo começa com a farofinha. Ainda não conheci jeito mais prático de fritar bacon: as fatias vão ao micro-ondas num prato forrado com papel toalha. Cada fatia ganha uma nova folha de papel toalha, que absorve o óleo e garante a crocância do bacon. São apenas 2 minutos na potência alta. Não é o máximo? É claro que isso depende do forno de cada um — se precisar de mais calor, é só ir rodando de 30 em 30 segundos para não queimar. Espere esfriar e então pique com a faca ou soque no pilão para formar uma farofinha.

T

Pula, pula!
TÉCNICA: SALTEAR

A gente falou um pouco de saltear no capítulo do frango, quando explicou a diferença entre grelhar na churrasqueira e na frigideira. Voltamos ao assunto aqui, por conta da couve do nosso nhoque, que é salteada, pois sim.

O termo vem do francês, *sauter*, que quer dizer "saltar", "pular". Sabe quando a gente pisa na areia quente da praia e sai pulando? É isso que vai acontecer com a couve. Só que com um pouco de azeite — ou outro tipo de gordura. No caso da couve, como ela não pula sozinha, a gente vai ajudar: colher de pau na mão, movimentos rápidos para virar e mexer na panela.

Nessa técnica, quem tem prática nem precisa de colher. Você já deve ter visto chefs que lançam a comida para cima, apenas movimentando a frigideira. Pois eles estão salteando os alimentos.

E

Refrigere — ou até congele as bananas maduras
ECONOMIZE

Banana pode até ser vendida a preço de banana, mas jogar comida fora não está no nosso *script*. Por isso, se notar que vai perder a fruta madura na fruteira, leve à geladeira. A casca fica ainda mais escura, mas o interior permanece fresco por ao menos uma semana.

Tem um tempinho? Então olhe esta outra opção: descasque e corte em pedaços grandes 4 bananas. Leve ao congelador por 4 horas. Espere uns minutinhos depois de tirar do freezer e bata no processador até obter uma consistência cremosa. Adicione 3 colheres (sopa) de chocolate em pó e, surpresa: você acaba de fazer um sorvete natural de chocolate. Sirva com amêndoas ou nibs de cacau salpicados. Esta receita rende 2 porções e é daqui, ó!

UI

Na justa medida
UTENSÍLIO INDISPENSÁVEL: COLHERES, XÍCARAS & JARRAS MEDIDORAS

Se a temperatura varia tanto de forno para forno, imagina o faqueiro. E as xícaras do mundo todo? É por isso que insisto, em todos os meus livros e no site Panelinha, que os jogos de colheres e xícaras medidoras padrão são essenciais na cozinha. A jarra medidora, também. Com elas, não tem dúvida: uma xícara sempre vai ter 240 ml e uma colher de chá, 5 ml. Imagina ter que medir 16 ml? É o que tem em uma colher de sopa (a padrão, claro). Com as medidas caseiras, fica mais fácil trabalhar. Mas, como toda receita tem uma proporção harmônica, não adianta usar no mesmo preparo um talher raso com uma xícara que tem vocação para balde — que bagunça! Com esses utensílios, uma boa parte do sucesso da preparação está garantida.

SERVE 2 pessoas   TEMPO DE PREPARO 30 minutos + 15 minutos para assar as bananas

Nhoque de banana com couve rústica & farofinha de bacon

O DOCE E CREMOSO DA BANANA, O SALGADINHO E CROCANTE DO BACON, O FRESCO E RÚSTICO DA COUVE. ESTE PRATO TEM COMBINAÇÃO, VISUAL E ATÉ NOME GOURMETIZADO— UM EXCELENTE MOTIVO PARA COMEMORAR SUA GRADUAÇÃO NESTE PEQUENO CURSO DE CULINÁRIA

2 bananas-da-terra
3 fatias de bacon
8 folhas de couve
½ xícara (chá) de amido de milho
¼ de xícara (chá) de água
½ xícara (chá) de queijo meia cura ralado fino
6 colheres (sopa) de azeite
sal e pimenta-do-reino moída na hora a gosto

1. Preaqueça o forno a 180 °C (temperatura média).
2. Enquanto isso, forre um prato com 2 camadas de papel toalha. Distribua as fatias de bacon sobre o papel, uma ao lado da outra, sem encostar. Cubra com mais duas camadas de papel toalha e leve ao micro-ondas por 2 minutos, em potência alta. Retire e verifique: se o bacon ainda não estiver dourado, leve para rodar por mais 30 segundos. Retire as folhas do prato para as fatias não grudarem no papel ao esfriar. Reserve.
3. Lave e seque as folhas de couve. Retire e despreze o talo central de cada folha. Rasgue com as mãos para formar pedaços médios, do tamanho de folhas de espinafre. Reserve.
4. Coloque as bananas com a casca numa assadeira e leve ao forno preaquecido para assar por cerca de 15 minutos, até que a casca fique bem escura, e o interior, macio — espete com um garfo para verificar o ponto da banana (o tempo varia de acordo com a maturação). Retire do forno e reserve.
5. Quando o bacon esfriar, pique fininho com a faca ou soque no pilão, até formar uma farofa. (Você também pode usar essa farofinha em saladas, sopas e macarrão!)
6. Assim que as bananas esfriarem, corte cada uma ao meio e retire a polpa com uma colher. Transfira para uma panela média. Bata com o mixer, até formar um creme liso (se preferir, amasse com um garfo).
7. Numa tigelinha, misture o amido de milho com a água, até dissolver. Junte ao creme de banana e leve ao fogo médio para cozinhar por cerca de 5 minutos, sem parar de mexer, até soltar do fundo. Tempere com sal e pimenta-do-reino, junte o queijo e misture bem.
8. Transfira a massa pronta para uma tigela e deixe esfriar até conseguir manusear. Com as mãos, retire uma porção e faça rolinhos de cerca de 1 cm de diâmetro. Corte essas cobrinhas na diagonal, a cada 2 cm, para formar os nhoques. Repita com toda a massa.
9. Leve uma frigideira grande, de preferência antiaderente, ao fogo médio. Quando aquecer, regue com 2 colheres (sopa) de azeite e junte metade dos nhoques. Deixe dourar por cerca de 1 a 2 minutos de cada lado e transfira para um prato. Repita com a massa restante.
10. Regue com mais 2 colheres (sopa) de azeite e refogue as folhas de couve até chamuscar levemente as bordas. Tempere com sal e pimenta-do-reino a gosto. Volte os nhoques para a frigideira, misture com a couve e transfira para dois pratos. Salpique cada porção de nhoque com a farofinha de bacon crocante e sirva a seguir.

Banana dourada com merengue

VOCÊ ACHA QUE É AMOR, MAS É APENAS BANANA DOURADA NA MANTEIGA SERVIDA COM UM BELO DE UM MERENGUE. E, NAQUELE DIA, ISSO BASTA

SERVE 4 pessoas   TEMPO DE PREPARO 10 minutos + 15 minutos para fazer o merengue

PARA O MERENGUE
3 ovos
1 xícara (chá) de açúcar

PARA AS BANANAS
4 bananas-nanicas maduras
4 colheres (chá) de açúcar
manteiga para untar a frigideira
raspas de 1 limão-siciliano

1. Leve uma panela pequena com água ao fogo médio — ela servirá de base para o banho-maria.
2. Numa tigelinha, quebre 1 ovo e deixe escorrer apenas a clara, utilizando a casca para separar a gema. Transfira a clara para uma tigela de vidro (ou inox) e reserve a gema para outra preparação. Repita com os outros ovos — se um deles não estiver bom, você não perde toda a receita.
3. Junte o açúcar às claras, encaixe a tigela na panela e mexa com um batedor de arame, por cerca de 4 minutos, até ficar liso — cuidado para não cozinhar as claras. Para ter certeza de que está no ponto, com uma colher retire uma porção da mistura e com a ponta dos dedos verifique se as claras estão aquecidas e sem grãozinhos de açúcar. Você também pode fazer esse procedimento direto na panela, sem o banho-maria. É mais rápido, mas o risco de as claras cozinharem é maior.
4. Transfira para a tigela da batedeira e bata em velocidade alta por cerca de 10 minutos, ou até esfriar e formar um merengue firme.

1. Lave e seque as bananas com a casca. Com uma faca afiada, divida cada banana ao meio, no sentido do comprimento, mantendo a casca.
2. Leve uma frigideira (de preferência antiaderente) ao fogo alto. Quando aquecer, com uma folha de papel toalha, unte com um pouco de manteiga (repita esta operação antes do preparo de cada banana).
3. Polvilhe o lado da polpa de cada banana com $\frac{1}{2}$ colher (chá) de açúcar e transfira para a frigideira com a polpa voltada para baixo. Deixe cozinhar por cerca de 4 minutos, até ficar dourada — pressione delicadamente com uma espátula para ficar uniforme. Transfira para uma travessa e repita esse processo com todas as bananas (se sua frigideira for grande o bastante, faça mais do que uma banana por vez).
4. Sirva as bananas quentes com o merengue e decore com raspas de limão-siciliano.

AGRADECIMENTOS

Para começar, agradeço à equipe que trabalha comigo no dia a dia do Panelinha: Carolina Stamillo, Karen Guimarães, Laura Conte, Luana Sutto, Maria Eduarda Mello, Maria Fernanda Franco, Mariane Lorente, Milene Chaves e Victoria Bessell. Sem vocês, nada feito.

Já estes garotos, Gilberto Oliveira Jr. e Ricardo Toscani, só aparecem quando tem comida saindo do forno, né? *Então, vamos fazer a foto?* Obrigada e obrigada.

Aproveito para agradecer à equipe que participou da quarta temporada do *Cozinha Prática*: Joana Mendes da Rocha, Sheila Komura, Leandro Santello, Helena Lunardelli, Jay Yamashita, Diego Karman, André Bellentani, Chuck, Pai Véio (sim, porque, se eu disser Carlos Henrique, ele não responde!), Beto Felix, João Manuel Viana Lima, Max Quaresma, Cida Alves, Regina Mendonça, Karina Abud, Simon Simantob, Ariela Calanca, Mabi Domingos, Gil dos Santos e Sandi Paiva.

Agradeço muitíssimo à equipe do canal GNT, em especial, Suely Weller, Sandra Brogioni, Maíra Athayde, Flavia Abreu, Mariana Novaes, Ana Carolina Lima, Mariana Koehler e Daniela Mignani. Fabiana Gabriel, me passa o sal?

Raul Loureiro, Carlos A. Inada, Isabel Jorge Cury, Miguel Said Vieira e Jorge Bastos, obrigada por colocarem a mão na massa e transformarem fotos e texto neste livro!

Jeane Passos de Souza, Márcia Cavalheiro Rodrigues de Almeida, Antonio Carlos De Angelis, o Tuca!, e toda a equipe da editora Senac São Paulo, obrigada pela parceria — e pela agilidade.

À Chana e ao Jayme Kow, agradeço imensamente pelo Ilan Kow. Ilan, que sorte a minha.

PRODUÇÃO DE OBJETOS

Além dos itens do acervo Panelinha, para as produções fotográficas deste livro também foram usados objetos emprestados pelas seguintes lojas e marcas: Utilplast, Studio Heloisa Galvão, Stella Ferraz Cerâmicas, Olaria Paulistana, Rosa dos Ventos Cerâmicas, Kimi Nii Cerâmicas, Weck Jars, Il Casalingo, Tania Bulhões, Casa Canela, Roberto Simões, Vista Alegre, Ethinix, Tok&Stok, By Kami e Mekal. Agradeço à equipe de cada uma delas pelo carinho conosco.

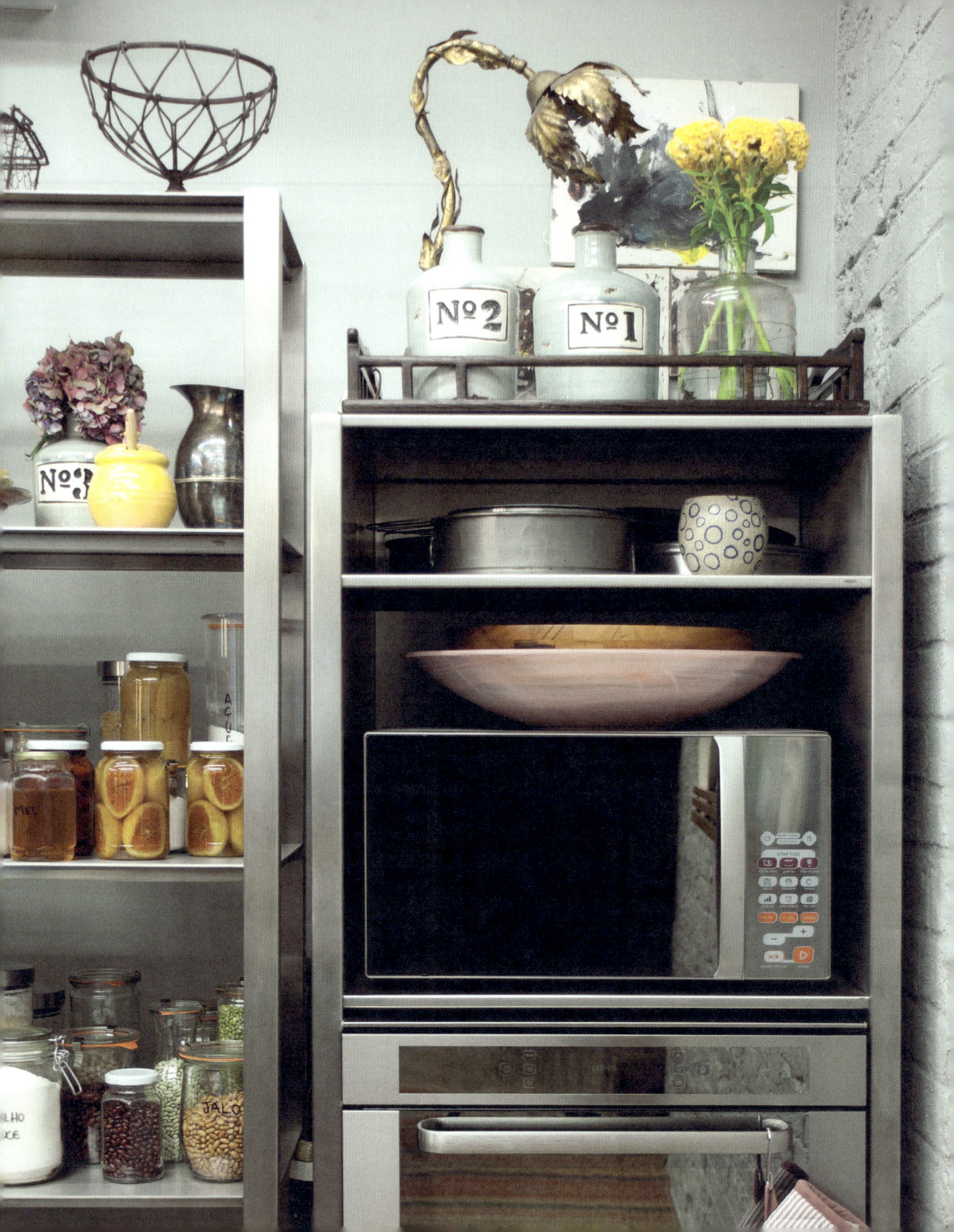
Nº2
Nº1
MEL
JALO

ÍNDICE REMISSIVO

abacate, 199, 207, 269
abóbora, 71, 78, 79, 140, 143, 145
abobrinha, 91, 90-92
abrir massa com rolo (técnica), 203
achocolatado, 121, 124-25
aço inox. *Ver* escumadeira, panelas de aço inox, peneira, tigelas de vidro & de inox
acqua pazza, 274-75
açúcar, 63, 121, 125
    de confeiteiro, 126
    mascavo, 102, 104, 195
agrião, 235, 242
aipim. *Ver* mandioca
albumina, reduzir (técnica), 261
alcaparras, 105
alecrim, 38, 78, 83, 89
alface, 144-47
alho, 30, 161
    assado, 79, 82-83
    descascar (técnica), 34
alho-poró, 37, 65, 64-65, 231
almeirão, 242
Almôndegas assadas, 186-89
ameixa, 248, 249
amido de milho, 59, 126, 245, 249, 291
anis-estrelado, 249, 262
arroz, 44-65, 242
    agulhinha, 48, 49, 53
    arbóreo, 48, 49
    basmati, 49
    beneficiado, 49
    Bolinho de arroz salteado, 58-59
    branco, 49, 54
    cateto, 49

    congelar, 59
    de carreteiro, 143, 152-54
    integral, 49, 54
    jasmim, 49
    lavar antes de cozinhar, 50
    método tradicional de fazer (técnica), 51
    negro, 49
    para sushi, 49, 62-63
    parboilizado, 49
    recipiente para servir, 55
    Risoto de alho-poró com linguicinha calabresa, 64-65
    selvagem, 49
    sem refogar (técnica), 54
    7 cereais, 49
    sobras do, 55, 56, 58, 59
    vermelho, 49
Arroz branco soltinho, 52-53
Arroz de carreteiro com carne-seca & linguiça, 152-54
Arroz frito (Fried rice), 56-57
Arroz-doce cremoso — & sem leite condensado, 62-63
assadeira, 80-81
assar (técnica), 226
    legumes, 79, 89
azeite de dendê, 166, 167
azeitona, 111

bacalhau, 40-41
bacon, 30, 37, 154, 224, 225, 290-91
fritar no micro-ondas (técnica), 288
baião-de-dois, 25
banana, 276-93
    acelerar o amadurecimento (técnica), 280
    anã, *ver* banana-nanica

297

Bolo perfeito de banana caramelada, 284-87
caturra, *ver* banana-nanica
chifre-de-boi, *ver* banana-da-terra
comprida, *ver* banana-da-terra
conservar e aproveitar (técnica), 289
d'água, *ver* banana-nanica
da-terra, 280, 290-91
maçã, 280
nanica, 280, 281, 284-87, 292-93
Nhoque de banana com couve rústica e farofinha de bacon, 290-91
ouro, 280
pacová, *ver* banana-da-terra
para bolos, 281
passa, 225
prata, 280
roxa, *ver* banana-da-terra
Banana dourada com merengue, 292-93
banho-maria (técnica), 126, 130
Batata rústica assada com ervas, 82-83
bechamel, 245, 247
berinjela, 191
    frita, 86-87
beterraba, 71, 73, 231
Bife com molho de limão e grão-de-bico, 232-35
Bobó de frango — que pode ser de camarão, 166-67
Bolinho de arroz salteado, 58-59
Bolinho de mandioca, 170
Bolo cremoso de chocolate, 126-29
Bolo perfeito de banana caramelada, 284-87
bom-bocado, 170
branquear (técnica), 105
    tomate, 180
brócolis, 71, 79, 242
Broinha de fubá, 208-13

cacau, 120
    amêndoas de, *ver* nibs de cacau
    em pó, 121, 124-25
    manteiga de, 120, 121
    nibs de, 121, 137, 289
caipirinha, 72
Caldinho de feijão, 36-37
camarão, 166
Camargo, Luiz Américo, 202
canela, 61, 62, 79, 227, 231, 249, 262

capim-cidreira, 262
caramelo
    Bolo perfeito de banana caramelada, 284-87
    métodos seco e molhado (técnica), 282-83
carne de sol, 141, 155
carnes (receitas)
    Almôndegas assadas, 186-89
    Arroz de carreteiro com carne-seca & linguiça, 152-54
    Bife com molho de limão e grão-de-bico, 232-35
    Bobó de frango — que pode ser de camarão, 166-67
    Carne-seca acebolada na trouxinha de alface, 144-47
    Enrolado de frango servido com risoni, 110-11
    Paillard de frango com espaguete de pupunha, 108-9
    Peito de frango grelhado com cuscuz de couve-flor, 104-5
    Picadinho de filé-mignon, 222-25
    Risoto de alho-poró com linguicinha calabresa, 64-65, 231
    Robalo em acqua pazza, 272-75
    Rosbife com salada de verdes & molho de tangerina, 227-30
    Roseta de peixe com cuscuz marroquino, 270-71
    Salada de lentilha com salmão & abacate, 268-69
    Salmão no vapor com pimentão chamuscado, 264-65
    Sopa de milho com carne-seca, 150-51
    Suflê de frango, 112-15
    Vaca atolada, 172-73
carne-seca, 141, 138-55
    Arroz de carreteiro com carne-seca & linguiça, 152-54
    congelar (técnica), 155
    cozinhar na pressão (técnica), 143
    desfiar (técnica), 149
    dessalgar (técnica), 142
    Sopa de milho com carne-seca, 150-51
Carne-seca acebolada na trouxinha de alface, 144-47
castanha-de-caju, 134-35, 225, 271
catalônia, 242
cebola, 30
    cortar (técnica), 34
cebolinha, 42, 56, 59, 72, 147, 151
    francesa (ciboulette), 72
cenoura, 30, 37, 47, 56, 59, 65, 71, 183, 267, 269
chaira, 220
chamuscar, 266
Chapati, 199-204
charque, 141, 155
chateaubriand, 219

cheiro-verde, 72
chocolate, 116-37, *ver também* cacau
    achocolatado, 121, 124-25
    amargo, 121, 126, 137
    ao leite, 121
    Bolo cremoso de chocolate, 126-29
    branco, 121, 132-33
    em pó, 121
    Musse de chocolate branco, 132-33
    Musse de chocolate com água, 136-37
    sorvete de, 289
choux, 208
churrasco, 103, 155
Chutney de manga, 60-61
clara em neve, 115, 133, 169, 251, 253
    técnica para fazer, 131
club soda, 96, 97
coalhada seca, 199
coco, 170, *ver também* leite de coco
coentro, 42, 72, 87, 166, 167, 195, 207
    sementes de, 25, 195, 262, 271
cogumelo, 71, 231
colheres, xícaras & jarras medidoras, 289
cominho, 25, 30, 227, 235
concha, 34
contrafilé, 235
costela bovina, 172-73
cottage, 92
court bouillon, 267
couve-de-bruxelas, 242
couve-flor, 105
couve-manteiga, 242, 291
cozinhar a vapor
    recipientes para, 263
    (técnica), 262, 266
cozinhar carne-seca na pressão (técnica), 143
cozinhar mandioca (técnica), 162
cravo-da-índia, 51, 65, 195, 231, 262
Creme de espinafre, 246-47
creme de leite, 133
    batido, 137
    remover o soro (técnica), 133
cúrcuma, 79
cuscuz marroquino, 94, 270-71

deglaçar (técnica), 165
demolho curto (técnica), 28
descascar mandioca (técnica), 162
desfiar carne-seca (técnica), 149
dessalgar carne-seca (técnica), 142
dill. *Ver* endro
Dip de feijão-branco, 42

emmenthal, 250
endro, 73, 265, 269
Enrolado de frango servido com risoni, 110-11
erva-doce, 208, 212
    sementes de, 195
ervas, 66-97, *ver também* alecrim, cebolinha,
    cheiro-verde, coentro, endro, hortelã, louro,
    manjericão, salsinha, sálvia, segurelha, tomilho
    Batata rústica assada com ervas, 82-83
    conservar (técnica), 88-89
    hortinha de, 93
    que gostam de calor, 76-78
    que não gostam de calor, 72-73
    Salada de berinjela frita com ervas frescas, 86-87
ervilha, 73
escaldar no court bouillon (técnica), 267
escalfar (técnica), 274
escarola, 242
escondidinho, 140
escumadeira, 84-85, 85
espátula de silicone, 251
espessar com roux (técnica), 245
espinafre, 236-57, 271
    congelado, 244, 247, 253
    Creme de espinafre, 246-47
    Suflê de espinafre, 252-53
    Torradas à florentina, 256-57

faca de chef, 220
farinha de mandioca, 135, 160, 162, 225
farinha de rosca, 253
Farofa de banana-passa e castanha-de-caju, 225
Farofa doce de castanha-de-caju com raspas
    de laranja, 134-35
feijão, 1-42, 46
    andu, 25
    branco, 25, 42
    Caldinho de feijão, 36-37

carioca, 25, 33, 38
congelar, 32, 33, 35
Dip de feijão-branco, 42
em caixinha, 38
fradinho (ou feijão-de-corda), 25, 40-41
guandu, *ver* andu
manteiguinha, 25
mulatinho, 25
Pasta & fagioli, 38
patê de, 22
preto, 25
rajado, 33
receita básica, 32-33
rosinha, 25, 33
roxinho, 25
Salada de feijão-fradinho com bacalhau
 & vinagrete de salsinha, 40-41
verde, 25
Feijão nosso do dia a dia, 32-33
feijoada, 22, 25, 242
filé-mignon, 214-35
 bife, 219
 cabeça, 218, 219
 chateaubriand, 219
 escalopes, 219
 fáscia, 218
 lateral, 218, 219
 medalhão, 219
 miolo, 218, 219
 paillard, 219
 Picadinho de filé-mignon, 222-25
 ponta, 218, 219
 porcionar (técnica), 218-19
 Rosbife com salada de verdes & molho
  de tangerina, 227-30
 turnedô, 219
fiorentina, receitas à, 254, *ver também* Torradas
 à fiorentina
frango, 78, 155, *ver também* peito de frango
fried rice. *Ver* Arroz frito
frigideira antiaderente, 57, 59, 103
fritar
 bacon no micro-ondas (técnica), 288
 ovo (técnica), 255
 por imersão (técnica), 84-85
fubá, 114, 115, 212

gengibre, 61, 94, 195, 262
gergelim. *Ver* tahine
glúten, 113, 286
grão-de-bico, 191, 206, 232-35
grelhar (saltear) (técnica), 103
gruyère, 114
guisar (técnica), 221

Hazan, Marcella, 183
higienizar folhas verdes (técnica), 149
Homus a jato, 206
hortelã, 70, 73, 87, 88, 92, 96, 97, 262, 265
 chá de, 73

inox. *Ver* escumadeira, panelas de aço inox,
 peneira, tigelas de vidro & de inox
iogurte, 73, 87

Ketchup caseiro, 194-95

lagarto (carne bovina), 219
laranja, 262
 baía, 135
 geleia de, 227, 230
 raspas de, 134-35, 231
legumes, assar, 89
 (técnica), 79
leite, 62, 114, 151, 212, 247, 249, 253
leite condensado, 62
leite de coco, 166, 167, 249
Leite de coco caseiro, 168-69
lentilha, 268-69
limão, 37, 41, 42, 62, 65, 92, 94, 96, 97, 105, 154,
 165, 166, 167, 206, 212, 224, 225, 227, 235, 262,
 269, 271, 293
 galego, 96
 raspas de, 42, 65, 92, 94, 105, 212
 siciliano, 235, 262, 269, 293
 taiti, 37, 41, 62, 65, 92, 96, 105, 212, 269
linguiça, 64, 65, 154
louro, 29, 33, 51, 53, 54, 65, 78, 104, 154, 262, 267,
 269, 271

maçã, 61
macarrão, 94, 191, 242
    no caldinho de feijão, 37
    Pasta & fagioli, 38
    risoni, 111
    salada de, 90-92
macaxeira. *Ver* mandioca
mandioca, 156-73
    Bolinho de mandioca, 170
    congelar (técnica), 165
    cozida, 169
    cozinhar (técnica), 162
    descascar (técnica), 162
    farinha de, 135, 160, 162, 225
    polvilho, 160
    sagu, 160
    tapioca, 160
    Vaca atolada, 172-73
mané pelado, 170
manga, 61, 60-61
Manjar branco cremoso, 248-49
manjericão, 71, 73, 87, 88, 111, 184, 265, 274
    roxo, 73
manteiga, 65, 111, 114, 115, 126, 135, 151, 170, 183, 184, 208, 212, 225, 235, 242, 245, 247, 253, 254, 255, 257, 286, 287, 293
    temperada (ou composta), 94
manteiga de cacau, 120, 121
massa
    abrir com rolo (técnica), 203
    aerada (técnica), 125
    choux, 208
    sovar (técnica), 202
medalhão, 219
merengue, 131, 133, 292-93
mexerica, 72
micro-ondas, 55, 133, 135, 263
    fritar bacon no (técnica), 288
milho, 150-51
moedor de sal & de pimenta, 164
Mojito, 96-97
molho de salada, 227
molho inglês, 224, 225
Molho rápido de tomate, 182-84
mostarda
    de Dijon, 94, 242
    em pó, 227, 230
    mostarda japonesa (verdura), 242

músculo, 219
Musse de chocolate branco, 132-33
Musse de chocolate com água, 136-37

Nhoque de banana com couve rústica & farofinha de bacon, 290-91
nibs de cacau, 121, 137, 289
nozes, farinha de, 287
noz-moscada, 114, 245, 247, 253

óleos para fritura, 85
ovo, 114, 126, 133, 170, 189, 208, 212, 253, 256, 257, 274, 286, 287, 293, *ver também* clara em neve
    fritar (técnica), 255
    mexido, 130

paillard
    de filé-mignon, 219
    técnica para fazer, 106
Paillard de frango com espaguete de pupunha, 108-9
panade, 188, 189
panelas, *ver também* frigideira antiaderente
    de aço inox, 54, 263, 266
    de ferro, 266
    de pressão, 29, 263
    wok, 57
pão, 196-213
    Broinha de fubá, 208-13
    Chapati, 199-204
    francês, 189
    italiano, 257
páprica, 79, 104, 230, 235
parmesão, 38, 59, 65, 250
Pasta & fagioli, 38
Pasta de abacate, 207
patinho, 189
pavlova, 131
peito de frango, 98-115
    bife, 101
    Bobó de frango — que pode ser de camarão, 166-67
    congelar (técnica), 107
    cuidados com a contaminação cruzada, 101
    Enrolado de frango servido com risoni, 110-11
    filé, 101

inteiro, 101
Paillard de frango com espaguete de pupunha, 108-9
Peito de frango grelhado com cuscuz de couve-flor, 104-5
sassami, 101
Suflê de frango, 112-15
peixe, 258-75
cozinhar a vapor, 261, 262
grelhar, 261
reduzir a albumina (técnica), 261
Robalo em acqua pazza, 272-75
Roseta de peixe com cuscuz marroquino, 270-71
Salada de lentilha com salmão & abacate, 268-69
Salmão no vapor com pimentão chamuscado, 264-65
tirar a pele (técnica), 261
pelar tomate (técnica), 180
peneira, 191
pepino japonês, 87
pernil suíno, 187, 189
pescada-branca, 271
Picadinho de filé-mignon, 222-25
picles, 199
pimenta, 30, 274
pimenta dedo-de-moça, 94, 166, 167
pimenta síria, 87
pimenta-da-jamaica, 227
pimentão, 25, 37, 61, 71, 166, 167, 265
pinça, 102
polvilho, 160
porcionar o filé (técnica), 218-19
porco, 78, *ver também* bacon, pernil suíno
pressão
carne-seca na (técnica), 143
cozinhar na (técnica), 29
panelas de, 29, 263
pupunha, 109

queijadinha, 170
queijo
cottage, 92
emmenthal, 250
gruyère, 114
meia cura, 170, 250, 253, 291
parmesão, 189, 250
prato, 111
quiche, 140, 238, 252

ramequim, 115, 250
refogar (técnica), 30
remolho (técnica), 28
repolho, 71, 242
ricota, 199, 211
risoni, 111
risoto, 22, 45, 46, 47, 48, 71, 73, 140, 143, 227, 231
Risoto de alho-poró com linguicinha calabresa, 64-65, 231
Robalo em acqua pazza, 272-75
rolo, 203
Rosbife com salada de verdes & molho de tangerina, 227-30
Roseta de peixe com cuscuz marroquino, 270-71
roux (técnica), 245
rúcula, 111, 242
rum, 96, 97

saco de confeiteiro, 210-11
(técnica), 211
sagu, 160
salada
higienizar (técnica), 149
molho de, 227
Salada de berinjela frita com ervas frescas, 86-87
Salada de feijão-fradinho com bacalhau & vinagrete de salsinha, 40-41
Salada de lentilha com salmão & abacate, 268-69
Salada de macarrão com abobrinha grelhada & pesto de hortelã, 90-92
Salada de tomate com segurelha, 192
salga seca (técnica), 190
salmão, 73, 264-65, 267, 268-69
Salmão no vapor com pimentão chamuscado, 264-65
salmoura (técnica), 102
salsão, 37, 65, 195, 262, 267
salsinha, 41, 56, 59, 72, 87, 88, 154, 173, 189, 207, 224, 225, 267, 269, 271, 274
saltear (técnica), 58, 103, 288
sálvia, 78, 83, 109
sardinha, 73
segurelha, 192
selar (técnica), 163
singer (técnica), 220
Sopa de milho com carne-seca, 150-51
sorvete de chocolate e banana, 289
sovar (técnica), 202

suflê (técnica), 250-51
Suflê de espinafre, 252-53
Suflê de frango, 112-15

tábua de corte, 72, 148
tabuleiro. *Ver* assadeira
tahine, 206
tangerina, 227, 230, 231
tapioca, 160
tesoura, 72
This, Hervé, 136
tigelas. *Ver também* ramequim
    de vidro & de inox, 135
    melhor servir arroz em, 55
tomate, 30, 41, 71, 155, 166, 167, 173, 174-95, 274
    branquear (técnica), 180
    caqui, 177
    carmem, 177
    cereja, 177, 274
    débora, 177, 183, 195
    extrato de, 155, 224, 225
    holandês, 177
    italiano, 177, 183, 184
    Ketchup caseiro, 194-95
    Molho rápido de tomate, 182-84
    pelado em lata, 176, 183, 184, 195
    pelar (técnica), 180
    Salada de tomate com segurelha, 192
    salga seca do (técnica), 190
    seco, 177, 190
    sweet grape, 87, 177
    tirar as sementes (técnica), 181
tomilho, 78, 83, 88, 114, 262, 267, 269
Torradas à fiorentina, 256-57
turnedô, 219

uva-passa, 61, 271

Vaca atolada, 172-73
vapor
    cozinhar a (técnica), 262, 266
    legumes ao, 262
    mandioca ao, 162
    no banho-maria, 130
    para finalizar o arroz, 51
    para finalizar o ovo frito, 255
    perfumado, 231, 262, 267
    recipientes para cozinhar a, 262, 263
vegetais (receitas)
    Arroz branco soltinho, 52-53
    Arroz frito (Fried rice), 56-57
    Arroz-doce cremoso — & sem leite condensado, 62-63
    Banana dourada com merengue, 292-93
    Batata rústica assada com ervas, 82-83
    Bolinho de arroz salteado, 58-59
    Bolinho de mandioca, 170
    Bolo perfeito de banana caramelada, 284-87
    Caldinho de feijão, 36-37
    Chutney de manga, 60-61
    Creme de espinafre, 246-47
    Dip de feijão-branco, 42
    Feijão nosso do dia a dia, 32-33
    Homus a jato, 206
    Ketchup caseiro, 194-95
    Leite de coco caseiro, 168-69
    Mojito, 96-97
    Molho rápido de tomate, 182-84
    Nhoque de banana com couve rústica (e farofinha de bacon), 290-91
    Pasta & fagioli, 38
    Pasta de abacate, 207
    Risoto de alho-poró (com linguicinha calabresa), 64-65, 231
    Salada de berinjela frita com ervas frescas, 86-87
    Salada de feijão-fradinho (com bacalhau) & vinagrete de salsinha, 40-41
    Salada de lentilha (com salmão) & abacate, 268-69
    Salada de macarrão com abobrinha grelhada & pesto de hortelã, 90-92
    Salada de tomate com segurelha, 192
    Sopa de milho (com carne-seca), 150-51
    Suflê de espinafre, 252-53
    Torradas à fiorentina, 256-57
vinho, 160, 165, 262
    branco, 65, 114, 267, 269, 271
vitela, 78

wok, 57